U0509011

本书受到云南省哲学社会科学学术著作出版专项经费资助

中国古代城市产业发展思想研究

柴 毅 著

人民出版社

序

  人类社会的发展史可以看作从农耕文化到工业文明再到现代文明的演进过程,城市化、工业化、现代化三者相互影响,带动了人们对城市发展现状与未来的关注。在这一进程中,城市与产业是相伴相生的重要历史命题。把握城市的发展需要认识城市产业变迁路径和特征,而城市产业的发展也受城市禀赋、积累和环境综合作用的影响。产业的更替与升级,是城市生命延续和活力彰显的强大原动力。进入 21 世纪,中国的城市人口超过了总人口的半数,中国城市的生长速度成为全球关注的焦点,通过产业转型、产业空间重组推动城市发展是现代经济崛起的必由之路。城市经济的发展具有连续性和传承性,当前对于产业与城市经济的关系的研究更多的是从以专业化分工和交易网络为特征的集聚功能来考察城市产业对经济增长的重要作用,而较少关注基于历史维度对城市产业发展演进脉络的回溯和整理。

  中国早期的城市从商周时期就开始萌芽,在以"国家为中心的城市主义"模式牵引下逐渐发展为城市网络,唐宋时期商业的兴盛刺激了以商业为导向的世界级城市的出现,16 世纪以后,在多重原因的共同作用下,中国城市的发展开始落后于西欧城市。在这样一条中国城市发展的历史线索之中,城市产业以及其中蕴含的经济思想扮演着怎样的角色,一直以来学术界都未曾进行过系统考察。柴毅博士的著作《中国古代城市产业发展思想研究》正是在这方面进行了大胆的探索和钻研。这一研究把中国古代城市经济与城市产业发展归结成两种发展方式:政府管制与自由放任,两种路径相互依赖并互相影响。宋以前城市经济发展以政府

管制为主,自由放任为辅。宋以后,城市经济的发展呈现出自由放任和政府管制并重,在某些产业呈现自由放任为主的表现形式。通过提炼城市产业发展的三条路径:传统产业的内生演化、产业组织"市场化"、产业政策的"服务化",梳理了从先秦时期到鸦片战争前整个中国古代城市产业发展的脉络,并在此基础上,总结出古代城市产业的四种演化趋势:"资源导向式""政策拉动式""市场推进式""引致需求式",分析了中国古代城市产业思想的内容及演化特征。这一研究,不仅有助于我们回顾和认识中国古代城市、产业、国家、社会之间关系的历史演进之路,同时也对探讨产业升级如何助力增强中国城市的全球竞争力有所裨益。

是为序。

赵晓雷

2017 年 6 月于上海财经大学

目　　录

导　　论

第一节　选题的背景与意义

一、选题的背景

城镇化或都市化(urbanization)是中外学者惯用的名词,也是热烈讨论的历史课题之一①。城镇化是国家实现经济发展和民族独立的必由之路,也是21世纪全球经济发展的主题之一。美国学者斯蒂格利茨把"中国的城市化"与"美国的高科技"并列为影响21世纪人类发展进程的两大关键因素。

西方学界对城市化的研究除了考虑城市功能和布局外,更多关注城市作为空间聚集地,希望通过对城市发展轨迹的讨论,来论证欧洲城市经济发展模式的优越性。这成为国外学者以西方城市发展为模板对其他区域的城市发展妄加揣测同时又希望构建一个普遍的城市发展轨迹的原因所在。以城市为中心的生产方式和消费方式在西方社会悄然兴起,引发了对城市的重新定位和思考。城市成为后工业化时期经济发展的动力。随着交通工具的进步,城市空间变得狭小,城市化成为后工业化时期各个国家发展的目标和不可逾越的阶段。

中国的城市化发展面临着如何选择发展模式的问题,是参照欧洲城市经济功能性发展模式还是遵循中国土生土长的城市发展模式?当前工业化、现代化、市场化的交替促进城市经济的发展,使人们更加关注城市

---

① 赵冈:《中国城市发展史论集》,新星出版社2006年版,第1页。

的现状和未来,忽视了影响城市的历史传统,这构建了本书的写作初衷。中国作为唯一有着连续历史的文明古国,其思想的恢宏早在先秦时期就已经领先于西方社会,并与古希腊文明共同构成人类思想史上的辉煌。尽管以西方为主流的城市理论发展迅速,城市经济学的产生、城市功能的论述及城市空间理论的发展构建了现代城市发展的指导框架,但中国古代对城市布局和选址描述、对城市经济政策的深思、对城市功能的探讨、对城乡区域发展等研究自战国时期开始,从未间断。尤其是对城市选址和布局思想的阐述以及城市在生产、交换、消费、分配各个环节的功能描述,中国古代的城市思想一直以各种不同的形式和角度出现。

中国古代的经济长期处于世界的领先地位。尽管农业作为立国之本,但不可否认古代经济长期处于世界领先的地位与城市经济的发展密不可分。城市经济以城市产业为代表,古代手工业规模和技术、商业规模和思想一直走在世界的前列。面对工业革命为何率先发生在西方的"李约瑟之问",我们不仅要反思古代城市经济发展的动力是什么?城市经济发展的表现是什么?是什么导致古代城市经济的发展在明清时期走向下坡,而没有在原本雄厚的经济基础和技术基础上产生"近代工业化"?是城市产业发展模式滞后还是城市产业发展政策的延误?是中央集权抑制城市产业的发展还是"礼仪制度"约束产业规模的扩大?不管从哪个方面看,系统研究城市经济和城市产业的发展过程都十分必要,而从思想史的角度研究古代城市产业就显得更为迫切。作为古代经济的代表,通过分析城市经济发展,可以了解其发展的动力、脉络、机制、路径,为当前的城市化进程提供借鉴。

城市化是现代经济发展的主流方向。城市化伴随着工业化、商品化、市场化过程而发生发展。① 城市化、工业化、现代化、市场化,激发了人们更加关注对城市的未来较少关注城市的过去,现有文献中,对城市经济和城市产业发展思想的研究就更少。经济思想是为了"以古喻今""古为今用",城市产业作为经济的组成部分,往往与其他经济思想结合在一起,

---

① 张显清:《明代后期社会转型研究》,中国社会科学出版社 2008 年版,第 199 页。

很难独立形成的逻辑体系,这也构成了城市产业发展思想不被人重视的一个原因。作为唯一有着连贯发展历史的文明古国,古代城市经济的发展又是一个不争的事实,随着经济的发展,城市在发展中承担的作用越来越大,尤其是当工业化已经走完、城镇化发展迅猛的当今中国,系统研究古代城市经济和城市产业发展的脉络和机制,总结发展的特征,为当前城市化发展提供借鉴,具有十分重要的意义。

二、选题的意义

(一)理论意义

1.发掘和整理出古代城市产业发展的思想脉络和演化机制

毛泽东指出"历史不外是各个世代的依次交替。每一代都利用以前各代遗留下来的材料、资金和生产力"①。城市发展从先秦一直延续到清末,以往的研究往往集中在建筑学、考古学、历史学、社会学等领域,较少从产业发展的视角分析城市经济。挖掘、整理、归纳古代城市产业发展路径,能更好地完善城市发展思想,拾遗补缺。

2.对古代城市产业思想进行体系化研究

现有文献对古代城市的研究,采用分阶段分角度展开论述。如保罗·惠特利(Paul Wheatley,1971)对先秦时期的城市研究,江村治树(1989)对战国时期城市的研究,乔尔·科特金(2005)对唐宋时期商业城市的介绍。本书以时间顺序为脉络,从城市的主要产业出发,阐述发展政策,分析影响城市经济发展的产业因素,力求初步体系化。

3.探寻古代城市产业发展的路径

城市农业、手工业和商业作为传统产业,随着人口的增多、空间地域的扩大,传统产业细化、新兴产业专业化。系统理顺城市产业的发展路径,可以为当前城镇化的发展提供借鉴。

(二)现实意义

新中国成立后,确立了优先发展重工业的策略,使农业、工业、第三产

---

① 《毛泽东选集》(第4卷),人民出版社1991年版,第759页。

业的比例失衡。改革开放后,开始调整三大产业之间的比重,产业结构调整成为城市经济发展的特征所在。2012 年 11 月,中国共产党第十八次全国代表大会把发展城镇化写进了纲领,城镇化成为中国经济新一轮的启动器。解决好农业农村农民问题是全党工作重中之重,城乡发展一体化是解决"三农"问题的根本途径。① 城镇化的发展要依靠产业的升级,既要依靠城市传统产业的发展又要寻找新的产业助推器。研究古代城市经济与产业因素的作用机制,对当前发展城镇化无疑具有十分重要的现实意义。

1. 通过研究古代城市产业的发展,能更好为城镇化战略服务

城市化的进程都是基于各国的历史国情和特点、结合科学技术和经验的结果。"以古为鉴,可以知兴衰",古代社会丰富的城市经济思想,可以为当前市场经济提供历史借鉴,提高城镇化进程中的科学性和可行性。吴良镛(2003)曾经指出:"中国古代城市是中国古代文化的重要组成部分。在封建社会时期,中国城市文化灿烂辉煌,中国可以说是当时世界上城市最为发达的国家之一。其特点是城市分布普遍而广泛,遍及黄河流域、长江流域、珠江流域等;城市体系严密规整,国都、州、府、县治体系严明;大城市繁荣,唐长安、宋开封、南宋临安等地区都拥有百万人口;城市规划制度完整,反映了不得逾越的封建等级制度;所有这些都在世界城市史上占有独特的重要地位。……中国古代城市有高水平的建筑文化环境。中国传统的城市建设独树一帜,辨方正位。体国经野,有一套独具中国特色的规划结构、城市设计体系和建筑群布局方式,在世界城市史上也占有独特的位置。"②

2. 研究古代城市产业思想,促进城镇化与经济增长的良性循环

研究我国的城市思想是一件很重要、很有意义的事,特别在今天,在我国加快城市化进程的形式下,更为必要。③ 改革开放后,我国的城市化

---

① 《中国共产党第十八次全国代表大会报告》,见 http://news.xinhuanet.com/18cpcnc/2012-11/17/c_113711665_5.htm。
② 吴良镛:《建筑·城市·人居环境》,河北教育出版社 2003 年版,第 378—379 页。
③ 陈为邦:《城市思想与城市化》,《城市化》2003 年第 3 期,第 1 页。

进程加快,城市化率大幅提高,同时城市的发展模式也带来很多争议。中国共产党第十八次全国代表大会,合乎时宜地提出了城镇化的发展道路,为城市化发展提供制度保证。城市化的发展路径选择尤为重要,是沿用西方社会的城市化进程还是遵循中国特色的城市化进程,是优先发展中小城市和小城镇,还是更加注重大城市的发展,一直是个有争议的问题①。在判断发展路径的选择时,除了要吸取西方国家的经济发展和社会发展的经验外,古代中国传统文化底蕴和历史经验更是不可或缺,丰富的城市产业与城市经济思想能为当前经济发展提供理论借鉴。

3.古代城市产业和城市经济发展思想能为当前城市经济发展提供经验借鉴

改革开放后我们越来越关注西方的经济理论,而对我国土生土长的经济思想关注较少。为了实现"中国梦",除了要吸收西方的经济理论外,更要关注影响古代城市经济的政策和思想。五千年的经济发展思想让中国古代一直处于世界强国的地位,吸收和借鉴优秀的思想有助于"中国梦"的早日实现。

第二节　国内外文献综述

一、国外研究进展

(一)城市定义的研究

国内外的学者,从经济、社会、文化、居住、生态、考古、军事等角度,对城市下过各种各样的定义,其数不下几十种。综合来看,对城市的定义采用三种原则:属地原则、属人原则、属地和属人结合原则。属地原则依赖从事的行业作为划分标准;属人原则是当前采用比较多的划分方法,当人口达到某一数量以上,称为城市或城镇。如美国学者阿瑟·奥沙利文

---

① 王小鲁:《中国城市化路径与城市规模的经济学分析》,《经济研究》2010年第10期,第21页。

（2003）把 2500 人作为城镇的划分标准。① 对古代城市的定义，国外学者主要集中在以下几个方面。

1. 根据功能来定义城市

美国著名城市经济学家刘易斯·芒福德（Lewis Mumford, 1989）说道："要详细考察城市的起源，就必须首先补充考古学者的不足之处，他们力求从最深的文化层中找到他们认为能表明古代城市结构秩序的一些隐隐约约的平面规格。我们如果要鉴别城市，那就必须追溯其发展历史，从已经充分了解的那些城市建筑和城市功能开始，一直回溯到其最早的形态，不论这些形态在时间、空间和文化上距离已被发现的第一批人类文化丘有多么遥远。远在城市产生之前就已经产生了小村落、圣祠和村镇；而在村庄之前则早已有了宿营地、贮物场、洞穴及石冢；在所有这些形式产生之前则早已有了某些社会生活倾向——这显然是人类同许多其他动物物种所共有的倾向。"② 城市通过它集中物质的和文化的力量，加速了人类交往的速度，并将它的产品变成可以储存和复制的形式。通过它的纪念性建筑、文字记载、有序的风俗和交往的联系，城市扩大了所有人类活动的范围，并且使这些活动承上启下，继往开来③。城市是有相当大的面积和相当高的人口密度的一个地域共同体，其中住有各种非农业的专门人员④。20 世纪 60 年代，剑桥大学丹尼尔教授在《最初的文明》一书中指出了文明的判断标准：文字、城市（5000 人以上）、大型的礼仪建筑。

2. 从空间区域定义城市

城市是"多数人和多数企业活动的空间"，作为行政区的町（日本的城镇、社区）有时也被称为城市。⑤ 法国城市学家菲利浦·潘什梅尔认为：

① ［美］阿瑟·奥沙利文：《城市经济学》（第四版），周京奎译，中信出版社 2003 年版，第 8 页。
② ［美］刘易斯·芒福德：《城市发展史——起源、演变和前景》，宋俊岭、倪文彦译，中国建筑工业出版社 1989 年版，第 1 页。
③ ［美］刘易斯·芒福德：《城市发展史——起源、演变和前景》，宋俊岭、倪文彦译，中国建筑工业出版社 1989 年版，第 417 页。
④ 冯云延：《城市经济学》，东北财经大学出版社 2011 年版，第 14 页。
⑤ ［日］佐佐木公明、文世一：《城市经济学基础》，蒋雪梅、卢向春译，社会科学文献出版社 2012 年版，第 2 页。

"城市既是一个景观,一片经济空间,一种人口密度,也是一个生活中心和劳动中心,更具体点地说,也可能是一种气氛,一种特征或者一个灵魂。"①

3. 根据生产关系定义城市

马克思把城市定义为"城市本身表明了人口、生产、工具、资本、享乐和需求的集中;而在乡村所看到的却是完全相反的情况"②。随后马克思进一步指出城市是一个有机体,"城市本身的单纯存在与仅仅是众多的独立家庭不同。在这里,整体并不是由它的各个部分组成。它是一种独立的有机体"③。恩格斯指出"在新的设防城市的周围屹立着高峻的墙壁并非无故,它们的壕沟深陷为氏族制度的墓穴,而它们的城楼已经耸入文明时代了"④。列宁则指出"城市是经济、政治和人民精神生活的中心,是前进的主要动力"⑤。

4. 根据产业定义城市

城市学家库斯·惟巴在《城市类型学》中解释说"城市,如同巨大、一体的定居村落,家家紧连着定居。然而,居民间的相识关系很差,这与城市以外的邻居之间的关系大不一样。居民的绝大部分不是靠农业,而是靠工业和商业的毛利收入维持生活。"

5. 根据聚集功能定义城市

路易斯·沃思(L. Wirth,1938)从居住型的角度给早期城市的定义为"不同社会成员所组成的一种相对较大,密集的永久性住址"⑥,指出"不同社会成员"的含义是阶级差异而非民族身份。崔格(B. Trigger,1972)则从聚集地的角度,指出"城市常被定义为一种实施与大小村落联系的种种机能的人口聚居中心"⑦。柴尔德(Childe,1950)在《城市革命》一书

7

① [法]菲利浦·潘什梅尔:《法国》,叶闻法译,上海译文出版社 1980 年版。
② 《马克思恩格斯选集》(第3卷),人民出版社 1972 年版,第56页。
③ 《马克思恩格斯全集》(第46卷),人民出版社 1970 年版,第480页。
④ 《马克思恩格斯全集》(第21卷),人民出版社 1965 年版,第188页。
⑤ 《列宁全集》(第19卷),人民出版社 1959 年版,第264页。
⑥ Wirth, L., "Urbanism as a Way of Life", *American Journal of Sociology*, Vol.44, No.6, 1938, p.9.
⑦ Trigger, B.G., Determinants of Urban Growth in Preindustrial Societies. Man, Settlement and Urbanism. Eds. P. J. Ucko, R. Tringham, and G. M. Dimbleby, Schenkman Publishing Company, Cambridge, Massachusetts, pp.575-579.

中列举了早期城市的 10 个特征：较多人口聚居在有限区域、手工业专业化、中央权力机关分配剩余产品、有宗教(祭祀)建筑、社会中存在明显的等级差异、使用文字、科学研究(技术)出现、存在自然艺术、存在对外贸易和商业、不再依靠血缘方式栖居。[①] 弗里德曼(1961)则从调节功能出发定义城市，他认为城市布局所反映的等级关系是区域安排的基本方式，不同区域间通过城市间不同机构的相互作用形成有效的资源配置，进而把周边地区维系在中心城市上，并通过思维和行为方式传输给周边区域的农村地区。[②] 城市化按照保罗·惠特利(1972)的定义归纳为：一系列特定的功能整合的制度，最初设计于约五千年前，用于策划相对平等的、归因的、结构类似的群体向社会分层的、政治上有组织的、基于区域的社会转化。保罗·惠特利按照西方城市的进程给出定义，而没有考虑到东方文化的特征与城市的实际发展规律。

(二)中国古代城市研究

中国先秦时期是否有城市？当前主要有两种不同的观点：

一部分学者认为中国先秦时期没有城市。苏联学者认为"甚至到了中世纪，中国城市还不是一支独立的力量，也不是农村的对立物"，宋代才是"城市结构特点首次表现最为明显的时期"。[③] 马克思·韦伯(1909)认为城市共同体应该具有以下特征：(1)防御设施；(2)市场；(3)自己的法律以及法庭；(4)团体的性格；(5)自律性与自主性，市民社会的形成。[④] 韦伯认为只有在西方，才出现过大量的城市共同体，近东(叙利亚、腓尼基、或者还加上美索不达米亚)同样也有，不过只限于一个短暂时期，其他地方只是雏形。亚洲的城市并没有具备类似于中古的城市市民权，亚洲的城市也没有西方那样的法人性格。从上述定义可以知道，他

---

① Childe, V.G., "The Urban Revolution", *Town Planning Review*, No.21,1950,pp.3-17.

② Friedman, J., "Cities in Social Transformation", *Comparative Studies in Social and History*, No.21,1961,p.92.

③ [苏]马良文：《十一——十三世纪的中国城市》，《中国史研究动态》1981 年第 5 期，第 28 页。

④ [德]马克思·韦伯：《韦伯作品集：非正当性的支配——城市的类型学》，康乐、简惠美译，广西师范大学出版社 2005 年版，第 22—23 页。

认为中国宋代以前没有城市的结论也就"顺理成章"。

另一部分学者持相反意见,认为中国先秦时期就已经形成了城市,且规模巨大、功能丰富,主要从以下几个方面论证:

1. 从城市遗址上论证

保罗·惠特利(1971)指出公元前 1110 年,中国就已经有了大型城镇的第一次发展,并指出城镇和城市的特征是一致的,保罗根据《史记》记载的城邑资料,界定西周 91 个城市的位置,其中诸侯国国都所在地占据大多数。美国匹兹堡大学许倬云教授(1977)把中国先秦时期的城镇按照规模分为城邑、都邑、都、邑,并指出"春秋时代有九十七个城市""西周时期只有十九个城市"。① 张光直(1980)考察了中国青铜时代的城邑,中国青铜时代约指公元前 2200 年—公元前 500 年,文章认为,青铜时代的城邑是建来维护宗族的权力的。日本学者江村治树(1989)在其代表作《战国时代的城市及其统治》中就先秦时期中国的城市规模和城市功能做了详细介绍。

2. 城市的规模和数量证明

李济(1928)根据中国地方志等史料,找出中国西周时期的城邑共 585 个,另外还有 233 个不能确定具体年代的城邑。刘易斯·芒福德(2004)写道:"1800 年时,西方世界的城市,没有一个超过 100 万人口:伦敦最大,也只有人口 959310 人,而巴黎人口只有 50 万人稍多一些,远比今日阿姆斯特丹的人口为少。到 1850 年时,伦敦有居民 200 多万,巴黎有 100 多万,虽然其他城市的人口增加也很快,但都赶不上它们(中国古代城市)。"②

(三)古代城市的功能与城市变革研究

1. 早期城市的"都市"功能

分歧主要集中在是否产生"都市国家"上,一类认为汉时期已经是都市国家。日本学者宫崎市定在《关于中国聚落形体的变迁》一文中,认为在

9

---

① [美]许倬云:《周代都市的发展和商业的发达》,《历史语言研究集刊》第 48 本 1977 年版,第 300—345 页。

② [美]刘易斯·芒福德:《城市发展史——起源、演变和前景》,宋俊岭、倪文彦译,中国建筑工业出版社 2004 年版,第 542 页。

汉代,中国已是"都市国家",很多县、乡、亭都利用了前代城址开始有城墙的,或者说城市是汉代"都市国家"的必要组成部分。① 另一类认为汉时期中国不处于农业都市。鲁希奇在《城墙内外:古代汉水流域城市的形态与空间结构》,认为"认为汉代农民主要居住在'农业都市'的观点,至少不符合汉水流域、长江中下游地区的历史事实"②。成一农(2003)在《唐代的地缘政治结构》一文中,论述了随着地方行政区划的不断增设,地方行政逐渐稳定下来,但到了隋末唐初,在战乱中再次大量增设。③

2. 经济功能性引发的城市变革

(1)商业城市兴起及功能。乔尔·科特金在其名著《全球城市史》中写道:"第一次商业城市的兴盛发生在唐宋时期,中国商人的活动范围开始遍及世界大部分地区。"④(2)关于长江中下游地区的商业化研究。日本学者斯波义信(1975)通过研究宋代长江下游地区的都市化发展,认为长江下游在宋代时经济最发达,最多大城市集中的地区。施坚雅(G. William Skinner,1977)通过对江苏省、安徽省长江下游以及浙江省北部地区的研究,认为上述区域是19世纪末中国境内都市化程度最高的地区。就其地区来说,中唐和宋代北方人口的迁徙加速了南方的都市化进程。简言之,在唐宋以前主要是自给自足的农业经济已转变为较专业化、商业化和都市化的经济,而这种现象西方汉学家称之为"中古时期市场结构与都市化制革命"(medieval revolution in market structure and urbanization)。⑤ 斯波信义(1988)对南宋都城临安城市功能的官吏数量

① [日]宫崎市定:《关于中国聚落形体的变迁》,载《日本学者研究中国史论著选译》,中华书局1993年版,第1页。

② 鲁希奇:《城墙内外:古代汉水流域城市的形态与空间结构》,中华书局2011年版,第401页。

③ 成一农:《唐代的地缘政治结构》,载《盛唐的地域结构》,上海辞书出版社2003年版,第1页。

④ [美]乔尔·科特金:《全球城市史》,王旭译,社会科学文献出版社2005年版,第21页。

⑤ 此说为Elvin所提出,见Marrk Elvin, "Market Towns and Waferways: the Country of Shanghai from 1480 to 1910," 见Skinnered, *The City in Late Imperial China*, p.164; Skinner, 见G. Willam Skinner, "Introduction", in Skinner ed., The City in Late Imperial China, Stanford University Press,1977,pp.23-24。转引自梁庚尧、刘淑芬:《城市与乡村》,中国大百科全书出版社2005年版,第248页。

进行研究,估计临安的官员数量约为一万人。① 随后,在 2009 年,斯波信义谈论了商业在唐宋变革中的作用,认为交通运输方式的转变和区域劳动分工的确立,提高了对外贸易活动,私人交易活动的商业交换和交易场所更趋向自由②。梁庚尧(2005)通过多南宋城市居民的研究,认为城市中普遍居住着官员游宦与士人游学,从居住形态上看则是散落居住在城市各处。苏联学者马良文(1981)的代表作《十一至十三世纪的中国城市经济和社会生活》成为苏联研究中国城市的重要资料,宣称"是研究中世纪东方都市化的一个大贡献"。③ 日本学者布野修司(2009)认为中国根据宇宙论产生了都城思想,在中国把世界用"天圆地方",即天是圆的,地是方的语言加以概括,天圆的中心称为天极,具体用北极星来表示。来自天极的宇宙轴连着天和地在运转,把天的神力(能量)传达到地上,在大地接受其神力是"上帝之子"的天子,天子所站立的地方是大地的中心。这就是都城(王城)所在的位置,天的神力通过天子的身体在方形的大地上向四方发散。④

3.坊市制度与城市空间

日本学者加藤繁(1952)在其《宋代都市的发展》中论述了宋代坊制和市制的崩溃,认为"坊制"就是用墙把坊围起,除了特定的高官等以外,不许向街路开门的制度。到了北宋末年就已经完全崩溃,庶人也可以任意面街造屋开门了。⑤ 南斯拉夫学者易婉娜·普吏察(1990)通过中西方城市的对比,论述了中国古代城市的产生和发展形态,并从空间五个同心圆的方式分析中国古代城市的特征。认为在中国城市特有的观念中,第一个圆圈是由皇宫来代表,第二是内城,第三是外城,第四是近郊,第五是

11

① 〔日〕斯波义信:《宋代江南经济史研究》,方健、何忠礼译,江苏人民出版社 2000 年版,第 321 页。

② 〔日〕斯波义信:《商业在唐宋变革中的作用》,张天虹译,《文史哲》2009 年第 3 期,第 13—22 页。

③ 〔苏〕马良文:《十一至十三世纪的中国城市经济生活和社会生活》,莫斯科出版社。见《中国史研究动态》1981 年第 5 期,第 28 页。

④ 〔日〕布野修司主编、亚洲城市建筑研究会:《亚洲城市建筑史》,胡慧琴、沈瑶翻译,中国建筑科学出版社 2009 年版,第 200 页。

⑤ 〔日〕加藤繁:《中国经济史考证》,吴杰译,中华书局 2012 年版,第 254 页。

周围五百里的地区。每一个圆圈精确地决定了社会交往的等级。①

4.唐宋城市变革

美国阿克拉大学的马润潮在 1972 年发表的博士论文中指出:"在宋代以前,中国城市在性质上均以行政为主,而都市商业仅为其规模有限的微小附属而已。宋代时期以快速的经济成长与商业发展而著名,此期间商业力量之兴盛使其将城市的性质做显著的改观,其改变之大,致使城市除了作为行政所在地之外,均达到中国有史以来前所未有的商业化……除了极少数例外,工业城市与乡镇在当时并不重要,唯城市更为商业化的事实,却为中国都市化进程中前进的重要步骤。"②日本学者加藤繁(2012)在《中国经济史考证》一书中,介绍了宋代都市的发展,文中使用"都市"而非"城市"一词,认为都市是"春秋战国时代诸侯所住的城,也许就够得上称它都市。它已经不单纯是农民的聚落,并且有种种职业的人居住,不但在政治上是中心,并且在相当程度上也成为经济的中心,商业也渐渐地兴盛起来了"③。随后又从城濠、城市内部的坊制、厢制、市制的角度介绍了宋时期的都市生活。伊原弘在《中国中世纪都市纪行》中记载宋代的几个都市如苏州、杭州、开封的都市生活。

5.建制城市

日本学者爱宕松男(1993)《元代的录事司》对元代的城市治理机构录事司进行了专门的研究,把录事司提高到很高的高度,认为"只有以录事司为中心才能说明元代的都市制度"。④ 美国学者费正清、肖赖尔(2012)估计,12 世纪初,中国有 52 个居住 10 多万户人的城市,而公元 8 世纪中期,中国只有 26 个这样的城市。⑤

---

① [南斯拉夫]易婉娜·普里查:《中西古代城市文化比较研究》,《东南文化》1990 年 Z1(增刊),第 21—32 页。

② [美]马润潮:《宋代的商业和城市》,(台湾)中国文化大学出版部印行 1985 年版,第 7 页。

③ [日]加藤繁:《中国经济史考证》(上),吴杰译,中华书局 2012 年版,第 248 页。

④ [日]爱宕松男:《元代的录事司》,转自黄约瑟主编《日本学者研究中国史论著选译》(第五卷),刘俊文译,中华书局 1993 年版,第 608—635 页。

⑤ [美]费正清、赖肖尔:《中国传统与变革》,陈仲丹、潘兴明、庞朝阳译,江苏人民出版社 2012 年版,第 141 页。

6. 古代城市居民

日本学者宇都宫清吉(1955)论述了汉代大都会城市,并探讨当时农村人口与都市人口的平均比率,得出约为 6∶3 的结论基础上,针对有结论的 11 个大都市推算出其"都市基本人口",在 3 万—9 万人。① 日本学者今崛诚二(1993)研究分析清代时期的都城构成,认为在清代的都市中,形成了都市共同体,存在着商业资本和工匠的反抗。封建都市的基础社会是行会,行会一面孕育着劳资的对立,一面构成共同体,追求集团的利己主义。② 人口是城市的最重要组成因素,通过人口构成研究城市产业的结构也是一种思路。日本学者妹尾达彦(1998)研究了 8 世纪时期的唐朝长安的人口构成,认为当时人口有 70 万人,长安城内的县管辖人口有 30 多万人,军人人口 10 万人,宗教人口 2 万—3 万人,宗室、宫人、宦官、举选应试者、外国人 5 万和脱离户籍的约 10 多万人。

(四)城市产业的研究

美国在 20 世纪 60 年代到 70 年代时期,先后三次召开全国性的汉学家中国城市史学术讨论会,出版了三部研究中国城市的学术著作。1977 年出版的美国斯坦福大学施坚雅博士主编的《中华帝国晚期的城市》被誉为是西方汉学家试图运用所谓社会科学与历史学相结合的方法来研究中国城市发展史的代表作之一,是一本用西方语言出版的能激发读者兴趣的有关传统中国城市的最全面的研究著作③。施坚雅按照时间顺序把中国古代分为公元前 221 年以前、公元前 221 年—公元 589 年、公元 589 年—公元 1280 年、公元 1280 年—公元 1911 年四个历史时期,建立在中心地理理论的基础上,分区域、分阶段考察中国古代的城市和城市经济发展的内在机理。文章从手工业、商业和城市空间距离的角度阐述了帝国晚期城市的经济发展联系,并认为对于不同地区而言,由于贸易和交通体

---

①　[日]宇都宫清吉:《汉代社会经济史研究》,弘文堂,1955 年。转引自[日]斯波义信:《中国都市史》,布和译,北京大学出版社 2013 年版,第 17 页。

②　[日]今崛诚二:《清代地方都市(县城)的构成》,载黄约瑟《日本学者研究中国史论选译》(第六卷),刘俊文译,中华书局 1993 年版,第 540 页。

③　[美]G. 威廉·施坚雅:《中国王朝时代晚期的城市》,斯坦福大学,1977 年。转引自《杭州大学学报》1980 年第 4 期。

系的建立使得西北和华北的城市体系遭到瓦解而南方的城市体系得以确立。① 日本学者西鸠定生(1993)通过对中国 16、17 世纪农村工业的考察,以中国的棉纺织工业为代表论述农村工业、农村手工业商品化的过程。通过研究,西鸠定生认为农村手工业为城市商品手工业提供了基础,"从发展史的角度来说,最初在该地,在上海、松江等城市及各处市镇,大概也都是由艺人性的工匠来织棉布的②。"美国学者林达·约翰逊(2005)主编的《帝国晚期的江南城市》一书中,收集了来自四个国家六位学者的研究成果,论证行政命令对于城市地位的升降起到决定性的作用,往往超越了生态和技术因素。③ 迈克尔·马默(2005)通过对苏州城市(1127—1550)崛起的研究,论述了城市商业和贸易业等发展对城市经济的促进,认为政府在 15 世纪早期实行的政策成为商业发展的催化剂,苏州市是唯一巨大的前现代城市,是它资助了政府而不是相反。④ 夫马进(2005)论述晚明时期杭州城市改革和民变,从城市市民角度分析在城市转型过程中,城市劳役制度逐渐改为雇佣、城市市民阶层的兴起和有组织的表达政治愿望的运动。⑤ 美国学者简·雅各布斯在其《城市经济》中批评了城市发展史中的教条——农业发展在先的理论,从生产效率高的市场(城市资本、城市发展)角度分析城市在人类社会中的具体作用和城市未来发展的模式。美国学者乔尔·科特金(2005)从城市发展历史的角度分析全球城市发展的特点及脉络,文章把中国城市的发展放在了全球城市发展的历史长河中,介绍了王国时期和礼仪制度对中国城市发展的影响,限于篇幅,文章对中国古代城市的发展介绍过于仓促和片面。法国学者谢

---

① [美]施坚雅:《中华帝国晚期的城市》,叶光庭、徐自立、王嗣均、徐松年、马裕祥、王文源译,中华书局 2000 年版,第 3—37 页。

② [日]西鸠定生:《以十六、十七世纪为中心的中国农村工业之考察》,载《日本学者研究中国史论选译》(第六卷),中华书局 1993 年版,第 15 页。

③ [美]林达·约翰逊:《帝国晚期的江南城市》,成一农译,上海人民出版社 2005 年版,第 5 页。

④ [美]林达·约翰逊:《帝国晚期的江南城市》,成一农译,上海人民出版社 2005 年版,第 59 页。

⑤ [美]林达·约翰逊:《帝国晚期的江南城市》,成一农译,上海人民出版社 2005 年版,第 60—96 页。

和耐的《中国社会史》以时间作为线索,描述中国社会的发展,文中以手工业和商业作为线索阐述各个时期社会经济发展现状、中央集权国家的兴衰、少数民族的文化冲击和宗教文化。安格斯·麦迪森(2003)在其《世界经济前年史》对比中国与世界其他国家的经济发展。虽然本书的研究没有集中在中国古代的城市经济总量,但对于中国古代的经济发展来讲,城市经济是重要的组成,没有城市经济的发展和繁荣也不会带来中国古代社会的经济发展和繁荣。由费正清、崔瑞德担任主编编写《剑桥中国史》等系列,全套系列丛书较为系统地介绍了中国各个时期的政治、经济、社会发展概况,从经济、军事、政府机构、宗教文化加以分析说明,其中对中国各个时期以商业和手工业作为视角阐述城市及其经济发展的概况。美国学者罗兹曼(Gilbert Rozman,1973)比较清末中国的城市结构与日本德川末期的城市结构,本章通过两国金字塔形的图形来说明中日两国的城市结构差异,按照传统行政城市分类,中国的城市分为省治、府治、州治、县治和市与镇。美国学者彭慕兰的《大分流:欧洲、中国及现代世界经济的发展》一书,以比较翔实的数据分析元明清时期以城市作为主体形态的国家经济总量,以此来分析中国和欧洲经济在工业革命时期所产生的分流。美国学者鲁道夫·P.霍妹尔在《手艺中国:中国手工业调查图录(1921—1930)》中论述了中国的部分手工业种类,并从基本手工工具、农业工具、制衣工具、建筑工具和运输工具中分别给予图示说明。斯波义信(2013)论述中国历史的都市时,认为政府在秦汉时期,对城市商业在大城市采取了一套管理制度,但不可能在1570个县级市都采用这一制度。而大规模的移民运动导致了城市区域的变革,市镇的产生。①

二、国内研究进展

(一)城市的定义

关于古代城市的定义,学术界仍有争议。城市是一个综合体,又源自西方理论,具有明显的西方性。中国古代城市(邑)偏离了西方学者的视

---

① [日]斯波义信:《中国都市史》,布和译,北京大学出版社 2013 年版,第 17—30 页。

野,使其对城市的定义具有明显的偏颇,甚至有学者认为中国古代根本没有城市,正是这种局限,导致对古代城市的定义难以统一。

对古代城市的定义主要有西方标准和东方标准。应该依照西方社会科学家依据西方文明史归纳出来的城市定义来寻找城市的出现,还是应该在中国聚落史的材料里寻找它自己的聚落形态的发展过程与规律,而在这个过程中辨认城市这一聚落形态在中国社会中的实际界说①。先秦时期,是城市起源和建立时期,而这个时期的文献研究较多,视角迥异,主要集中在如何定义城市。赵冈的《中国城市发展史论集》是涉及这个方面最早的文献之一。赵冈(2006)认为,中国古代的“城”与“市”经历了“由分到合”的过程。(城市)一类是中国行政区划的治所,其特征是城墙或加上外郭的保护,内有行政机关,包括京师、省级、府级、州县级治所;另一类是治所以外的市镇。前一类称为城郡;后者称为市镇,两个系统的总合,称为城市。② 文章从宏观的角度对中国城市史的发展进行梳理,概括出中国古代城市发展的特点,但集中在经济史方面,而思想史的论述比较少。研究古代城市定义的文献主要集中在以下几个方面:

1. 城市产生的时间

傅筑夫(1980)认为夏代也是古代城市(邑)的开始产生期,战国以前的城市,实际上都是些有围墙的农村。③ 张鸿雁则认为春秋以前是城市的萌芽阶段:“生产力发展到一定阶段的产物——城市,在秦以前大体经历了三个重要阶段:(1)城堡阶段,大约从原始社会后期到夏代;(2)都邑阶段,从商到西周;(3)完全意义上的城市兴起。从春秋初年开始并在战国年间得到发展。”④许倬云则是从时间和形态的角度定义城市,从西周到春秋的城邑按照形态分为邑、都、都邑、城邑,而把战国时期的城邑称为城市。⑤ 春秋

16

---

① 张光直:《关于中国初期“城市”这个概念》,《文物》1985 年第 2 期,第 61 页。
② 赵冈:《中国城市发展史论集》,新星出版社 2006 年版,第 3—4 页。
③ 傅筑夫:《中国经济史论丛》(上),三联书店 1980 年版,第 324—329 页。
④ 张鸿雁:《春秋战国城市经济发展论》,辽宁大学出版社 1988 年版,第 29 页。
⑤ 许倬云:《周代都市的发展与商业的发达》,载中国台湾《“中央研究院”历史语言研究所集刊》(第 48 本),1977 年,第 309—332 页。

以前还没有"城市",因而也自然不会有"城市"的概念,无论多么大的居民区,均可称为邑,邑本身也是城或都的代名词。① 李先登(1986)基于对城市考古遗址的考量,认为古代的城市起源于三代时期。"城与邑、国三字的意思是一样的,即人们居住、守卫的有城垣建筑的城市,古代的国就是邑,就是城。"②苏秉琦(1986)把城市定义为"古城主要指城乡最初分化意义上的城和镇,并非通常所理解的城市或都市……与社会分工、社会关系分化相适应的,区别于一般村落遗址和墓地的中心遗址和墓地。时间约在原始社会后期,即距今五千年至四五千年间"。③ 严文明(1992)从平粮台城址的角度认为"可以断定这种城绝非一般村落的寨墙,而是专为贵族所居的设施。它也不单是军事性城堡,因为城内还有陶窑,也发现过铜炼渣,说明城内还有炼铜、制陶等手工业生产"。④ 王彦辉(2014)从"聚"或"聚落"的角度,分析在三代时期修缮起来的城邑是汉代城邑的雏形和基础。"秦汉帝国对城乡社会的控制并不是通过有形的城郭实现的,在'大一统'专制体制下,国家不仅借助乡里组织和法律的严防牢笼社会成员,而且通过道德'城郭'控制人们的心理。"⑤

2. 从居住性和聚集性上定义城市

《吕氏春秋·慎大览·不广》指出"舜一徙成邑,再徙成都,三徙成国"。《史记·五帝本纪》"舜一年而所居成聚,二年成邑,三年成都"。《吴越春秋·吴太伯传》"居三月城成郭,一年成邑,三年成都"。可见邑、郭、都等都是城市前期的居住形态的表现。一般来说,在城市化的早期阶段,多功能城市的规模多半大于单一功能的城市。⑥ 中国早期的城市具有主要的特征:(1)作为邦国的权力中心;其特征是王权的象征,有宫殿

---

①　张鸿雁:《春秋战国城市经济发展史论》,辽宁大学出版社 1988 年版,第 35 页。

②　李先登:《试论中国城市之起源》,《天津师大学报》1986 年第 5 期,第 48 页。

③　苏秉琦:《辽西古文化古城古国——兼论当前田野考古工作的重点或大课堂》,《文物》1986 年第 8 期,第 42 页。

④　严文明:《略论中国文明的起源》,《文物》1992 年第 1 期,转引自严文明:《农业发生与文明起源》,科学出版社 2000 年版,第 71 页。

⑤　王彦辉:《早期国家理论与秦汉聚落形态研究——兼议宫崎市定的"中国都市国家论"》,《中国社会科学》2014 年第 6 期,第 166 页。

⑥　赵冈:《中国城市发展史论集》,新星出版社 2006 年版,第 6 页。

庙宇、祭坛和城墙(垣)的存在;(2)因社会阶层分化导致居民的结构复杂,非农业生产活动的展开;(3)人口的相对集中。但处于城乡分化不甚鲜明的初始阶段的城市,其人口的密集程度不是判断城市与否的绝对指标。① 中国古代没有明确的城市划分标准,直到新中国成立,1955 年中国国务院颁布了《关于城乡划分标准的规定》(以下简称《规定》),第一次提出了城乡划分的标准。《规定》采用人口居住密集度的划分准则,指出了城镇的定义:(1)市级或县级以上政府所在地;(2)常住人口超过 2000人,非农人口所占比重超过半数;(3)工矿企业、铁路站、工商业中心、交通要口、中等以上学校、科学研究机关所在地和职工住宅区等,常住人口虽不是 2000 人,但在 1000 人以上,而且非农业人口比重超过 75% 的地区;(4)具有疗养条件,而且每年疗养人员超过当地常住人口 50% 的疗养区;(5)以上四类中,常住人口超过 20000 人县以上政府所在地和工商业地区可列为城市,其余为镇。

3. 从地域范围和功能上确定城市的起源

城市有人口和粮食两个制约因素,粮食和人口流通半径决定了城市的范围。粮食的流通有三种:商业买卖、政府税赋、地主的自销。杨天宗等(2012)把城市定义为:"城市是一定的空间和资源、人口、相对密集的社会发展体系。空间、资源、人口是城市发展的三个基本要素,也是城市发展的充分必要条件,当人口与资源在一定空间聚集进行活动时,城市便出现了。"②刘景华(2007)从城市的起源、城市的概念内涵、城市的民众组织对比中国古代城市与西欧中世纪城市,认为西欧的城市具备冲击封建政治体系的力量,而中国的城市则是在封建政治体系中起着堡垒作用。顾朝林(1996)总结出中国城市的起源主要有防御说、集市说、宗教中心说。一般来说,在城市化的早期阶段,多功能城市的规模多半大于单一功能的城市。③

---

① 许宏:《先秦城市考古学研究》,北京燕山出版社 2000 年版,第 9—10 页。
② 杨天宗、季铸:《反思城市》,四川大学出版社 2012 年版,第 2 页。
③ 赵冈:《中国城市发展史论集》,新星出版社 2006 年版,第 6 页。

4. 从城市内部特征来定义城市

宫殿、城垣、工商业，尤其是第一次出现了"城市生活方式"的居民，即不依靠农业生产来维系生活的城市手工业者和商贾，可作为城市有机体的标志。张文奎(1987)采用现代城市产业的特征衡量古代城市，把城市定义为"在狭小的地域上集中大量非第一产业人员，居民以从事第二、三产业为主"①。

5. 从城市的本质去定义

冯云延把城市定义为"城市是生产力发展到一定阶段的产物，是生产要素集约化和业态多样化的社会有机体，是区域经济、政治、科学技术和文化交易发展的中心"②。高松凡、杨纯渊(1993)从三个角度判断城市。首先是两种以上职能的复合体。其次是手工业、贸易、财富、建筑、公共设施的集中场所。最后人口密度高，且人口主要从事非农产业。③ 张鸿雁认为城市和乡村的本质区别可以这样认定，城市和农村构成两种生活方式，即城市生活方式和农村生活方式。这两种生活方式区别的焦点是——乡村中的居民以从事农业和其他非工商业生产为主，并通过主要直接参加农业生产和其他非工商业生产，直接获取农业、牧业、渔业、林业等生产物及用少量农业、牧业、渔业、林业生产物换取其他生活和生产资料来维系生活；而城市居民则以从事工商业和其他非农业、牧业、渔业、林业等生产或从事非生产性职业工作为主，以间接迂回——交换的方式来获取农业、牧业、渔业、林业等生产物和其他生活资料来维系生活。这两种有本质区别的生活方式，一边是以经济生产高度集中为特征的城市；一边是以分散经济生产为特征的乡村。④ 张鸿雁认为，春秋时代以来，随着生产力的发展，私人工商业勃兴了，区别于乡村生活的城市居民产生了，城市已经是城市人民生活中感觉到的客观实体，城与商品交换的市

19

---

① 张文奎：《人文地理学概论》，东北师范大学出版社1987年版，第224页。
② 冯云延：《城市经济学》，东北财经大学出版社2011年版，第14页。
③ 高松凡、杨纯渊：《关于我国早期城市起源的初步探讨》，《文物季刊》1993年第3期，第49页。
④ 张鸿雁：《春秋战国城市经济发展史论》，辽宁大学出版社1988年版，第70—71页。

已经有机结合在一起,也只有这样,才会在语言中出现"城市"这一名词。①

总之,城市应具备这样几个特征:(1)手工业和商业的分离。(2)农业和手工业分离的完成。(3)独立商人和独立手工业者阶层的存在。(4)城市与市场的关系表现在市场是城市生活不可缺少的组成。(5)居住形式和密度乃至人口构成。上述分歧主要在于城市(城镇)的不同标准。城市是人类创造出生产和交换系统,向自然提出挑战的区域所在。一个城市必须满足下面三个条件:(1)农业生产过剩。(2)城市生产。(3)用于交换的运输体系。② 城市的生产性和消费性是人类社会发展过程的产物,当人类生产力水平达到一定阶段后,社会聚集(经济聚集和人口聚集)的过程反映了人们追求更大的效用水平和更高效率的意愿,当人口聚集到一定数量后,城市(城邑、城镇、要塞)应运而生。

(二)城市的规划

1. 规划中蕴含"礼制"

《周礼·考工记》中记载都城为"匠人营城,方九里,傍三门。国中九经九纬,途径九轨。左祖右社,前朝后市,市朝一夫"。都城在营建伊始,已考虑政治性、经济性、礼仪性。吴庆洲(1996)提出了影响中国古都规划的三种思想体系:《周礼·考工记》中体现"礼制"思想、《管子》注重"环境实用"的思想和"象天法地"的哲学思想体系,认为三者是相辅相成的,代表哲学层面的象天法地规划思想"既打破了礼制僵硬的王城模式,又补充了只求实用的规划思想在内涵上的平淡无奇",指导着代表制度层面的《周礼·考工记》营国思想与代表物质层面的《管子》规划思想。③史建群(1986)指出了中国古代城市的特征是政治城市,这一特征决定了古代城市布局规划的指导思想受政治制度特征所制约,随社会性质变化而变化。吕静(1988)论述中国早期都城的特征及文化内涵,认为都城之

---

① 张鸿雁:《春秋战国城市经济发展史论》,辽宁大学出版社1988年版,第74页。
② [美]阿瑟·奥沙利文:《城市经济学》,周京奎译,北京大学出版社2008年版,第3页。
③ 吴庆洲:《象天法地意匠与中国古都规划》,《华中建筑》1996年第2期,第31—35页。

中的宫殿、宗庙并驾齐驱正是中国上古时代"政教合一"体制的再现。①龙彬(2000)通过吴大城的规划研究,探讨了伍子胥的象征主义的布局、因地制宜的水城格局、庇护城市防灾措施的城市规划思想,蕴含了军事防御和城市防洪理论。王其亨、张慧(2010)从《周礼》和《尚书》中挖掘出城市规划与风水理论,文章详细分析了城市规划中自由考察和评估的方法,从环境容量出发的城市生态结构模式及选址中的"折中观",说明《周礼》和《尚书》是中国古代城市规划和风水理论的经典。

2. 从城市功能上规划

张南、周伊(1988)论述西周初年的第一次城市建设高潮和春秋后期战国时期的第二次城市建设高潮,从功能来看,春秋战国的城市大体分为诸侯国的国都、工商业城市和郡县城市。陈淳(1998)通过对比世界其他地方的城市起源方式,认为我国城市起源的研究还停留在"点"的分析,习惯应用"文化"概念来描述和定义,建议在研究城市起源时,引入对居住形式的分析概念。陈昌文(1999)分析汉代城市的基本布局结构,宫殿、商业区、文化区、居宅区的分布与特点,归纳出汉代城市注重地理环境、强调庄重威严、流行神学的指导思想。吴庆洲(2007)考察了隋、唐宋、明清时期的三种龟城,论述龟在中国古代的地位崇高、长寿而且防御性强,认为龟城具有防洪、风水、排涝的特点,这种仿生物象的哲学智慧,已经体现在城市的建筑理念。苏畅(2010)论述了《管子》的营国建城思想,文章从营国思想和建城思想出发,从城市地域的选定、城市的分布、功能和规模入手分析建城的布局和规模。

3. 城市遗址和数量

李春棠(1983)针对两宋时期的市镇进行研究,认为市镇在两宋以后成为城市发展的新方向,奠定了中国历史上的市镇基础,通过他的研究,认为北宋时期 1884 个市镇,其中 500 多个市镇已经设置了官办税务,而到南宋时期,则还保留了 1280 个镇和 4000 多个集市。邹逸麟(1991)从

---

① 吕静:《中国早期都城的特征及其文化内涵》,《郑州大学学报(哲学社会科学版)》1988 年第 6 期,第 54—58 页。

交通和城市经济发展关系入手论述了古代的陆地交通和水路交通的发展演化,以及由此形成的城市经济发展和城市数量的增加。顾栋高(1993)整理出春秋时期的城邑数量、详细的地址和各城邑归属,从表0-1可以看出当时数量众多的城邑正在向城市过渡的阶段,大的城邑构成了战国时期城市的基础。

表0-1 春秋时期各国的城邑数量

国 名	周	鲁	齐	郑	宋	卫	曹	邾	莒
城邑数量	40	39	38	33	18	20	9	9	13
国 名	纪	徐	晋	虞	虢	秦	陈	蔡	许
城邑数量	5	1	71	2	2	7	4	4	6
国 名	庸	麇	吴	越	杞	楚			
城邑数量	3	1	7	1	3	50			

资料来源:顾栋高:《春秋大事表》,中华书局1993年版,第703—839页。

韩光辉(1995)从元代中国建制城市入手,认为伴随城市规模的扩大和城市职能的完善,政府成立都市警巡院和城市录事司专门管理城市人口和经济职能,在当时已有120余个城市先后建立了这种市政机构,成为中国乃至世界上最早出现的建制城市。[①] 曲英杰(2003)从城市遗址的角度,按时间顺序论述了史前城市遗址、夏商遗址、周代城市遗址、秦汉城址、魏晋南北朝城址、隋唐五代城址和宋辽金元城址,文章涉及各个时期的城址一百六十余座,并从城址考察、挖掘、现状等多方面提供了城市的全貌。周长山(2003)描述了汉代城郭的规模、建筑、形制,并列出了129处中国汉代考古的城址。大批中小城市的出现,奠定了中国古代社会前期城市分布的大致格局。韩光辉(2011)划分了中国古代城市经过的四个阶段:中国古代城市的萌芽与雏形阶段(史前时期)、中国古代城市发展的形成(青铜时代)转型阶段(春秋战国时期)、中国古代城市体系阶段

---

① 韩光辉:《元代秦汉中国的建制城市》,《地理学报》1995年第4期,第324—334页。

(秦汉至隋唐五代)与中国古代城市体系的成熟阶段(宋至清)①。

(三)对城市经济与城市产业的研究文献

中国古代城市产业分为农业、手工业、商业、教育业、金融业等。雒雷(1987)把春秋战国时期的城市经济部门分为手工业、农业和商业。韩茂莉(1993)在其《宋代农业地理》一书中,论述了宋代人口、土地和农业之间的关系,并分别论述黄河中下游、东南区、荆湖区、西南区和岭南区的农业生产和土地的利用特征。芮明杰(2005)在其《产业经济学》一书中,把古代产业划分为三个层面,农业、工业和服务业。归纳了中国古代农业、工业和服务业(包括商业和交通运输业)的发展历程。李孝聪(2007)基于历史城市地理学的角度,采用历史学、考古学、地理学和遥感研究等相结合的方法,从区域范围考察中国古代城市的历史形态和区域群体的变迁,介绍中国古代的城市体系和发展影响的脉络,从城市复原图中描述了中国古代城市经济尤其是城市农业、城市手工业、城市商业的发展形态。

1. 城市手工业

中国古代社会的经济史文献中,往往把传统手工业称为工业。按照一般的解释,工业就是"采取自然物质资源,制作生产资料、生活资料,或对农产品、半成品等进行加工的生产事业"②。祝慈寿(1985)讨论了我国古代手工业的起源和发展,文章专门论述冶铁、青铜行业的发展演化并以原始手工业、冶铜业、酿酒业、纺织业的发展,论述了中国封建社会手工业的发展演化过程。欧安欣(2003)从经济因素、地理因素、社会因素等角度介绍了中国古代手工业经济区域分布的变迁及其原因。荣文库(1990)论述了汉代官营铜铁业中的劳动者结构,认为主要组成是工匠、卒、刑徒和奴隶。章永俊(2012)论述了金代中都地区的手工业发展,认为在手工业的管理上,官营手工业占主体地位,其行业分工精细,民匠也有一定的自由。刘玉堂(1994)概括楚国官营手工业的发展,文章描述当

---

① 韩光辉:《论中国古代城市管理制度的演变和建制城市的形成》,《历史研究》2011年第4期,第58—65页。

② 中国社会科学院语言研究所词典编辑室:《现代汉语词典》(修正本),商务印书馆1996年版,第433页。

时楚国通过各种不同的手工业种类,设置了造府、铁官、铜官等九类官职进行管理。张中秋(1995)论述汉代的工商贸易法律,记录其对工商业的态度的转变。丁华(2001)通过对秦朝时期律文的考察,论述秦国时期对商业的管制政策。邱敏(1992)论述了六朝时期的手工业发展现状,官营手工业仍然占据手工业的主要成分,国家对手工业出于政治目的而加强管理,拥有技术的百工逐渐成为官营手工业的主要劳动力量。张泽咸(1995)在《唐代工商业》一书中,详细论述唐代城市和地方的手工业、商业发展现状及城市经济发展对工商业的促进作用。刘驰(1993)描述了十六国时期官营手工业的管理机构,延续征用民间工匠的制度,对手工业工匠通过户籍单列、子孙世代相袭进行管理。张锦鹏(2002)描述了宋代的手工业分布与商品供给的关系,认为行业内的生产过程中其专业化的分工并不发达。葛金芳(2008)在《南宋手工业史》一书中介绍了南宋时期的手工业发展,从矿冶业、军工制造业、造船业、丝织业、陶瓷业、造纸业、桥梁建筑等产业,论述产业的规模、发展特点、技术工艺。李恒全(2002)研究了汉代时期的官营手工业,认为随着城市经济的发展,官营手工业也部分地从事商品性生产,且这种商品性生产是一种畸形的发展方式,阻碍商品经济的发展。胡小鹏(2004)在《中国手工业经济通史》(宋元卷)论述了宋元时期的官营手工业和私营手工业,并分行业地论述了纺织业、矿冶业、军工业、食品加工业的管理机构和发展模式。陈国灿(2002)以商业和服务业,手工业、外贸业等城市产业为主论述南宋时期两浙地区的城市产业形态,民营手工业在总体规模和数量已经超过了官营手工业,两浙地区的城市已经突破了以商业为主和单纯以消费为主的传统模式,城市因手工业的生产性功能增加而逐渐成为商品的流动中心和市场中心。宋仁桃(2006)讨论了战国秦汉城市人口结构,文章认为随着古代城市经济的发展,城内居民的结构也不断变化,最初的城邑以农人为主,春秋战国时期城市居民被划分为士农工商四类,但农民一直都是主体,两汉时期,城市内部人口的中农业居民的人口下降,但短期内还不会完全被排除在城墙之外。赵晓雷(1992b,1994a1,1994b)论述了中国的工业化思想,指出工业化思想的发展源头、形成条件和表现机制。赵晓雷

(2010)在其《中国工业化思想及其发展战略研究》一书中,阐述了近代中国工业化思想的发展确立,文章论述传统农业思想、传统财富生产思想和财政观念、传统义利和消费观的转变,开创我国研究近代工业化思想的先河。李伯重、周生春(2004)主编的《江南的城市工业与地方文化(960—1850)》一书,以翔实的史料介绍了中国宋以后的城市经济发展,并以工业为视角,分析城市经济发展的脉络。李伯重(2010)在《江南的早期工业化(1550—1850)》中把手工业分为重工业(工具制造业、建材工业、造船工业)、轻工业(纺织业、食品工业、服装制造业、造纸业、印刷业等),论述了明清时期的轻重工业发展的过程。孙智君(2006)的博士论文《民国时期产业经济思想研究》中论述了(1912—1949 年)的产业发展思想,从北洋政府时期、南京政府时期、抗日战争时期、南京政府后期四阶段分时期论述了代表人的产业思想。刘吕红、阙敏(2009)归纳出清代资源性城市的形成、发展与转型的特点,认为农业时代以手工业为表现的传统资源性城市,依托铜、铁、煤等自然资源发展成为最初的资源性城市。张毅(2012)阐述了明清时期天津盐业的发展历程,并从管理机构、生产条件和技术、盐业销售等角度论述盐业的发展对天津城市经济发展的影响。陈诗启(2004)阐述明代官营手工业发展与商品货币的关系,并以工匠制度和盐业的生产为切入点,分析明代官营手工业的演化历程。李仁溥(1983)在《中国古代纺织业史稿》一书中,按照时间顺序按朝代论述古代纺织业的发展演化,尤其从官营和民营手工业发展角度阐述清代对纺织业的控制和掠夺阻碍了纺织业资本主义生产方式的发展。彭南生、严鹏(2012)从技术角度对中西大分流进行了重新审视,文章认为中国不仅缺乏工业革命所必需的关键技术,而且缺乏法治相关技术的能力。[①]

2. 城市商业

城市产业经济是决定城市经济功能和城市性质的内在因素,也是推动城市经济增长的基本条件。[②] 陶希圣(1931)通过对战国以来都市的研

25

---

① 彭南生、严鹏:《技术演化与中西"大分流"——重工业角度的重新审视》,《中国经济史研究》2012 年第 3 期,第 95—103 页。

② 冯云廷:《城市经济学》,东北财经大学出版社 2011 年版,第 245 页。

究,总结出汉代城市的基本特点;汉代城市既是商业发展的结果,也是商业繁荣的标志,它的发展与春秋战国以来商业的蓬勃发展有着直接关联。① 胡小平(1988)论述了中国封建社会商人资本的原始积累与转移,商人作为城市商业的主要经营者,其资本的转移和流通速度受到了城市宏观环境的影响,文中论述了商业利润高的四种原因,并论述政府通过公廨钱对商业经营的鼓励。郑世明(1987)通过对中国古代商业结构的官办性、非生产性和非商品性的研究,分析中国古代工商业的停滞及其原因,文中认为最主要原因是自然经济形式和国家政权力量的限制,尤以政权力量的限制为盛。董书城(1990)在其《中国商品经济史》中论述了古代商品经济的发展历史,文中分先秦至秦汉、唐宋、明清三个时期论述了城市经济的发展方式及影响因素。杨师群(1991)论述了北宋官营房地产业组织——店宅务,并认为这一机构的产业,是唐末、五代城镇工商业日益发展,尤其是官营工商业逐步有所提高的结果②。林正秋(1993)论述了两宋时期汴京和临安的饮食娱乐市场,政府设置四司六局机构,专门为大规模的市场需求服务。周宝珠(1998)从草市来研究宋代城市,认为草市促进了镇市的兴勃,而镇市作为乡一级的地方政权机构,对维持地方经济稳定发挥作用;县市的发展主要看对草市的吸收程度,没有草市的发展,县市无法打破自身的局限;草市也推进了州级城市的发展。并列举了宿州、鄂州、东京等地的草市发展状况。周志斌(1994)论述了晚明时期的南京的商业,主要的特征是工商业人口激增、市集贸易发达、外来商人和商品众多,商业竞争激烈。周长山(2001)描述了汉代城市的起源、城市的发展、城郭,并以长安和五都为典型,分析城市经济的发展,分析汉代的城市人口、城市居民的居住和市场的作用。高敏(1998)描述了魏晋南北朝时期的经济发展,介绍城市手工业和商业的发展演化过程以及商业都会、市场体制和贸易。韦苇(2011)分析了中国传统的经济思想与当地经济发展之间的关系,文中从传统的"富国富民"思想与现代化、传统的

---

① 陶希圣:《西汉经济史》,商务印书馆1931年版;《西汉的市》,载《北平晨报》1931年11月25日。《战国时期商业都市的发达》,载《中央日报》1947年5月14日。

② 杨师群:《东京店宅务——北宋官营房地产业》,《史林》1991年第1期,第19—25页。

义利思想、本末思想、善因和轻重思想、财政思想等入手,分析了中国经济思想的演变与国民经济发展和经济增长关系。张继海(2006)描述了汉代城市的一般物质结构和内部功能分区,分析不同职业者的居住情形、商业都会和普通城市在社会面貌和经济性质上的差异,进一步讨论城市中的市和学校对城市生活所起到的作用。魏天安(2006)通过介绍宋代官营的经济,从官田、官营买马、榷酒、官营纺织业、军工制造业、采矿业和造船业的角度分析了经济发展的制度与现状。赵莹波(2012)的博士论文介绍了日本和宋朝时期的贸易,对比宋朝和日本对于贸易的管理、政策,以及宋朝的对外政策对日本和宋朝的贸易影响。韩大成(2009)从六个方面介绍了明代城市经济的发展;农业发展是城市繁荣的基础,城市依据功能划分为政治型城市、工商型城市、海外贸易型城市和边塞型城市,国内市场的开拓导致了商业的繁荣,白银的流行、钱庄和典当业的兴盛使得城市经济的交易媒介扩大,陆路和水路使得交通运输业发达,城市内部阶级结构的分化及政府对城市的管理。任放(2003)介绍了明清时期长江中游市镇经济的发展,通过对典型城市——汉口的介绍,阐明了市镇作为明清时期新兴的城市发展网络的特征,文章从空间地理因素入手,讨论地质、气候、交通和商品经济的发展对长江中游市镇网络的形成和发展、市镇中墟场及集期、市镇的影响。赵红军(2012)利用中国历史上的气候数据、中国历史上的米价、自然灾害、人口等具有一定间隔的时间序列数据,实证检验了气候变化与过去两千年间农业经济社会不稳定的关系。研究发现,温度的升高倾向于减少社会不稳定程度,降雪异常对社会不稳定的作用是结构性的,且二者对社会不稳定具有较长期的影响。农业是城市经济发展的基础,也是中国古代历史发展的基石,气候和自然灾害对社会不稳定具有深层次的影响,而城市对抵制自然灾害具有一定的缓冲作用。秦佩珩(1958)论述了明朝城市经济繁荣的表现以及城市规模的扩大,认为农业的发展、工场手工业以城市为集中地和国内市场的开拓是城市经济发展的原因。柳思维等(2012)论述了中国古代城市商圈发展的过程,认为经历了漫长的"城""市"分离时期、从坊市制度到商业中心过渡时期和商业中心的兴起时期。王天伟(2012)论述了中国产业发展史,文章按照历史顺序把中国古代划分为原始农业时期、传统农业时期、农工商交汇时期,论述各个时期城市产业发展的特点及分布,从商业发展和布局的角度分析了中国古代城市发展演化过程。刘逖(2009)以明清时期的国内生产总值为研究对象,以第一产业(农业和畜牧林渔)、第二产业(矿冶、制造、建筑)、第三产业(商业和运输、金融、房地产、政府、专业服务)为代表,估算了当时的中国国内经济总量,认为1600年中国占世界GDP的比重约为四分之一,1840年下降到不到五分之一。[①]

3. 城市教育业、旅游娱乐业等第三产业

专门职业化的教育在"四民分业定居"时还没有存在的条件。刘学良等(2006)论述了古代城市产业的职业教育产业的发源。王慎之(2000)论述了中国教育产业的发展,文章专门对教育产业的属性界定进行归纳,并介绍我国古代教育产业的发展。王晓云(2002)讨论了古代城市旅游业的发展经历了从事务型发展到休闲娱乐型的特点,归纳出古代城市旅游起步、兴盛、成熟和普及的四个发展阶段及发展特征。宁欣(2006)论述了唐宋城市经济社会变迁的特征,并通过对人口和城市产业的分析阐述了城市第三产业的发展表象。宁欣(1998)以长安的流动人口为突破口,分析了城市人口的构成种类,并认为唐朝长安的人口主要分为在籍人口、常住人口、城内人口等。张天虹(2008)对长安第三产业的人口重新进行了研究,认为唐代长安在当时已经拥有了百万人口。陈涛(2011)的博士论文讨论唐宋时期的文具制造业的发展,从文具制造业的原料和技术、唐宋社会关系、生态环境等角度分析"唐宋变革"的理论与价值。吴少珉(1997)从经济人角度分析了我国古代牙人及组织的演变过程,文章把牙人作为一个新兴行业,考察了其在中国古代历史中的发展演化。陈明光、毛蕾(1998)叙述了中国古代城市经济交易中间人的称呼,叙述了这一从业人群的作用,认为其经历了驵侩、牙人、经纪、捐客的转变。李达三(1991)叙述了宋代时期的牙人在经济交易过程中体现的

① 刘逖:《1600—1840年中国国内生产总值的估算》,《经济研究》2009年第10期,第144—155页。

作用。

4. 寺院产业

简修炜、夏毅辉(1984)论述了南北朝时期的寺院地主经济,指出了寺庄、园林山池和高利贷成为寺院经济的主要表现。简修炜、庄辉明(1988)论述了寺院地主经济作物古代社会的地主经济的重要构成,南北朝时期寺院经济具有了城市工商业经济的构成成分。谢重光(1983)论述了寺院经济作为政府扶植的一种特殊经济,僧尼具有种种政治与经济特权,获得了大量劳动力和土地。张弓(1989)论述了唐代的寺庄,认为在开元时期(公元712—756年)寺庄经济内部生产关系出现调整,从农奴式庄客制向半农奴式庄佃制转变,并最终世俗化。周奇(2004、2005)对唐代的寺院经济进行分析,文章认为国家从寺院土地的买卖、管理和寺院人口的数量来对寺院经济进行控制。陈士强(1986)论述了汉唐时期寺院经济发展的趋势与标志,文章认为在汉时期,寺院经济主要集中在土地的经营,东晋时期经济活动十分广泛,寺院经济已具有规模,有僧人从事工商业的经营活动。隋唐时期,寺院经济形成,逐渐形成以农业土地、手工业、店铺等多种经济形式。何兹全主编(1986)《五十年来汉唐佛教寺院经济研究》(1934—1984)从僧侣、僧官制度、寺院财产和寺院的慈善事业等角度介绍了中国古代佛教寺院及寺院经济的特征及演化路径。陈大为(2012)以敦煌地区为研究对象,比较了唐及五代宋初的僧尼数量和寺院数量。

5. 城市经济与城市规模

牛来颖(2010)从唐宋建筑构造来研究城市新格局,把关注度集中在房屋的建造与功能,从房屋设计的接檐功能入手,突破了隋代对市场的管理;隋朝时期,对市场的管理十分细致,店肆的整齐排列,店檐的规范统一。"诸蕃请入都市交易,帝许之。先令整饰店肆,檐宇如一,盛设帷帐,珍货充积,人物华盛,卖菜者亦藉以龙须席。"陈志坚(2005)研究了唐代时期州郡的制度,论述了唐代的州郡的划分和等级制度,州郡官僚制度、长官制度和僚佐制度,地方的行政制度。朱和平(1996)论述了古代城市经济与政治因素的兴衰关系,它(商业性城市)的出现,不是封建官营商

品经济发展的结果,而是封建经济体制内部私营商品生产和商业活动的
发展带来的,因此,其经济的主体成分是私有性的①。宁欣(2009)基于唐
宋时期的政治、社会、经济入手,窥探了唐宋都城的城市生活、城市职能、
城市人口和城市网络,文章阐述了都城经济中城市服务业的兴起,在城市
内部逐渐形成了产业化经营和规模化经营;城市服务员的内容和项目逐
渐扩大;城市服务业中从业人员呈现复杂性和多样性的特征。城市商业
化的集中使得商人集团形成专业化的经营。郭天沅(1981)论述上古时
期至宋时期中国古代城市的发展,并重点论述了唐宋时期随着城市内部
经济的发展,城市功能也逐渐发生了变化。韩光辉、林玉军、王长松
(2007)论述了宋辽金元时期是中国古代"城市革命"时期,主要体现在城
市空间上,由封闭到开放,由坊市制转变为厢坊制;在管理制度上,宋代以
拥有专门行政管理机构府属都厢为标志,出现了个案建制城市,辽金元则
以拥有专门行政管理机构诸如京警巡院、路府节镇录事司为标志,储蓄了
更多建制城市。在此基础上,金元时期形成了联系密切、分布有序的古代
城市体系。② 武建国(2010)在其著作《汉唐经济社会研究》中阐述了汉
唐时期的"市",并从市的设置、市的管理、市的交易等角度加以论述。认
为唐宋时期夜市的出现和坊制的突破,标志着中国古代的城市发展到一
个新的历史阶段③。漆侠(1987)论述了宋时期的城市发展,城市管理、厢
坊制度、人口数量和"行"的概况。并论述了市镇经济和城市网络。吴金
东(2012)对比了中西城市的职能,认为古代西方城市多为经济中心,而
古代中国城市多为政治中心,以此形成了中西城市发展路径的差异。张
鸿雁(2010、2011)从"城市文化资本"的角度理顺了西方城市古典时代城
市权力、宗教与城市文化的自然取向、中世纪的人本主义取向和艺术创造
与中国的城市文化思想对比,找出不同发展路径的差异。乐正(1993)从

---

① 朱和平:《略论古代城市经济的兴衰与政治因素的关系》,《经济社会体制比较》1996
年第2期,第24—29页。

② 韩光辉、林玉军、王长松:《宋辽金元建制城市的出现与城市体系的形成》,《历史研究》
2007年第4期,第42—62页。

③ 武建国:《汉唐经济社会研究》,人民出版社2010年版,第385页。

城市功能结构变迁的角度,分析了中国近代工业化和商业革命对城市功能的影响,并指出中心城市功能近代变迁差异的原因。张显清(2008)从手工业发展、商人实力、城乡社会关系、社会风俗、启蒙思想和市民文学的角度介绍了明代后期社会转型,叙述了明朝时期的集市、市镇、重镇、大中城市以及交通网络。刘汉东(1998)对魏晋南北朝时期的交通运输进行了研究,文章认为政权更迭,交通运输管理因时因地等有所变化,但总体的原则性没有发生改变,基本上保持了中央政府管理机构和交通干道上的地方系统运转机构。任重(2006)分析了魏晋南北朝时期城市粮食的供应,地方城市的粮食供应采用的南粮北运、跨州调剂、富人通济、商旅等手段解决;京师粮食则采用行政手段和商业手段相结合,以京师周边地域供应的方式,认为中央政府在严格粮食管理的同时,不同程度地开放了粮食市场,鼓励和支持民间粮食贸易,采用灵活有效的措施解决粮食征集、周转和分配等一系列问题,从而极大地缓解了城市粮食供应的紧张态势①。王子今(2012)在《秦汉交通史稿》论述了秦汉时期的交通尤其是都市交通在政治军事等方面的作用,阐述了都城在交通、学校、城市规划的方面的制度体现。周建波、叶渼尹(2009)论述晋商票号管理思想,认为在员工"道德和业务并重"、具有委托代理机制"花红制"等方面具有现代企业制度的管理思想。龚志强(2011)论述明清时期佛教寺院经济发展,认为寺院经济导致土地兼并加剧,土地在居民和寺庙之间交替掌管。

6. 其他角度研究城市

马学强的《中国城市的发展——历程、智慧与理念》,在城市的演化过程中归纳了城市演化的进程,并试图在阐述过程中把思想与进程相结合,而本书从社会发展而非经济思想史的角度来论证。顾朝林的《中国城市地理》,赵伟的《城市经济理论与中国城市发展》,付晓东的《经营城市与城市发展》,刘君德、汪宁明的《制度与创新——中国城市制度的发展与改革新论》也是把关注点放在了城市发展的现状与未来,只是在某

31

---

①　任重:《魏晋南北朝城市的粮食供应》,《扬州大学学报(人文社会科学版)》2006 年第 4 期,第 91—96 页。

些部分对城市发展的历史简要介绍,而非从经济思想的角度进行论证。何一民(2009)总结了中国古代城市经济发展的基本规律——政治行政中心优先发展规律。即一个城市的发展规模和发展速度与其政治地位的高低成正比,政治地位越高的城市,规模也越大,发展速度就越快;反之,政治行政地位越低的城市,规模也越小,发展速度就越慢。[①] 许檀(2010)从经济史的角度论述了清代对外贸易对归化城的贡献。李伯重(2008)对娄县的研究,得出了当时城市化水平先高后低的趋势。南斯拉夫学者易婉娜·普里察(1990)从城市文化的角度;从城市的社会交往、社会空间的角度,从城市核心的组成和发展来对比中西城市。王继国(1989)从中西封建城市和意识形态入手,对比城市起源、法律地位、经济的差异,并分析了这种差异产生的原因。龚皓锋(2010)以城市中轴线为切入点,分析了中西城市在城市建筑的美学出发点。杨子君(2007)从中西方城市的分布特点,从西方的"城市公园运动"到"带形城市""田园城市""卫星城市""有机疏散""邻里单位""绿带城""广亩城市"城市规划理论到中国"天人合一""象法自然"等规划思想,对比了城市规划思想。

三、文献述评

(一)国外文献的优点

1. 视野广阔、全球对比

把中国城市史放在世界城市历史的长河中,有助于我们了解同时期国外城市发展的脉络轨迹与影响因素。

2. 史料挖掘

国外学者利用其优势,挖掘和收集了很多国内难找的史料,例如英国、日本和美国的相关档案,这类史料可以补充对中国古代城市的研究。

3. 新视野、新工具的运用

多工具的使用有助于我们更全面地了解中国城市的发展脉络,更有利于整体把握古代城市思想。国外学者以经济学和城市学等作为理论依

---

① 何一民:《从农业时代到工业时代:中国城市发展研究》,巴蜀书社 2009 年版,第 46 页。

据,对中国古代的城市经济发展作内在逻辑的研究和考证,在论述经济发展动力时,把城市功能与中央集权作为突破口进行阐述,这种方法在一定程度上解决了国内学者过多依靠资料而缺乏理论支撑的窘况。

(二)国外文献的不足

城市理论基于西方城市历史的演化逻辑,不能在保持假设的前提下套搬到古代中国的城市经济,出现了论述的不足:

1. 按照西方标准定义中国城市,失之偏颇

按照西方的标准,直到宋朝才有城市,这显然有失公允。先秦的城市,规模上已达方圆几十公里,人口已达十万以上,这是欧洲15世纪以后的城市规模。汉朝的都城从规模和人口上可与18世纪的伦敦相媲美,这在西方很难理解。可见以西方城市特征来定义中国古代城市,显然有失偏颇。

2. 在研究中国古代城市功能时,西方学者认为政治功能过多而缺乏经济功能

城市是多功能的综合体,具有居住性、防御性、交换性、生产性,很难说中国古代的城市缺乏经济性。另外,大量的考古显示,古代城市的经济功能一直存在,并逐渐发展壮大,宋以后衍生出完全经济功能的行会组织和市镇经济。中国古代的对外贸易一直处于世界领先的地位,不论从造船、行运、货物交易等方面,都对当时的世界经济起过不可磨灭的作用。可见,单纯以西方学说为理论依据而不考虑中国古代经济思想及城市产业政策对城市经济的贡献,势必对中国古代城市经济缺乏完整性认识。

(三)国内文献优势

1. 通过在史料学的整理,对城市农业和进行阐述

把城市经济放在国家宏观经济发展的背景下,讨论城市教育业、对外贸易业的发展演化、娱乐服务业、宗教业的发展现状及发展演变。

2. 多学科、多视角阐述城市发展

国内学者主要从城址选择、城市布局、城市防御、城市功能等角度基于考古学、建筑学、文学、政治学等角度考察古代城市的发展演化。

33

（四）国内文献不足

1.较少从城市产业的视角阐述城市经济

已有文献较少关注城市产业对城市经济的促进作用。城市农业、手工业、商业作为基础产业，在经济发展背景下内生出很多的新兴产业。产业扩大丰富了城市职能和城市生活，带动了城市经济发展，现有文献很少从产业入手分析城市经济的发展。

2.较少从城市产业思想（政策）的视角阐述城市产业

产业要素的内在需求和外在拉动一直延续，现有文献很少从思想史的角度分析城市经济。产业组织是产业发展的主体，古代城市产业组织经历了从垄断到自由发展逐步放松、从个体经营者向企业的转变、从封闭化逐步"市场化"的过程。国内文献忽视了产业主体的专业化、产业组织的自由化、产业环境的市场化过程。

总之，国内外文献为研究中国古代城市经济提供了有价值的资料补充和研究视野。本书试图将两者的优点加以补充，从思想史的角度对中国古代城市经济发展的脉络进行梳理。

第三节　理论工具与研究方法

一、研究的理论工具

（一）产业集聚理论

城市经济是建立在城市产业的基础上，是产业聚集效应的结果，最早提出聚集概念的是韦伯。聚集经济一般指经济活动集中在某些特定有限的范围，并带来厂商成本降低的经济现象，其本质是由于厂商或工业集中而造成的规模经济，它是城市存在和发展的重要动力。

某一地理区域范围（城市）内，在出行方式、技术水平、市场价格都不变的情况下，当单个企业的生产成本随着进入该区域的企业数目增多或居住人口的增多而下降，企业获得额外的收益时；或者当整个地域（城市）的国民产出随着进入该区域的企业数目增多或居住人口的增多而上升;城市按人口平均或按总产出平均的各项投入都下降时;就发生了集聚经济。农业时代,城市集中了大量掌握土地的特权人群、富裕人口、政府官僚等精英阶层,通过行政、税赋、劳动等完成财富积累,形成稳定的、超过乡村消费能力的庞大消费市场,吸引了手工业和商贸流通活动,为服务业的发展创造了条件。当前的理论主要有两大类:

1. 需求指向理论

是指城市经济增长的动力来自外部市场对城市产品的需求,这种需求促使城市基层产业(也称输出产业部门)建立和发展,带动非基础产业部门(地方产业部门)的相应发展。其内在逻辑是根据城市域外的市场需求,分析城市经济发生增长过程的内在机制,当前主要以城市基础部门模型为代表。城市基础部门模型,是分析城市经济增长的经济学工具,它把一个城市或者地区的经济划分为两大类:基础部门和非基础部门。城市基础部门往往承担该区域或所属国家某种产品的大部分生产,所以具有外部市场导向性。城市非基础部门的产品主要为当地居民提供服务。就一个城市的产业市场来说,域外市场相对广阔,而城内市场则比较狭小,为适应外部需求的不断变化,城市基础产业就必须不断地增长,带动城市非基础产业的增长,从而促进整个城市经济的增长,因此在城市经济增长过程中,基础产业起着决定性的作用。

2. 供给基础理论

该模型认为城市经济增长取决于城市内部的供给情况,根据城市资源和要素的生产能力,分析城市经济发展现象和增长过程的内在机制。如果供给基础好,就可以将资金、劳动力和技术等生产要素吸引到城市来,促进经济的增长。

从经济增长动因来看,主流解释是"斯密型增长理论",即由劳动分工、专业化和市场拓展而推动经济增长的过程。其思想源自威廉·配第的财富来源论,配第认为财富来源于土地和劳动,认为劳动是财富之父,土地是财富之母。亚当·斯密则从劳动分工的角度提出了专业化是经济增长的源泉,斯密认为劳动分工是提高劳动生产率、增加国民财富的原因。斯密论证了分工与市场范围的关系,"交换能力引起劳动分工,而分工的范围必然总是受到交换能力的限制,换言之,即受到市场范围的限制。当市场很小时,没有人能够得到任何的鼓励,去专门从事一种职业。"①斯密型增长理论从经济增长的源泉入手,以劳动、专业化分工和市场作为切入点分析经济效率的提高和消费市场的扩大,"斯密型"增长理论为最初的经济增长提供了分析的框架。而 20 世纪 40 年代的哈罗德和多玛提出储蓄用于投资而形成的资本是经济增长的关键。黄宗智在斯密增长理论的基础上,采用"过密型增长"理论框架来解释中国经济史的研究,"过密增长"指在生产过程中,劳动力、资本、土地、技术等生产要素的投入数量超过"密集"的限度。黄宗智认为在过密状况下扩大产出的"增长",即在劳动生产率下降情况下的经济增长,是"没有发展的增长";而产出扩展快于劳动投入,带来单位工作日边际报酬的增加,则是提高劳动生产率的发展,是有发展的增长。可见,所谓的"过密型增长",就是在劳动生产率下降的情况下的经济增长。②

(二)制度变迁的角度

制度变迁是由科斯建立并经诺斯发展的新经济史学派的重要理论。诺思在 1968 年发表了《1600—1850 年海洋运输生产率变化的原因》一文,他认为在新古典经济学在构造其模型时,忽略了在专业化和劳动分工的情况下,生产要素交易所产生的交易费用,这种交易费用不断增大会导致经济衰退,而制度的建立会减少交易费用,减少个人收益与社会收益之间的差异,激励了个人和组织的生产性活动,最终导致了经济增长。③

(三)产业组织理论

产业结构理论认为产业组织依托外部环境,在市场结构取得发展,而市场结构中所反映出的市场竞争和市场垄断的关系,决定了产业组织发

---

① [英]亚当·斯密:《国富论》(上),杨敬年译,陕西人民出版社 2001 年版,第 7—8 页。

② [美]黄宗智:《长江三角洲小农家庭与乡村发展(1368—1988)》,中华书局 2000 年版,第 11—12 页。

③ 卢现祥:《西方新制度经济学》,中国发展出版社 2003 年版,第 211 页。

展的基本因素。从产业组织来看,产业组织的研究对象是各产业内厂商之间的关系,主要研究厂商、产业和市场为什么以现有的一定形式组织起来,这样的组织形式和结构如何影响市场的运行和绩效。①

二、本书的研究方法

本书从历史资料入手,采用跨学科的分析方法,以产业经济学、西方经济学、城市经济学等为理论依据,分析古代城市产业的产生、发展、细化、深化,探寻中国古代城市产业思想及其发展路径。

(一)历史分析和比较研究相结合

本书的研究对象决定了历史资料的重要性,也决定了运用现代经济学理论和工具对其进行逻辑分析的特点。以史为主、理论为辅,史论结合。

(二)跨学科分析方法

正如现代城市经济学家巴顿(1984)所阐述:"由于城市的聚集性质,对城市的研究必须具备多学科性。这并非说一个人不可以从经济角度深入研究,然而他必须经常记住,这门学科包含着更多方面的东西。"②鉴于经济思想史的学科特点与研究对象的特殊性,采用经济学、历史学、社会学、管理学相结合,跨学科的研究方法。

(三)动态和静态相结合的分析方法

城市的发展是内外部结合不断更新的过程,采用动态和静态相结合的方法既能详细分析城市发展的阶段性特征,也能归纳同期古代城市经济和产业发展高度融合的特点。

(四)定性与定量相结合

定量分析使结论更具有科学性,通过数理统计对当时城市产业人口进行比较,找出产业发展的变化特征;而思想史的定性阐述,能更好分析产业政策与经济思想的发展过程,相辅相成。

① 金碚:《产业组织经济学》,经济管理出版社1999年版,第1页,
② [英]K.J.巴顿:《城市经济学:理论和政策》,商务印书馆1984年版,第14页。

第四节　概念界定

一、城市的概念

城市本身包含两方面的含义："城"和"市"。"城"为行政区域的概念,是人口的聚集地;"市"为商业的概念,即商品交换的场所。

(一)"城"的定义

古代城市起源中,"城"与"市"分开,"城"先于"市"。随着人口的增加,各居住地(部落)之间的联系日益紧密,部落定居后,随着农业生产方式的改变,人口聚集的特征也发生改变,突破了地缘性和血缘性的限制,逐渐集中到同一个区域,城(邑)即产生。

"城"在中国古代汉语中指在一定区域内的居民用作防卫而起的墙垣,是一种防御性的堡垒,可以称为城池、城堡、城垣。"城"的功能主要有以下几种:

1. 基本功能——防御性

《墨子·七患》曰"城者,在以自守也"。《吴越春秋》曰"筑城以为君,造城以居民"。防御对象也从原始部落时期的动物或部落转为修建城垣防御他国的进攻,保"国"卫"君"。

2. 生活功能——居住性

《说文解字》中"城,以盛民也",清代学者金锷在《求古录·礼说·邑考》中指出"邑者,民居之所聚也"。

3. 战争目标——军事性

"争城""守城""屠城"等都是说明城市而非乡野是战争争夺的目标。据统计,战国时期较大的作战行动共230次,其中三分之二以上与攻守城池有关。① 古代的"城"在产生伊始已经具备了军事功能和政治功能,成为军事与政治中心。

---

① 《中国军事史》编写组:《中国军事史》(第6卷),解放军出版社1991年版,第50页。

（二）"市"的定义

"市"是贸易和交换的场所。《孟子·公孙丑》指出"古之市也,以其所有,易其所无,有司者治之耳","易其所无"指出"市"的交易性,"有司者治之"表明对"市"的管理。《孟子·公孙丑》指出古代"市"在开始之初就是管理下的具有某种经济性的产物。表现在:

1. 临时的市——以便于民

王城中的市,每天三次,早市在清晨,以商贾为主。中市在日中,以一般居民为主。夕市在傍晚,以贩夫贩妇为主。

2. 固定的市——以便于国

固定的市的功能是以联络为主,经济为辅。地点在王城与诸侯的城邑内和交通要道上,市在功能上起到联系王国与诸侯国、城邑与乡村的作用。"凡国野之道……五十里有市,市有候馆,候馆有积。"①

3. 军市——以便于战

《商君书·垦令》记载"令军市无有女子,而命其商人自给甲兵,使视军兴"。军市是由军队设立的并管理的,最主要的目的是应付战争。

（三）城市的概念

"城市"在我国最早见于战国时期的文献,《韩非子·爱臣》"大臣之禄虽大,不得籍威城市;党与虽众,不得臣士卒",《战国策·赵策》记载"今有城市之邑十七,愿拜内于王,唯王才之"②,《战国策·赵策》记载"韩不能守上党,今其守以与寡人,有城市之邑十七"③。

根据"城市是人口集中、工商业发达、居民以非农业人口为主的地区,通常是周围地区的政治、经济、文化中心"④和"集镇是以非农业人口为主的、比城市小的居民区,而较大的集镇则为市镇;城市和集镇合起来称为城镇"⑤的定义,结合社会状况,本书把古代城市定义为:以人为主

---

① 《周礼·地官·遣人》,见《周礼·正义》,清孙诒让撰,王文锦、陈玉霞点校,中华书局1987年版。
② 吕壮译注:《战国策》,上海三联书店2014年版,第181页。
③ 吕壮译注:《战国策》,上海三联书店2014年版,第185页。
④ 《现代汉语词典》(商务印书馆2000年版)有关的词条。
⑤ 《现代汉语词典》(商务印书馆2000年版)有关的词条。

体,利用空间和自然环境,以独立于农业之外的城市居民为特征,城与市的有机结合,各种经济活动及要素形成的空间聚集体或组合体。包括三个组成:城市密度(不同地段人口和经济活动的聚集程度)、城市布局(城市地域的结构和城市内部功能分布)、城市形态(空间结构的整体形式)。包含两个层面:第一,各级郡、县治所所在地,这是古代城市主体称谓的表现。主要为行政治所,通常外有城墙或城壕,内有行政机构,表现为诸侯国君或天子所在的王畿、王城或京师,衍生出都城、郡城、县城的行政治所。第二,市镇。市镇基于经济需要而自发建立,把城市和乡村的贸易活动联系起来,依托经济聚集作用而逐渐形成大的城镇。在这里,需要指出城市达到一定的规模,聚集了一定的人口,这是一个相对的范围,是相对当时的人口数量与"邑"的规模。体现某种功能性,指作为城市具备的作用,体现政治性、经济性、"礼仪性"。总体说来,中国的城市史,仍以那一千五六百治所所在地的城郡为主体。[①]

从空间范畴来看,城市是指基于两个层面:第一,城市内部地域,以城墙(城垣)或城壕为特征的人口聚集地。第二,城市外部地域。指城市周围所影响的广大区域,这些区域分布在城市四周,周围缺乏交易的"市"。从地域空间来看,城市往往是"日中而市"所囊括的范围。

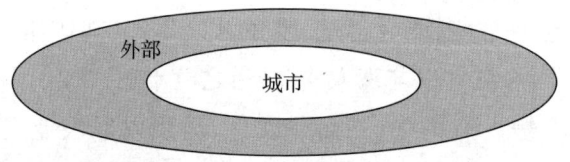

图 0-1　先秦城市的范围

二、城市产业的界定

Industry 一词,翻译为产业,而"产业"一词在古代汉语中含有财产或

---

① 赵冈:《中国城市发展史论集》,新星出版社 2006 年版,第 18 页。

生产作业的含义,如"数岁,假以产业,使者分部护之,冠盖相望"①。
Industry 本身指产业、工业、行业,是指包括国民经济中的各个行业,"大
至部门,小到行业,从生产到流通、服务以至于文化、教育等的各行各业,
都可以称之为'Industry'即产业"。② 城市产业的含义是指在城市的地域
范围内,各行各业的总称,如农业、手工业、商业、造船业等。判断城市产
业的标准:第一,有固定从事此行业的城市居民。第二,自负盈亏。第三,
上缴赋税或提供服务。

三、城市经济及城市经济思想的内涵

城市经济导致城市财富的积累,是以城市为发展空间,建立在以城市
农业、手工业和商贸业等部门集聚而成的各个因素的总称。城市经济发
展指城市经济作为一个整体的规模扩张与水平和质量的提高。

城市经济思想具有广义和狭义之分。狭义的经济思想包括简单的、初
级的经济思想以及经济学说在内的经济思想发展变化的历史;广义的经济
思想包括经济思想的一切表现形式在内的经济思想的历史。③ 这里讲的
城市思想,是指决策层、领导层的城市观念,对城市总的看法,也表现为全
社会对城市的基本态度,是在一个时期国家对城市的主流思想。城市思
想决定了城市发展的方针和政策。④ 本书的城市产业思想基于广义思想
层面包括描述城市经济发展(增长)因素的政策、思想、观点等。

第五节　研究框架、技术路线与创新

一、研究的思路与框架

本书按照时间脉络,遵循城市起源、发展、扩大、衰败的演化脉络,从

---

① （汉）司马迁:《史记》,中华书局 2014 年版,第 184 页。
② 邬义钧、邱钧:《产业经济学》,中国统计出版社 1997 年版,第 14 页。
③ 赵靖:《赵靖文集》,北京大学出版社 2002 年版,第 62 页。
④ 陈为邦:《城市思想与城市化》,《城市发展研究》2003 年第 3 期,第 2 页。

产业发展的角度论证城市经济的发展路径。分为三个部分，第一部分为导论，提出本书的选题背景及意义、国内外文献综述、理论工具与研究方法、概念确定、研究框架与技术路线及创新。第二部分是本书的主旨，按照城市发展的历程，分为先秦时期城市产业思想的产生阶段、秦至唐时期城市产业的扩大阶段、宋元时期城市产业的细化阶段和明清时期城市产业的深化阶段，以政治集聚（中央集权的政治需要）和经济集聚（城市要素的经济需求）为线索，论述各个时期城市产业思想的发展特点，结合经济理论分析这一思想背后的逻辑。第三部分为结论部分。

（一）城市产业发展的产生阶段（先秦时期）

先秦时期是城市（城邑）产生的阶段，也是城市经济和城市产业发展的初级阶段，奠定了城市经济发展的基本模式。经过长期博弈，最终由效率更高的中央集权体系代替相对分散的分封制度。分封制时期，城市间相互竞争的地位决定诸侯有发展经济的动力和维持统治的压力。为了更有效率地发展城市经济，各学派提出依靠自然资源、重视农业、吸引徕民的思想政策，成为城市产业发展的指导理论。商鞅合乎时宜地提出"耕战论"，刺激了城市产业和城市经济的发展，使秦国具备统一的资本。韩非从理论确立城市基础产业的发展政策"重农抑工商"，与城市农业相关的城市种植业、养殖业发展迅速，成为资源禀赋匮乏区域发展城市经济的首选。

（二）城市产业发展的扩大阶段（秦至唐时期）

这一时期，统一和分裂交替进行。市场的分割与政治体系的完善弱化了城市产业要素的经济需求。产业发展中"政治集聚"思想成为主流，以利用城市自然资源、修建城市交通（水陆）和基础设施（体现统治的衙门和礼仪制度的建筑）为表现，体现出"政策拉动"的特性。教育业、宗教业、娱乐服务业的涌现，依靠行政力量推动城市发展，国家专营的产业发展思想和官商垄断的轻重理论，成为产业主导思想。

（三）城市产业发展的细化阶段（宋元时期）

宋元时期，是古代城市经济和城市产业思想发展的高峰。建制城市的出现、市镇的繁荣，城市经济由政治集聚开始转变为经济集聚，城市农业的地域转移和手工业、商业、对外贸易业的繁荣，城市传统产业的升级和新兴产业的专业化,使城市发展具有可持续性。尽管"政策拉动式"的发展仍然起作用,但市场化和专业化为特征的经济集聚性成为城市产业经济发展的特征。坊市和市镇把城市经济从城市内部推到城市外部,形成城市经济发展的特点以经济市场化与产业专业化为表现的"市场推进式"。城市金融业、造纸业、造船业等成为新兴产业,产业思想中逐渐体现出"自由放任"和"产业调控"的特性。

(四)城市产业发展的深化阶段(明清时期)

明清时期,城市产业的发展没有超出宋元的框架,受外在因素的影响,城市经济面临转型发展的需要,金融产业成为古代城市中的独立产业。城市经济发展思想表现出传统和外来互相并存的态势,引发对传统产业发展思想的深思和理论突破,产业发展中出现了"前工业化"特点,城市市民思想也正式确立。

(五)结论

中国古代城市产业发展思想,呈现出政治集聚和经济集聚的特征。尽管这两种方式在不同时期发挥不同的作用,但古代思想家从各自角度进行诠释和解读,把古代城市产业发展思想以政策、制度、诏书、墓志铭、自传等形式予以保存和传承。重视本业思想以及政府对手工业和商业的管制一直持续整个古代,明清时期,手工业开启了组织转型。受近代工业革命的影响,中国的传统城市产业一直没能摆脱落后的发展模式而逐渐沦为近代工业的附属品。

二、研究的技术路线

本书所遵循的产业组织路线:古代城市产业在"工商食官"后引起产业环境的制度变迁,奠定了城市传统产业(城市农业、城市手工业、城市商业)的发展顺序(从"不分本末"到"重本轻末"),在城市中诞生了最初的个体经营者,外部市场扩大形成了产业组织从个体向"组织"的转变;随着外部市场统一,"企业"组织的具有专业化行为并开始了组织转型,企业具有市场化行为与早期的工业化行径。

上述产业组织发展的过程中,形成本书宏观和微观两条技术路线:

43

宏观层面的技术路线：政策拉动和经济推动相统一时期—政策拉动主导时期—政策拉动与市场推动并重时期—市场推动为主时期。

微观层面的技术路线："工商食官"产业的统一思想—城市官营产业绝对主导思想—城市官营产业逐步放松、城市民营产业发展（国家政策对产业组织逐步松弛）—城市官营产业萎缩、城市民营产业扩大（产业组织相对独立）。

三、本书的创新尝试与不足

（一）本书的创新

本书从宏观和微观两个层面对古代城市产业思想进行研究，试图从产业发展的角度找出以城市经济为代表的古代经济长时间处于世界经济前列的原因。基于以往的研究基础，本书在以下三方面进行创新尝试：

1. 以往研究把古代城市经济增长的类型分为政府管制和自由放任，本书归结为政治集聚效应与经济集聚效应

政治集聚效应依托中央集权的郡县制度，以政策拉动为表现（利用自然资源、修建基础设施和城市规划、吸引徕民）；经济集聚表现在经济要素的内在需求（分工、专业化生产和规模经济）。宋以前的城市产业发展，以政治拉动的方式为主、内在需求为辅。宋以后的城市产业发展方式转变为内在需求的发展方式为主、政治拉动为辅的方式。

2. 本书提出中国古代城市产业发展的新特点："资源导向式""政策拉动式""市场推进式""引致需求式"

"资源导向式"以发展具有比较优势的自然资源为特征。"政策拉动式"以政府推动为主，利用城市自然禀赋、修建交通和基础设施、城市规划为表现。"市场推动式"以市场需求为主，专业化分工、技术优势和资源的半自由流动为特征。"引致需求式"以垄断市场为形式，产业主体通过对市场的捕捉"派生"出对生产要素的需求为特点。四者互相结合，形成了中国古代城市产业发展的路径"资源导向式""政策拉动式""市场推进式""引致需求式"的转变过程。

3.把城市农业定为城市经济的基础产业

以往的著作中对城市农业是否应作为基础产业存在异议,本书通过翔实的史料论证城市农业作为城市的基础产业一直存在于整个古代社会,成为古代城市经济发展的重要支柱。此外,以往文献对城市居民的研究基于数量的演进划分;本书则是采用城市居民成分划分,以"士农工商"四民为基础,分为"六民""九民""十四民"。

（二）本书的不足

1.存在"以偏概全"的缺陷

古代城市产业数量庞大,限于史料,难以总结所有产业发展的特征及思想,只能选取若干产业作为代表,难以概括所有产业。

2.只能阐述代表性产业

本书选题时间跨度为整个古代,虽然分时期叙述,但仍会造成聚焦点弱的问题。以后的研究会着重聚焦某一段时间的某几个行业。

3.缺乏动态分析

45

城市是一个动态的发展过程,本书缺乏从动态时间分析城市产业与周边城市的内在关联,这也成为今后的研究重点所在。

第一章　城市产业思想的产生：
个体经营者的出现

　　城市是社会发展到一定阶段的产物，从最初的居住、防御功能，衍生出集多功能于一体，成为政治地位的象征。城市归国家所有，城市产业代表城市经济，城市经济代表国家经济，构成整个古代社会发展的总特征，而这一特征最初是从"工商食官"开始。

第一节　"工商食官"的形成与破产

一、"工商食官"的形成

　　手工业和商业作为城市最初的产业，与农业的关系十分密切。根据传说，在尧舜时代已有主管工事的官吏称为"共工"。① 商业和商人的出现，满足了奴隶主阶级的消费和交换需要。马克思指出"商品交换是在一个共同体的尽头处，在一共同体与其他共同体，或与其他共同体的成员相接触的地方开始"②。三代时期（夏、商、西周）手工业和商业都为王室所有，为奴隶主阶级服务，奴隶主按照种类把手工业分为百工，并设置工官管理，生产资料全部为奴隶主所有。奴隶主基本的生活满足后，产生追

---

　　① 胡寄窗：《中国经济思想史》（上），上海财经大学出版社 1998 年版，第 16 页。

　　② ［德］卡尔·马克思：《资本论》（第 1 卷），中共中央马恩列斯著作编译局译，人民出版社 1953 年版，第 74 页。

求更高享受的冲动,但受自然资源的约束,酒、调羹、盐梅①等无法自己生产,只能依靠物品的交换才能实现,这给交易奴隶(商贾)的产生创造了条件。为了打破物品制约,需要同其他奴隶主进行交换,就诞生了最初的商人(商贾)。商贾(交易奴隶)、百工、奴隶虽从事行业不同,但劳动果实都归奴隶主所有。奴隶主贵族驱使手工业和商业奴隶为他们提供所需的产品,同时用榨取的农产品养活工商奴隶,这就是所谓的"工商食官"。②"工商食官"有以下几个特征：

(一)生产力的极度落后

奴隶社会,生产力极度落后,粮食作为社会发展的基础,整个社会目的在于增加粮食生产以养活更多的人。工商业奴隶脱离了直接的粮食生产,而粮食产出与劳动力投入密切相关,现实条件决定工商业奴隶数量的有限性。另外,"工商食官"直接服务奴隶主阶级,在产品供给少的现实下,必然约束了统治者的消费欲望,实现约束条件下的市场均衡。

(二)全部生产资料归奴隶主所有

天子作为最高的统治者,"溥天之下,莫非王土；率土之滨,莫非王臣"③反映了对土地、奴隶等生产资料的绝对支配权。奴隶主控制土地和奴隶,自然控制了手工业和商业。商王朝时期的手工业是官府手工业,被政府垄断,商贾也为奴隶主控制,生产资料全部归奴隶主阶级所有。

(三)"市场均衡"的选择

"工商业"的产生是为了满足奴隶主的生活、生产需要,在奴隶主数量极少、需求有限、物品供给不足的前提下,少数工商奴隶可以满足"市场"需求,而达到"市场均衡"。工商奴隶的数量与奴隶主阶级消费需求呈正相关,当统治阶级数量不断增加则需要更多工商奴隶来满足其消费需求,这种"市场均衡"既维持了现状又为"工商食官"的破产埋下伏笔。

47

---

① 《商书·说命下》"若作酒醴,尔惟曲糵,若作和羹,尔惟盐梅"。见《尚书注训》,齐鲁书社 2009 年版。

② 赵靖：《中国经济思想通史》(第 1 卷),北京大学出版社 2002 年版,第 25 页。

③ 袁愈荌译诗,唐莫尧注：《诗经全译》,《诗经·小雅·北山》,贵州人民出版社 2008 年版,第 301 页。

二、"工商食官"的破产

"官营"手工业是重要产业。作为武器的主要原料,青铜生产是最重要的手工业。因冶铜技术的提高、铁制工具的使用,让西周的青铜制作在技术上和品种上更为丰富。此外,采矿、冶炼和冶炉技术的提升,釉料的广泛使用,制陶业也有了突出发展。工业的发展,带动了经济的发展,奴隶的人身依赖关系放松,少数私人手工业和商业经营者出现,形成"官营"和"私营"共同发展的局面,导致"工商食官"的松动。"工商食官"的破产并非表明"官营"的退出,而是说明"私营"的产生。"工商食官"现象的破产主要体现在以下几个方面。

(一)农业、工商业的发展

1.铁制工具和牛耕的使用

耕地面积随工具和牛耕的使用,加深了耕作的广度和深度。"铁使更大面积的农田耕作、开垦广阔的森林地区成为可能,它给手工业工人提供了一种其坚固和锐利非石头或当时所知道的其他金属所能抵挡的工具。"①耕牛和铁制工具的结合,提高了农业的产出效率。"耕者之所获,一夫百亩,百亩之粪,上农夫九人,上次食八人,中食七人,中次食五六人,下食五人。"②一个劳夫,可以养活五人,积累了更多的剩余产品,构成了私商产生的物质基础。

2.水利灌溉有了长足发展

农业中普遍使用修渠、凿井的做法对抗天气干旱和恶劣的地理条件。公元前467年,吴王夫差开通邗沟,这是中国历史上第一条人工运河,沟通了淮水和长江,成为扬州运河的前身。

3.商业有了发展基础

商业作为手工业和农业的交换媒介,出现了固定的交换场所——市。西周时期,商业和手工业虽被政府垄断,但已经出现私人从商者,如姜尚

---

① 《马克思恩格斯全集》(第21卷),人民出版社1965年版,第186页。
② (清)焦循撰:《孟子正义》,沈文倬点校,中华书局2015年版,第739页。

在遇到周文王之前就是"屠牛于朝歌,卖饮于孟津"。[1] 大规模的营城建邑,扩大了对百工的需求,公元前 6 世纪以前,新兴生产关系萌芽显现,公元前 6 世纪以后,奴隶制度瓦解,"工商食官"现象被打破。

(二)新兴生产关系的推广,松弛了人身依附关系

奴隶制下,奴隶的生产效率低下。为了刺激奴隶的积极性,部分奴隶主采用租用土地回收租金的方式,新的生产方式诞生。城市产生后,周边农产品以赋税的形式为城市内部提供生活资料,城市内部为周围的农业提供生产工具和生产资料。当"国人"进城后,扩大了对粮食和衣服的消费,促进了对百工的需要,形成"工商食官"瓦解的最初动力。

第二节　先秦时期城市产业的划分

产业一词,最早见于《史记·平准书》"数岁,假予产业,使者分部护之,冠盖相望"和"郡国颇被灾害,贫民无产业者,募徙广饶之地"[2],本意指生产和生活的物质资料。依据地域划分为城市产业与农村产业。[3] 城市产业是随着城市经济的发展自然形成的行业分工。城市产业经济是决定城市经济功能和城市性质的内在因素,也是推动城市经济增长的基本条件。[4] 荷兰经济学家菲希尔教授(A. G. B. Frisher)在 1935 年出版的《进步与安全的冲突》一书中,首先采用三次产业这一概念。费希尔认为,人类活动可以分为三个时段:初级阶段,主要以农业和畜牧业为主;第二阶段,以工业大规模迅速发展作为代表;第三阶段,20 世纪后,出现了大量服务业占据经济活动的主要部分,因此分为第一产业、第二产业、第三产业。1940 年英国经济学家克拉克(Colin Grant Clark)在《经济发展的条件》中阐述三次产业的具体内容和结构趋势,他提出,第一产业以农业为主;第二产业为制造业;其他归为第三产业,随后论述各个产业间存在

---

[1]　(汉)司马迁:《史记》,中华书局 2014 年版,第 196 页。

[2]　(汉)司马迁:《史记》,中华书局 2014 年版,第 184 页。

[3]　根据居住地分为"城市""城邑"等。

[4]　冯云廷:《城市经济学》,东北财经大学出版社 2011 年版,第 245 页。

着收入差异及促进劳动力从低级到高级产业的专业化分工,这一发现完善了威廉·配第的理念,因为被称为"配第—克拉克定理"。联合国国际劳工组织根据这一理论,在 1971 年颁布的《全部经济活动的国家标准分类索引》中,把全部经济分为十个大类:(1)农业、狩猎业、林业和渔业。(2)矿业和采石业。(3)制作业。(4)电力、煤气和供水业。(5)建筑业。(6)批发与零售业、餐馆与旅店业。(7)运输业、仓储业和邮电业。(8)金融业、不动产业、保险业及商业性服务业。(9)社会团体、社会及个人的服务。(10)不能分类的其他活动。其中 1—2 类为第一产业,3—5 类为第二产业,6—10 类为第三产业。1985 年中国国家统计局对三大产业做了规定:第一产业为农业(包括林业、渔业、牧业)。第二产业为工业(包括采掘业、制作业、自来水、电力、蒸汽、热水、煤气业)和建筑业。第三产业为其他以外的产业。1902 年沙姆巴特(W.Sombart)在德国提出城市基本和非基本活动的概念,而后通过海格(Robert M.Haig)和霍伊特(Homer Hoyt)等人的发展,通过城市规划理论进入英美等国后,成为著名的城市经济基础理论。这一理论在 20 世纪 50 年代也开始在中国的城市规划中用来预测城市人口,这就是所谓的"劳动平衡法"。① 阿尔弗雷多·马歇尔(Alfred Marshall)对产业进行了经典的分析。马歇尔(1920)发现地方化有三个原因:共享市场、中间产品供应和技术外溢。

根据社会和生产活动的发展顺序对经济结构进行产业划分,第一产业是产品直接取自自然界,对初级产品进行简单加工和再加工的部门为第二产业,为社会和人类生产和消费提供服务的部门统称为第三产业。城市的经济活动分为内部需求服务和外部需求服务两部分。为外部需求服务的部分,是城市内部创造收入的来源,也是城市得以生存和发展的基础,这类的经济活动称为基本部分,形成城市发展的主动力;为城市内部需求的服务,是随着基本部分的发展而发展,被称为非基本活动部分;这两部分构成城市经济生活的全部。城市经济生活以城市产业为代表,在不同时期发挥着不同的作用。城市产业经济是决定城市经济功能和城市

---

① 周一星:《城市地理学》,商务印书馆 2003 年版,第 117 页。

性质的内在因素，也是推动城市经济增长的基本条件。①

　　城市是人口聚集和人类活动高度集中的区域，只有先了解本质，才能解释在社会生产过程中发挥的重要作用。生产力是参与社会生产和再生产的一切物质资料和精神资料的总和，包括生产资料、劳动对象和劳动者。城市作为生产三要素的"载体"，受空间区域的限制和人类社会活动的影响，具有通过集聚效应和规模经济把三要素"扩大"的功能。规模经济只有在劳动分工、专业化生产达到一定阶段才能发生作用。随着外部环境的变化，以城市为载体依托产业逐渐显出内在张力。先秦时期，以劳动分工为特征的产业思想代表了城市经济发展的特征。

　　"工商食官"破产后，国家"垄断"手工业和商业。城市手工业和商业在统治者的庇护下生存和发展，国家有足够强大的权力剥夺商人和手工业者的利益。

一、城市基础产业：城市农业、手工业、商业

　　城市产业代表城市经济的繁荣，城市经济本质上是脱离农业为主的手工业和商业经济，从最初的以生产为目的转变为以交换和消费为目的。先秦时期城市经济最主要的特征是封闭性，以城墙为界限，构成不同的经济发展区域，经济要素相互独立且缺乏流通，市场规模不能满足城市居民的物质需求。先秦时期的城市产业，影响了城市经济的发展和政策的制定。

　　到春秋战国时期，中国历史上真正意义的城市形成了。② 先前时期的城市（邑）虽然有了一定发展，但农业一直存在城市产业当中。城市内部很多土地和空地，在燕下都，楚国、韩国等战国的都城遗址中，这种现象广泛存在。大量空地的存在为农业生产提供便利条件。③ 随着经济的发展，城市空地逐渐减少。《后汉书·范蠡传》中记载："成都民物丰盛，邑宇逼侧。旧制禁民夜作，以防火灾，而更相隐蔽。"人口的增加，宅居增

51

---

①　冯云廷：《城市经济学》，东北财经大学出版社 2011 年版，第 245 页。
②　宋仁桃：《战国秦汉城市人口结构初探》，《史学月刊》2006 年第 5 期，第 108—114 页。
③　周长山：《汉代城市研究》，人民出版社 2001 年版，第 43 页。

多,"邑宇逼侧",挤占内部空地。先秦时期,城市内部拥有大量的墓地,而在秦汉时期的城市遗址中,已经看不到这种现象,城郭内墓葬区消失的原因,似乎应归之为城内人口的增加和城市经济的繁荣。另外,从先秦城市内部的布局中存在农民居住和使用的里坊制,也可得知先秦城市经济中有农业。战国时期,临淄为当时最大的城市之一,"临淄之中七万户,臣窃度之,下户三男子,二十一万,不待发杀远县,而临淄之卒,固以二十一万矣。临淄甚富而实,其民无不吹竽、鼓瑟、击筑、弹琴、斗鸡、走犬走狗,六博蹋鞠者。临淄之途,车毂击,人肩摩,连衽成帷,举袂成幕,挥汗成雨,家殷人足,志高气扬"①。当时的城市规模巨大,但不能说明工商业者已经成为城内居民的主要成分。当时各国服兵役的主要是农业人口,而非工商业人口,齐国也不例外。②《管子·轻重甲》记载道"桓公忧北郭民之苦,召管子而问曰:'北郭者,尽屡缕之氓也,以唐园为本利……'",春秋时期,齐国的都城尚且如此,其他地方的城市也就可想而知。《吕氏春秋·四月纪》"是月也……命农耕作,无伏于都"。《庄子·让王》记载了"孔子谓颜回曰:家贫居胡,胡不仕乎? 颜回对曰:不愿仕,回有郭外之田五十亩,足以给饘粥;郭内之田十亩,足以为丝麻;鼓琴足以自娱,所学夫子之道者足以自乐也。"农业普遍存在于先秦的城市中,成为城市产业的组成部分,反映出城市发展受粮食和人口制约的现状。在生产力落后阶段,完全脱离农业是不可能的,经济的发展是城市农业③逐渐被挤占出城市的过程。

城市手工业者的经营离不开生产资料和生产工具。西周时期已经有了按照行业划分的金属工、木工、陶工、皮革工、营造工、武器工等"百工"。"百工"主要是指有官长率领的官府手工业者。④ 命工师令百工审五库,之量金铁、皮革筋、角齿、羽箭干、脂胶丹漆无或不良。上述的工种主要以男

---

① 刘向辑:《战国策》,上海古籍出版社1982年版,第337页。
② 宋仁桃:《战国秦汉城市人口结构初探》,《史学月刊》2006年第5期,第108—114页。
③ 傅熹年从先秦时期城市人口居住的角度也认为城市中存在农业。见傅熹年:《中国古代建筑工程管理和建筑等级制度研究》,中国建筑工业出版社2011年版,第85—87页。
④ 童书业:《中国手工业商业发展史》,中华书局2005年版,第6页。

性从事为主，而女性的工种则分为麻衣、蚕丝、皮裘等（《豳风·七月》）。

城市商业伴随着城市的发展而诞生，"日中为市，致天下万民，聚天下之货，交易而退，各得其所。"（《易·系辞传》）定时定点的交易，诞生了最初的商业形态。按照"左祖右社，前朝后市"的布局规划，"市"的设置成为普遍现象。"方六里命之为暴，五暴命之曰部，五部命之曰聚，聚者有市，无市则民乏。"①

二、城市产业发展思想：四民分业与产业分工

西周初年分封诸侯大规模的城邑建设运动，扩大了对百工的需求。一方面"封建亲戚以藩屏周"②，分封诸侯对私臣和子孙再分封，营建活动就此勃兴；另一方面"经营四方"（《诗经·大雅·江汉》），出于统治的需要，开疆拓土，修建城邑。所谓"经营"，既指城墙的营建与规划，又是物品的流通。农业、手工业和商业，作为最基本的产业，通过货币交易而各取所需。"商业资本离不开流通领域，而它的职能是专门对商品交换起中介作用，所以，它的存在所需要的条件，就是简单的商品流通和货币流通所需要的条件"③，"生产越发达，货币财产就越集中在商人手中，或表现为商人财产的独特形式"。④ 以货币形态表现出来的商人资本，依托城池的保护，寄居在城市内，促进城市经济的发展。

城市经济的发展具有明显的产业侧重，从农工商并重演化为重农抑工商。在战国以前的古代典籍中，不曾发现轻视工商业的思想痕迹，至多只能说一般认为工商业的重要性次于农业。⑤ 表现在以下几方面：

第一，对商业的基本态度和认识。西周重视农业但不轻视工商业，某种程度上是重视商业。西周的文官体系，主管工事的官吏为司空，司空之

---

① 黎翔凤撰：《管子校注》，梁运华整理，中华书局2015年版，第89页。
② （春秋）左丘明：《左传今注释》，李梦生注释，凤凰出版社2008年版，第164页。
③ ［德］卡尔·马克思：《资本论》（第3卷），中共中央马恩列斯著作编译局译，人民出版社1975年版，第363页。
④ ［德］卡尔·马克思：《资本论》（第3卷），中共中央马恩列斯著作编译局译，人民出版社1975年版，第365页。
⑤ 赵晓雷：《中国经济思想史》，东北财经大学出版社2010年版，第8页。

位列于六卿之中,而主管农事的官吏则是由司徒兼管,司徒主管教化,并未独立地列于六卿之中。西周周礼所记载"九职任万民",九种职业中,前四项为农业,第五项则为商业。周文王时期,遇见大旱,曾采用商业政策解决国家困难。在"告四方游旅"中阐述了根据货币的轻重进行贸易的重要性,并认为可以"权内外以利均"(《逸周书·大匡》)。

第二,诸侯鼓励私人经营商业。在"工商食官"的气氛下,奴隶主的消费难以维持,因此鼓励私人经营商业,服务奴隶主阶级。

第三,对外贸易。先秦时期,诸国林立,各国的粮食、手工业制品和陶器、青铜器等,受信息和地理环境的限制,产生价格差异。早期以范蠡、计然、白圭为代表的新兴商人阶级以其独有的嗅觉和冒险的精神,借助资本支撑,从事满足各诸侯国之间的贸易。他们通过对各地区物质优劣匮乏的了解与预测,利用商品交易,实现富国和富民,并把对外贸易提升为城市经济的来源。需要指出,以范蠡为代表的早期商人所进行的对外贸易,实际上是超出本国在不同诸侯间从事的商品贸易,不是现在意义上的国际贸易,但构成了财富的来源。

(一)对城市经济(财富)范围的认识

先秦思想家主要讨论城市财富的来源。城市经济(财富)的来源有两种截然相反的观点:劳动论和自然论,因对象不同,又分为国家的财富(国富)和私人的财富(民富)。从归属关系上看,民富属于国富,民富是国富的来源,国家财富是高于私人财富的集合体。西周时期,人们已经意识到劳动和财富的关系,"慎之劳,劳则富"(《大戴礼·武王践祚·履屦铭》)。劳动产生财富,为了获取更多财富,就要有更多劳动人口和劳动时间的投入。先秦时期,人口稀少且分布较广,受交通条件的限制,不能进行有效的统计。另外,王畿地区和诸侯地区的人还要负担劳役和赋税,也占用了部分劳动力。为此,国家(城邑)财富的增加只能依靠增加劳动时间。

管仲(约公元前730年—公元前645年)名夷吾,颍上人。春秋时期最著名、成就最大的政治家。[①] 曾经相齐四十多年,帮助齐桓公成为春秋

---

① 赵靖:《中国经济思想通史》(第1卷),北京大学出版社2002年版,第45页。

时代的第一个霸主。管仲主张"民富基础上的国富"，"凡制国之道，必先富民。民富则易治也，民贫则难治也。……是以善为国者，必先富民，然后治之。"①遵循此目标，管子拓展了城市经济（财富）的广度，把谷物、桑麻、六畜、房屋等劳动产品及山泽、土地、沟渎等自然财富都看成是城市经济的来源，"务五谷，则食足。养桑麻，育六畜，则民富"②，"实墟圹，垦田畴，修墙屋，则国家富"。③

李悝（约公元前450年—公元前390年）魏人，曾相魏文侯及武侯，使魏国兵强国富。作为法家的始祖，他采用法律保护私有财产。李悝扩大了农业的范围，不局限在粮食等谷物，而是扩展到山林泽谷。李悝提出了城市农业增长思想"尽地力之教"④，引导农民重视农业生产。这是战国初年，诸侯为争霸的需要而提高粮食生产的现实写照。谷贱伤农、谷贵伤民的现实让李悝认识到既要提高劳动生产率又要政府采购，保持粮价的稳定性，调动农民的积极性。李悝的"尽地力之教"不涉及对商业的态度，通过劳动力的投入提高生产率达到"亩产一石半"。

先秦时期，随着对财富形态的认识，财富的来源也扩大，《中庸》提出一个新观念，工业产生财富。工业创造财富这一观点，不仅是对自然财富观的否定，并将传统的农业创造财富的思想作了充分的扩大和发展。⑤"来百工则财用足"，并将"来百工"列为天下国家的"九经"之一，与修身、尊贤、举废国、继绝世等相提并论，可见对工业之重视。⑥

（二）重视农业思想

人类最初进行的生产活动，是采集自然界的野生植物，随后又使用简单的工具，去捕捉自然界的野生动物。人们通常把这个漫长的历史时期，

---

① 黎翔凤撰：《管子校注》，梁运华整理，中华书局2015年版，第924页。
② 黎翔凤撰：《管子校注》，梁运华整理，中华书局2015年版，第14页。
③ 黎翔凤撰：《管子校注》，梁运华整理，中华书局2015年版，第201页。
④ "李悝为魏文侯作尽地力之教，以为地方百里，提封九万顷，除去山泽邑居三分之一，为田六百万亩。……行之魏国，国以富强。"见（汉）班固撰：《汉书》，张传玺主编，三秦出版社2003年版，第465页。
⑤ 胡寄窗：《中国经济思想史》（上），上海财经大学出版社1998年版，第108—109页。
⑥ 胡寄窗：《中国经济思想史》（上），上海财经大学出版社1998年版，第109页。

称为渔猎时代①。《易经》中描述了这个时期的历史典故,通常采用占卜的形式告诉凶祸吉福②。在生产力十分落后的时代,粮食生产是最重要的部门。从《诗经》中的诗歌中可以看出,对待农业生产主张根据地形划分田界和利用水利灌溉,"我疆我理,南东其亩"(《诗经·小雅·信南山》),依据地势朝向利用水流的理念,主张建筑堤防、挖沟掘渠,保护耕田,"乃疆乃理,乃宣乃亩"(《诗经·大雅·绵》),《周礼》中则记载一系列增加农业人口、增加六畜数量、提高耕地面积的措施,"以下剂致甿,以田里安甿,以乐昏扰甿,以土宜教甿,以时器利甿,以强予任甿,以土均平政。"上述资料描述如何采用措施帮助从事农业生产的人进行耕种。农业作为基础产业,对经济的促进作用十分明显,这也是先秦各学派十分重视农业的原因。城市农业思想主要集中在以下几个层面。

1. 追求城市经济(财富)发展的"义"与"利"关系

在追求经济发展过程中,涉及如何看待"义"与"利"。孔子(公元前551年—公元前479年),字仲尼,春秋时期鲁国人,中国古代影响最大的思想家。③ 孔子认为自然物质形态是财富的表现形式,人追求财富是"天性使然",欲望所在。"富与贵,是人之所欲也""贫与贱,是人之所恶也"(《论语·里仁》)。孔子主张在追求"利"时,要有"义"的约束。用礼仪约束"利"的行为,这种思想从晏婴开始,经孔子发扬和后世解读,成为中国古代经济发展的思想特征。后世思想家始终绕不开把注意力集中在礼仪约束,而忽视了经济发展的本质在于释放"利"、追求"利"、实现民富国强的路径,这形成古代城市经济发展的特征。孔子主张"因民之所利而利之"(《论语·尧曰》),财富的产出要依靠对民有利的准则。士、农、工、商等业对民有利,要因势利导,而非限制。

与孔子的儒家思想针锋相对的是墨子和墨家思想。墨子(约公元前468年—公元前376年)名翟,相传为宋国人。《史记》对墨子的介绍非常少:"盖墨翟,宋之大夫,善守御,为节用。或曰并孔子时,或曰在其后。"

---

① 巫宝三:《先秦经济思想史》,中国社会科学出版社1996年版,第86页。
② 巫宝三:《先秦经济思想史》,中国社会科学出版社1996年版,第88页。
③ 赵靖:《中国经济思想通史》(第1卷),北京大学出版社2002年版,第77页。

寥寥数字，便把一代大家笼统描述，不得不说是思想史的一大损失。墨子及墨家对财富的认知超出了"义"的限制，直接谈"利"。他从个人之利、百姓之利、国家之利开始，从劳动的属性出发，凡是有利于增加劳动生产与生活，统称为"利"，反之曰"不利"。对于农业和商业的态度，墨子认为"故衣食者，人之生利也"[①]。"凡天下群百工，输车鞼匏，陶冶梓匠，使各从事其所能。曰，凡足以奉给民用，则止。诸加费不加利于民者，圣王弗为。……古者圣王制为衣服之法曰。……诸加费不加于民利者圣王不为。……车为服重致远。……为大串广谷之不可济，于是利为舟楫。……恐伤民之气，于是作为宫室而利。……诸加费而不加民利者，圣王弗为。"[②]从衣服、饮食、宫室、车等这种衣食住行的方面提出了对待工商的态度；利民则为、不利则止。墨子遵循"两害相权取其轻，两利相权取其重"的原则，从利害得失的角度去获取利。"断指以存腕，利之中取大，害之中取小也。非取害也，取利也……利之中取大，非不得已也。害之中取小，不得已也。"[③]对城市（国）而言，不能以单纯的"利""害"衡量，墨子提出"交相利"，目的是人己两利，不能亏人以利己。墨子指出战争、君臣、兄弟、夫妻等存在纠纷的原因是争利"子自爱，不爱父，故亏父而自利；弟自爱，不爱兄，故亏兄而自利；臣自爱，不爱君，故亏君而自利"[④]和"皆起不相爱"。为了解决这一问题，墨子主张"兼爱""非攻"，试图营造出和平环境，在"非攻"的氛围中发展经济。墨子企图通过"兼相爱，交相利"理论，把个人利益和集体利益、国家利益结合在一起，虽然很值得称述，但这种没有经济和军事约束力，只有道德约束的主张注定不能实现。因为剥削阶级的"情欲—贪欲和权势欲"会窒碍它的存在和发展。[⑤]

在先秦各派中，对待获取财富有明确认识而又能亲自实践的，墨家是代表。墨子亲自参加劳动，总结出物质资料是社会的基础，没有劳动就没

---

① 方勇译注：《墨子》，中华书局2013年版，第201页。
② 方勇译注：《墨子》，中华书局2013年版，第187页。
③ 方勇译注：《墨子》，中华书局2013年版，第373页。
④ 方勇译注：《墨子》，中华书局2013年版，第120页。
⑤ 胡寄窗：《中国经济思想史》（上），上海财经大学出版社1998年版，第129页。

有生活的结论。"今人固与禽兽、麋鹿、贞虫异者也。今之禽兽、麋鹿、贞中,因其羽毛以外衣裘,因其蹄蚤以为绮履,因其水草以为饮食。故唯使雄布耕稼树艺,雌不纺绩织纴,衣食之财固已具亦。今人与此异也。赖其力者生,不赖其力者不生。"①墨子劳动创造财富的思想,是基于自身生产劳作的经验积累和遵从社会环境的约束,"下强从事,则财用足矣"②"贱人不强从事,则财用不足"③。墨子依靠延长劳动时间、增加劳动强度、增加劳动者人数的方法,提升经济增长。由于延长劳动时间和增加劳动强度受到生理条件和地理条件的制约,收效甚微,而增加劳动力数量虽然可行,但在"非攻"观念否定战争行径的方式下,只有自然繁衍和移民政策可供选择。墨子没有讨论过移民策略,而自然繁衍的方式周期太久,在短时间内无法完成,故墨翟感慨"唯人为难倍"④。

孟轲对待城市经济的恒产论。孟轲(公元前372年—公元前289年),战国时期儒家思想的代表人。他认识到在社会生产过程中财富、地位对于人们的影响,也意识到物质生活条件对于人们的影响,"富岁子弟多赖,凶岁子弟多暴"。⑤ 人们追求财富,要受到社会伦理的约束,他认为要区分道德伦理和物质财富,在权衡二者轻重的基础上做决定,"……取食之重者与礼之轻者而比之,奚翅食重! 取色之重者与礼之轻者而比之,奚翅色重! ……"⑥孟轲以是否有恒产作为取舍的标准,直接引申出对农商的态度。(恒产论)这是中国历史上第一次明确提出的拥护私有财产制度的理论。⑦ "民之为道也,有恒产者有恒心,无恒产者无恒心,苟无恒心,放辟邪侈,无不为已"⑧,"无恒产而有恒心者,惟士为能,若民,则无恒产,因无恒心,苟无恒心,放辟邪侈,无不为已"。⑨ 百姓拥有固定的财产,

---

① 方勇译注:《墨子》,中华书局2013年版,第279页。
② 方勇译注:《墨子》,中华书局2013年版,第225页。
③ 方勇译注:《墨子》,中华书局2013年版,第279页。
④ 方勇译注:《墨子》,中华书局2013年,第183页。
⑤ (清)焦循撰:《孟子正义》,沈文倬点校,中华书局2015年版,第815页。
⑥ (清)焦循撰:《孟子正义》,沈文倬点校,中华书局2015年版,第867页。
⑦ 胡寄窗:《中国经济思想史》(上),上海财经大学出版社1998年版,第233页。
⑧ (清)焦循撰:《孟子正义》,沈文倬点校,中华书局2015年版,第359页。
⑨ (清)焦循撰:《孟子正义》,沈文倬点校,中华书局2015年版,第101页。

能够维持一家生存的基本生活。孟轲认为"五亩之宅,树墙下以桑,匹妇蚕之,则老者足以衣帛矣。五母鸡,二母彘,无失其时,老者足以无失肉矣。百亩之田,匹夫耕之,八口之家足以无饥矣"①。五亩之宅,百亩之田,可以养足八口之家,主张国家应该作为一种制度而制定下来。当时的社会发展使思想家都已经认识到土地是财产中重要的组成部分,孟轲说"诸侯之宝三:土地,人民,政事"②。以拥有恒产为前提,国家必须从制度上保障土地划分(五亩之宅、百亩之田),引出井田制。孟轲所处的时代,租税是国家财富的来源,主要有三种征收方式"有布之征,有粟米之征,有力役之征"③。孟子主张三种税赋合一,征收十分之一的税赋。孟子企图通过井田制度的划分,保证人们拥有恒产,发展生产,国家抽取十分之一的农业税,这样既可实现个人富裕又可实现城市经济发展、国家富强的目的。国家的财富多数依靠农业的征收,十分之一的税赋在孟子看来是可以接受,但在国家层面,农户又是宫殿、水利等基础设施建设的主要劳动来源。孟轲的赋税标准,试图在保持农业税提高的同时又保持劳役征收。(孟轲)未考虑同一税额分作三种形式征课可能产生的问题。④

2.把粮食数量作为财富的代表

管仲(约公元前730年—公元前645年)名夷吾,颍上人,曾经相齐四十多年,帮助齐桓公成为春秋时代的第一个霸主。春秋时期最著名、成就最大的政治家。⑤ 管子认为财富来自土地和劳动,粮食(粟)和土地是城市经济总量的象征。"然俱亡天下者何也? 必国富而粟多也"⑥,在保证粮食产量的同时,叮以养殖六畜和种植桑麻以扩大财富的来源。管子认为土地之所以成为产生财富的渊源,是因为土地在社会物质资料的生产中所发挥的基础性作用,《管子》中至少有五篇是专门研究土地及土地

---

① (清)焦循撰:《孟子正义》,沈文倬点校,中华书局2015年版,第981页。
② (清)焦循撰:《孟子正义》,沈文倬点校,中华书局2015年版,第1078页。
③ (清)焦循撰:《孟子正义》,沈文倬点校,中华书局2015年版,第1075页。
④ 胡寄窗:《中国经济思想史》(上),上海财经大学出版社1998年版,第248页。
⑤ 赵靖:《中国经济思想通史》(第1卷),北京大学出版社2002年版,第45页。
⑥ 黎翔凤撰:《管子校注》,梁运华整理,中华书局2015年版,第926页。

利用有关的问题的。① 管子分析自然条件的作用,指出四时季节的变化具有规律性,虽然不可改变,但通过利用自然条件和与劳动相结合,土地可以改变,"然则可以正政者地也,故不可不正也。正地者,其实必正,长亦正,短亦正,小亦正,大亦正,长短大小尽正"②。管子在其他的篇章将民力与土地详加论述,在"土地"与"民力"兼重的前提下,肯定劳动具有决定性因素,即"地非民不动,民非作力毋以致财,天下之所生,生于用力"。③

商鞅(公元前 390 年—公元前 338 年)姓公孙,名鞅,是卫国国君的后裔,又称卫鞅。因其在秦国的功绩和政绩,秦孝公封以商、於两地的十五邑,世称商鞅。中国古代最著名的改革家。④ 在古代社会的经济发展路径中,每一次经济体制的突破,都是建立在改变原有发展模式的基础上,而变革正是主要体现。商鞅在摧毁秦国旧有贵族的世袭特权、改变城市(国)经济发展模式的基础上进行变革,它既为秦国实现统一奠定基础,也开启了一种改变旧有经济发展模式的新方法,为此,给予商鞅中国古代最著名改革家的称号实至名归。

战国初期各派主张"重农不轻商",商鞅从理论上和实践中打破这一观念,实施重农抑商。这一措施影响了古代社会的经济发展模式。商鞅在秦时期所做的革新,主要体现在:构建土地私有制,摧毁贵族领主的世袭特权;奖励耕战,隔断官爵与土地的联系,建立以军功作为授爵的依据;建立征赋制度,壮大国家的实力,使城市(国)有了稳定的经济来源。商鞅通过律法保证上述措施的顺利实施,极大解放了新兴地主阶级的积极性。商鞅所谓的法治的实质,就是新兴地主阶级用来推翻世袭贵族领主制度的工具。⑤

商鞅重视农业的措施有:(1)保证足够的劳动力投入。现代经济学

---

① 胡寄窗:《中国经济思想史》(上),上海财经大学出版社 1998 年版,第 296 页。
② 黎翔凤撰:《管子校注》,梁运华整理,中华书局 2015 年版,第 85 页。
③ 胡寄窗:《中国经济思想史》(上),上海财经大学出版社 1998 年版,第 299 页。
④ 赵靖:《中国经济思想通史》(第 1 卷),北京大学出版社 2002 年版,第 175 页。
⑤ 胡寄窗:《中国经济思想史》(上),上海财经大学出版社 1998 年版,第 384 页。

认为经济增长来源于劳动力和资本的投入，商鞅在战国时期充分认识到了劳动力对国家农业的重要性，"民不逃粟，野无荒草，则国富，国富者强"①。商鞅认为国家要富强，必须保证有充足的劳动力从事农业粮食生产，"百人农，一人居者王。十人农，一人居者强，半农半居者危。"②随后商鞅又从闲置人口的比例来讨论国家富强，认为大量闲置人口存在，会影响农业生产的效率。在农业社会中，闲置人口（无业人口或失业人口）的比例过高，则国家贫苦，商鞅指出各行业人口与农业人口的比重，认为不能超过一半以上的闲置人口；读书人和手工业者的比例，不能超出千分之一和百分之一，否则就会对农战产生的消极作用。"农战之民千人，而有诗、书辩慧者一人焉，千人皆怠于农战矣。农战之民百人，而有技艺者一人焉，百人者皆怠于农战矣"③。（2）减免徭役、鼓励农耕。"僇力本业，耕织致粟帛多者复其身"④。徭役是人民的沉重负担，勤于耕织多生产粮食和布匹可以减免徭役，这项措施不仅刺激农夫勤于粮食生产，也给女性提供了减免劳役的机会，极大调动生产的积极性。（3）废除不利于农业生产的活动。禁止各县声色娱乐，废除旅店、驱赶流亡民口，禁止自由迁徙，军市不得有女子。（4）奖励农业、吸引徕民。商鞅采用经济手段鼓励发展农业，从吸引徕民、提高粟的价格、粮食管制、政策优惠等四个方面增加农业人口的投入。春秋后期，很多思想家提出通过吸引人口提高城市（国家）实力。管子意识到人与地之间"地大而不为，命曰土满。人众而不理，命曰人满"。商鞅超出单纯的人口数量论，强调人与土地的比例关系，"凡世主之患，用兵者不量力，治莱者不度地。故有地狭而民众者，民胜其地；地广而民少者，地胜其民。民胜其地者，务开。地胜其民者，事徕"⑤。商君从人与地的比例入手，招募国外徕民移居本国，以解决秦国人少地多的问题，通过提高粟的价格和减免赋税徭役的手段，刺激农业生

61

---

① 石磊译注：《商君书》，中华书局 2014 年版，第 43 页。
② 石磊译注：《商君书》，中华书局 2014 年版，第 31 页。
③ 石磊译注：《商君书》，中华书局 2014 年版，第 28 页。
④ （汉）司马迁：《史记》，吴树平、林小安、李解民译，三秦出版社 2007 年版，第 1065 页。
⑤ 石磊译注：《商君书》，中华书局 2014 年版，第 56 页。

产的积极性。"欲农富其国者,境内之实必贵……食贵则田者利,田者利则事者众。"①商君看到提高谷物价格,可以"民之力尽在于地利矣",推行加重税赋的措施,限制商人经营和流民。耕战论的执行,提高了对农业人口的重视,引出轻商观念。商鞅直接提出本末概念,"治国能抟民力儿壹民务者,强;能事本而禁末者,富"②。把本业定义为男耕女织的自然经济,把末业的范围局限在"商贾技巧"的工商业。商鞅也是最先明确提出"事本禁末"口号的人③。

(三)城市商业发展思想:治生之学

范蠡字少伯,生卒年不可考,曾经事越王勾践二十余年(约公元前496年—公元前473年)。在越国大功告成之际,弃官而走。闲行至于陶,自称陶朱公,逐什一之利,又致资巨万,为天下富翁。④陶朱公的"计然之术"⑤包含两个方面:治国之道和积著之理。范蠡认为经济活动必须与自然界的变化相适应。"夫人事必将与天地相参,然后乃可以成功。"⑥基于天地万物之中,运用唯物主义观点,就产生对经济现象的基本认识"知斗则修备,时用则知物",了解这点,就可以"则万货之情可得而观矣"⑦。因此,要根据天时的变化,提前做好物质储备,掌握时机,销售货物,赚取差价。

首先要掌握天时的变动,范蠡发展了有名的经济循环理论,这种经济循环理论是根据年丰、年歉的现象与社会经济活动相联系在一起,用自然界的规律为自己服务。

"故岁在金,穰(丰收年);水,毁;木,饥;火,旱……六岁穰,六岁旱,十二岁一大饥。"⑧"太阴三岁处金则穰,三岁处水则毁,三岁处木则康(小

① 石磊译注:《商君书》,中华书局2014年版,第159页。
② 石磊译注:《商君书》,中华书局2014年版,第77页。
③ 赵靖:《中国经济思想通史》(第1卷),北京大学出版社2002年版,第193页。
④ (汉)司马迁:《史记》,吴树平、林小安、李解民译,三秦出版社2007年版,第1680页。
⑤ 所谓计然之术,是古代思想家运用商业观点来研究国家和私人的经济活动所得出的一些重要原则。引自胡寄窗:《中国经济思想史》(上),上海财经大学出版社1998年版,第174页。
⑥ 曹建国、张玖青注说:《国语》,河南大学出版社2008年版,第371页。
⑦ (汉)司马迁:《史记》,吴树平、林小安、李解民译,三秦出版社2007年版,第1689页。
⑧ (汉)司马迁:《史记》,吴树平、林小安、李解民译,三秦出版社2007年版,第1689页。

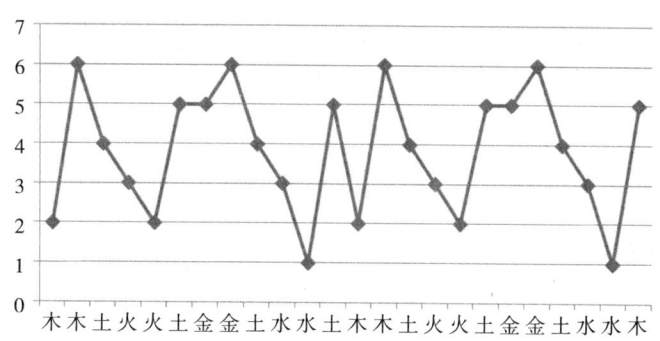

图 1-1 范蠡经济循环学说

资料来源:根据作者整理所得。

丰收),三岁处火则旱。故散有时积,籴有时领,则决万物不过三岁而发矣。……天下六岁一穰,六岁一康,凡十二岁一饥。"(《越绝书》)根据收获的不同程度,赋予穰、美、衰、恶、旱(有水)、大旱等六种情形 6—1 的权重,根据图 1-1,可以看出其循环理论。从范蠡的经济循环周期可以看出,每 12 年为一个大周期,6 年为一个小周期。[1] 三年为一个小循环,把"五行"与农业收成的丰歉联系在一起,形成了对粮食周期特有的理解。它(循环学说)在一个最根本性的问题上,也缺乏逻辑的必然联系。[2] 但它毕竟承认农业的收成有其自身的规律,而这种规律可以为人所把握和运用,范蠡把社会经济现象放在一个宏观层面中去把握,而非从局部去理解,这种方式让他更能全面地看问题。

在理解"天时"的基础上,储备物质。根据对农业丰歉的理解,范蠡制定了与其相反的思路"水则资车,旱则资舟"。这实际是"供求定理"与自然循环的综合运用,在旱年或涝年,物质十分匮乏,倘若提前预判出旱涝年份,购进相对缺乏的物质作为储备,当发生灾害,价格上升时出售,获利斐然。根据这一理论进而引申为同一年份,不同地区发生旱、涝,则可以采用同样原理。"水则资车,旱则资舟",不能单纯理解"天旱时高亢的地区农业收获损失较大,而低洼多水的地区则收获较好,所以要利用舟船

---

[1] (汉)司马迁:《史记》,吴树平、林小安、李解民译,三秦出版社 2007 年版,第 1690 页。

[2] 胡寄窗:《中国经济思想史》(上),上海财经大学出版社 1998 年版,第 179 页。

到低洼多水的地区去收购比较丰富低廉的商品。"①这一理论的使用,必须要收集市场信息。吴越争霸时,范蠡为了发展越国的经济,了解各地的地理环境,而经商后,范蠡也有足够的物质资金的资本投入。范蠡向后世在阐述经济循环学说之时,把资本作为财富的来源,把市场作为累积财富的战场。

在做好先期准备工作后,范蠡的第三步也是致富的最后一个环节:市场销售、赚取差价。商人资本为了取得利润,就必须不断地买进货物卖出货物,与此相应,货币也必须不停流动。② 计然之术要求"财币欲其行如流水"③。商人赚取利润,主要在于流通环节,利用差价获利。当然,商品的质量也是重要因素,各地粮食的差异性固然存在,然而范蠡所处时期,粮食作为最大商品的需求刚性,决定了产品价格。为了赚取更多的利润,就要增加货币的流通性,"无息币""务完物",要买进货物,赚取差价卖出货物,"以物相贸易,腐败而食之货勿留"④,对于某些容易变质的食物,需要尽快销售。范蠡的积著之理,是基于天时、市场信息、资本投入下,对"供求理论"运用的结果。"论其有余不足,则知贵贱;贵上极则反贱,贱下极则反贵。"⑤要根据市场的供给和需求来判断价格,商品供不应求,则价格上涨;反之,商品供过于求,价格下跌。商品的数量也会影响价格,当某种商品的价格十分昂贵时,就会有更多商品进来,价格就会下跌(贵上极则反贱);而当商品的价格十分低廉时,生产厂商就会退出生产,而导致商品的供给量下降,商品数量的减少导致价格上升(贱下极则反贵)。因为其地理位置特殊,范蠡选择陶来发展自己的事业,"陶,天下之中,诸侯四通货物所交易也"⑥。"为生可以致富矣"⑦。雄厚资本和敏锐的市场观察,先人一步的供求理论,范蠡成为天下与后世景仰的大富翁陶朱

---

① 赵靖:《中国经济思想通史》(第1卷),北京大学出版社2002年版,第319页。
② 赵靖:《中国经济思想通史》(第1卷),北京大学出版社2002年版,第316页。
③ (汉)司马迁:《史记》,吴树平、林小安、李解民译,三秦出版社2007年版,第1690页。
④ (汉)司马迁:《史记》,吴树平、林小安、李解民译,三秦出版社2007年版,第1689页。
⑤ (汉)司马迁:《史记》,吴树平、林小安、李解民译,三秦出版社2007年版,第1690页。
⑥ (汉)司马迁:《史记》,吴树平、林小安、李解民译,三秦出版社2007年版,第1690页。
⑦ (汉)司马迁:《史记》,中华书局2014年版,第275页。

公,也是合乎情理之中。

白圭(约公元前 370 年—公元前 300 年),周人,与孟轲、许行、李悝等同时代。白圭擅长商业致富之法,"天下言治生者祖白圭"①。白圭依据农业经济生长的周期与天文相结合,形成一套农业循环理论,本节中主要考察其对农业循环的解读。

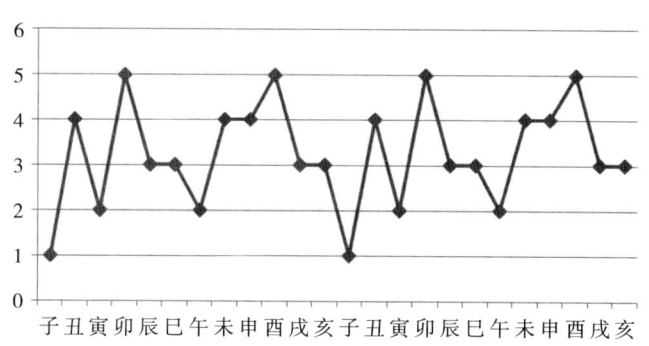

图 1-2　白圭农业经济循环

资料来源:根据作者整理所得。

他指出:"太阴在卯、穰,明岁衰恶,至午、旱,明岁美,有水。至卯,积著岁倍"②。根据白圭的理论,子、丑、寅、卯、辰、巳、午、未、申、酉、戌、亥十二个周期中,共出现五种农业状况:大丰收、丰收、率恶、旱(水)、大旱。根据不同等级,分别赋予(5—1),产生农业循环学说,见图 1-2。可以看出,五种的农业状态呈现周期循环,每个间隔约为 6 年。丰年积著,而灾年出售,可获利倍之。从白圭的农业循环得知,在农业的丰收、大丰收的年份投入可以获得大的回报,而在灾年,投入越大则损失越大。城市经济的来源在于物质积累,而税赋作为国(城市)的主要来源,先秦思想家大都认可什一而税是合理的税率,而白圭则是第一个公开主张二十而税一。③ 白圭站在商人的角度,了解商人对国家财富和城市经济总量发展的作用,主张轻税,发挥商人商品交换和流通的作用,而以农业粮食为主

① (汉)司马迁:《史记》,吴树平、林小安、李解民译,三秦出版社 2007 年版,第 1690 页。
② (汉)司马迁:《史记》,吴树平、林小安、李解民译,三秦出版社 2007 年版,第 1690 页。
③ (清)焦循撰:《孟子正义》,沈文倬点校,中华书局 2015 年版,第 921 页。

的先秦时期,必然不能得到太多人的呼声,孟子就骂其"豺道也"。

白圭在范蠡的基础上,提出一条更有理论色彩的商业经营思想,"人弃我取,人取我与"①,依据市场行情变化决定经营决策。"人弃我取"说明商品过剩,价格低廉,这时大量买入,这点与范蠡的"贱下极则反贵"的道理一致。随着商品的稀少,市场需求会上升导致价格提高,"人取我与",趁机大量出售,毫不犹豫,这与"贵上极则反贱"的认识一致。在商业经营中,白圭基于范蠡的商业理论,发展出一套符合自己的经营哲学。商场如战场,商机非常重要,当出现商机之时必须迅速捕捉,不可迟疑,错失良机,"趋时若猛兽鸷鸟之发"。可见在白圭时期,商业生产已经比较发达,为了在竞争中处于有利地位,出现商机后,商业经营者迅速化商机为利润,不允许有犹豫迷惑之懈怠。"吾治生产,犹伊尹尚之谋,孙吴用兵,商鞅行法是也。是故其智不足与权变,勇不足以决断,仁不能取予,疆不能有所守,虽欲学吾术,终不告之矣。"②

古代中国,商业建立在农业和手工业的交换基础上,农业和手工业的繁荣决定商业的繁荣。财富来源于土地和劳动,这在先秦时期已经有了结论。范蠡和白圭站在商业流通的角度思考治生,扩大了财富获取的范围,把先期投入的资本作为获取财富的一个来源。在对农业丰歉的预测和市场供求情况的分析后,采用与之相悖的商品经营策略,来发展致富。这种治生之学的运用,使个人获得了极大的成功,并为后人所推崇,也开创了城市微观经济增长思想。

子贡,端木赐,在孔子门中最善于货殖。"子贡既学于仲尼,退而仕于卫,废著鬻财于曹、鲁之间,七十子之徒,赐最为饶益。原宪不厌糟糠,匿于穷巷。子贡结驷连骑,束帛之币以聘享诸侯,所至,国君无不分庭与之抗礼。夫使孔子名布扬于天下者,子贡先后之也。此所谓得势而益彰者乎?"③子贡的思想,主要体现在"稀少价值说"。这里所谓价值事实上

---

① (汉)司马迁:《史记》,吴树平、林小安、李解民译,三秦出版社2007年版,第1690页。
② (汉)司马迁:《史记》,吴树平、林小安、李解民译,三秦出版社2007年版,第1690页。
③ (汉)司马迁:《史记》,吴树平、林小安、李解民译,三秦出版社2007年版,第1690页。

主要是指商品的价格。① 这是先秦时期利用商品的数量讨论商品价格的最早学说。"君子之所以贵玉而贱珉者，何也？为夫玉之少而珉之多耶！"②稀少，指商品的数量；价值，指商品的价格。劳动产生财富的思想被子贡采用，体现在他通过生产知识和生产工具创造财富。他对汉阴丈人说："凿木为机，后重前轻，挈水若抽，数如沃汤，其名为槔"，用以灌溉，"一日浸百畦，用力甚寡而见功多"③。提高粮食生产率，是获取财富的直接渠道，而在耕种面积不变的情况下，通过生产工具提高劳动效率，增加粮食总量。"稀少价值说"是先秦时期对"供求关系"的思考，通过运用这种学说，子贡成为大商人，并资助孔子周游列国，"夫使孔子名布扬于天下者，子贡先后之也"④。

（四）"农本工商末"思想的产生

"重农"是各学派的理论共性，而对待工商业的态度则各有侧重。先秦各学派呈现"重农重商""重农不抑商""重农漠商""重农抑商""农本商末"的偏向。战国时法家人物大多是政治家、社会改革家，在约两百年内是主要的当权派，对于促进社会变革、实现国家的重新统一，起了巨大的推动作用。⑤ 法家一贯坚持"重农漠商""重农抑商"，最后演化成"农本工商末"。商业是城市经济重要的组成部分，而"重农抑商"思想的提出，对城市产业发展是一种改变。城市作为功能综合体，在"农本商末"的影响下，经济功能弱化，政治功能和军事功能突出，直到宋代（尤其南宋），城市的经济功能才得到释放。

法家对商业的抑制态度，只是抑制城市中的某些消费功能，同时又放大城市的军事和政治功能。法家反对商业的原因，是为了增加粮食的产出，把粮食当成国家实力的象征。"商不得籴，则多岁不加乐；多岁不加

① 胡寄窗：《中国经济思想史》（上），上海财经大学出版社1998年版，第103页。
② 《庄子·天地篇》。（清）郭庆藩：《庄子集释》，中华书局2006年版。
③ 《庄子·天地篇》。（清）郭庆藩：《庄子集释》，中华书局2006年版。
④ （汉）司马迁：《史记》，吴树平、林小安、李解民译，三秦出版社2007年版，第1690页。
⑤ 赵晓雷：《中国经济思想史》，东北财经大学出版社2010年版，第41页。

乐,则饥岁无裕利;五裕利则商怯,商怯则欲农。"①

公孙侨(?—约公元前522年),字子产。春秋时期著名的政治家。公元前543年执政郑国,在郑国掌权超过20年。子产通过"作封洫"和保护商业资本的措施,使郑国(城)国家富强。"作封洫"是在公元前543年实行的措施,"使都鄙有章,上下有服,田有封洫,庐井有伍。"②按照军队编制建立农村基层组织,维修水渠水道,整修田界,整顿城乡秩序。子产与商人签订盟约(法律)保护商人的权利,得到了商人阶层的拥护,"尔无我叛,我无强贾,毋或匄夺,尔有利市宝贿,我勿与知。"③子产以身作则,晋国使臣韩宣子出使郑国,要子产强买一支玉环,子产以签订协议为由而予以拒绝。子产重视工商业的措施,极大地调动了农夫和商人的积极性,使郑国的实力大为提高,增强了抵御大国的实力。

荀子(公元前298年—公元前238年),名况,赵国人。荀子明确表明农业是财富的唯一的本源,工商业不生产财富,形成了重农抑工商论。"士大夫众则国贫。工商众则国贫。……故田野县鄙者,财之本也"④,"轻田野之税,平关市之征,省商贾之数,罕兴力役,无夺农时,如是则国富矣"⑤,"不富无以养民情……故家五亩宅,百亩田,务其业而勿夺其时,所以富之也"⑥。荀子从劳动力投入的角度分析了重本轻工商的原因。胡寄窗认为荀子才是古代中国真正的重农主义者。⑦ 战国后期,荀子的重农抑工商思想被广泛接受,并最终发展成支配中国古代经济增长的主流思想。

战国时期,道家思想反对领主贵族的横征暴敛,主张贫富平均;同时也反对封建领主经济,认为封建领主经济是落后、保守和倒退的。道家认为欲望是"无为"的最大挑战。君主有欲望,会积极准备军事实力,参与

---

① 石磊译注:《商君书》,中华书局2014年版,第12页。
② (春秋)左丘明:《左传今注释》,李梦生注释,凤凰出版社2008年版,第497页。
③ (春秋)左丘明:《左传今注释》,李梦生注释,凤凰出版社2008年版,第597页。
④ (春秋)荀况:《荀子》,周先进编著,中国文史出版社2013年版,第154页。
⑤ (春秋)荀况:《荀子》,周先进编著,中国文史出版社2013年版,第142页。
⑥ (春秋)荀况:《荀子》,周先进编著,中国文史出版社2013年版,第410页。
⑦ 胡寄窗:《中国经济思想史》(上),上海财经大学出版社1998年版,第430页。

称霸;民众有欲望,商人会从中经营,主动获利;民众的欲望得不到满足,会破坏社会活动。欲望会破坏"道法自然","无欲无求"才是"道法自然"的保证。

老子①根据自上而下的社会阶层,制定了相应的"无欲""寡欲"的道德标准。针对君主阶级,老子主张通过无欲治理天下,无欲则为"自然","自然"的本性为"朴",当统治者都追求"朴",天下自然安定。"无名之朴,夫亦将无欲,无欲以静,天下将自定。"②然而"无欲"是对人性彻底的否定,势必难以维系,老子在"无欲"的前提下提出"知足""寡欲",并提倡"知足者富"③。老子希望世人对物质的追求要有所度,不可放纵,否则不会满足;对欲望要有所节制,要"知足","祸莫大于不知足。咎莫大于欲得,故知足之足,常足矣"④。上至君王,下至百姓,知足常乐。道家希望统治阶层的无欲、寡欲,使国家社会处于"无为"的状态,"知足不辱,知止不殆,可以长久"⑤。通过宣扬"无欲、寡欲",使平民阶级的欲望得到满足,上下"知足",实现社会的长治久安。

人们要维持基本的生活,如何保证欲望呢? 道家提出要重视农业、反对奇技淫巧。"民多利器,国家滋昏;人多伎巧,奇物滋起"。⑥"伎巧""奇物",指各种新兴的生产工具、生产技术和新兴产品。战国后期,只有道家强烈反对新鲜事物,究其原因,是由道家"无为而治"的哲学基础所决定的。从哲学上看,"返璞归真"是尊重自然本性,而工艺和工具会破坏自然物的本源;"无欲""寡欲"是"无为而治"的前提,而新兴工具会增加欲望带来社会的利益冲突,打破上下间的欲望均衡,破坏"无为"的治国理念,必须加以反对。

韩非(约公元前 280 年—公元前 233 年),出身韩国贵族。患口吃而

---

① 老子的具体信息见胡寄窗:《中国经济思想史》(上),上海财经大学出版社 1998 年版,第 206—207 页。

② 辛战军译注:《老子》,中华书局 2012 年版,第 142 页。

③ 辛战军译注:《老子》,中华书局 2012 年版,第 31—132 页。

④ 辛战军译注:《老子》,中华书局 2012 年版,第 184 页。

⑤ 辛战军译注:《老子》,中华书局 2012 年版,第 178 页。

⑥ 辛战军译注:《老子》,中华书局 2012 年版,第 219—220 页。

擅著作。师承荀子,不但继承了早期法家的思想,还吸收了荀子及道家的思想,是战国法家的集大成者。韩非总结了商鞅的"法"、申不害的"术"、慎到的"势",把法、术、势三种思想相结合,建立了自身的体系。在荀子重农和商鞅耕战的基础上,韩非提出"农本工商末"。这一思想,奠定了城市产业发展的先后顺序,成为制定古代社会经济发展政策的理论依据。先秦时期,城市经济包括城市农业、手工业和商业。城市农业和养殖业是地区经济发展的支柱,手工业和商业则服务于城市农业的发展。由于农业的土地需求性,导致城市农业从城市内部向外部转移。这一过程是漫长而又缺乏效率的,直到隋唐时期才最终完成。城市经济发展的动力来自专业化和集聚效应。集聚经济的规模性和专业分工的效率性促使成本下降,但农业分散经营的特点,导致早期城市失去了规模经济产生的条件。宋以前的城市,过多依赖政府政策,失去了规模经济的产生条件,形成古代城市经济发展政治依存性的特征。

韩非从区分本业和末业入手,提出"农本工商末","仓廪之所以实者,耕农之本务也,而綦组锦绣刻画为末作者富"。[1] 农业为本,手工业为末。手工行业要求有比较大的市场消费需求,而这种需求主要来自统治阶级,交易的便利性促使手工业者居住在城市内部。韩非进一步把商业也划为末业,"夫明王治理国之政,使其商工游食之民少而名卑,以寡趣本务而趋末作"[2]。城市经济的发展离不开农业的支持,这一理论虽然对后世的产业发展影响巨大,但对城市发展而言却是十分符合现实的。

(五)城市居民布局思想:四民分业定居

城市的主体是人,而城市居民的成分在某种程度上反映了城市经济的职能,古代社会对城市居民的讨论首先从管仲开始。

管仲的经济思想中,最有代表性的是他的"四民分业定居论"。《管子》是战国中期出现的一部经济著作,现存76篇,有三分之二以上都是论述经济问题,虽然托名为管子,但并非出自管仲之手。《管子》非一时一

---

① (战国)韩非:《韩非子》,司马哲编著,中国长安出版社2009年版,第324页。
② (战国)韩非:《韩非子》,司马哲编著,中国长安出版社2009年版,第359页。

人之作,这点在学术界已经达成共识。管仲在中国历史上第一次将人们按职业划分为士、农、工、商四民①。士农工商作为城市产业,标志着中国古代城市产业思想的确立。士、农、工、商四大阶级集权的划分,在中国历史上是管仲第一次提出的,这一划分,在以后 2000 多年的旧中国一直成为社会各被统治阶级的典型分类②。通过职业划分,并非管仲首创,但这四类职业的划分确为其首先提倡。当时的社会环境中已经涌现出自由工商业者和武士阶层,管仲四民中的士主要指武士,武士脱离农业生产,从农民之"有拳勇股肱之力"③选拔出来。在职业划分的基础上,管仲又提出了"定居",把个人安置在一定的社会区域中,这种固定划分的方式,与居住区域结合。士、工、商的区域在城市(国)内,城市以外区域(野),则按照乡、连、里、轨进行编制。5 家为轨,10 轨为里,4 里为连,10 连为乡。士所居为 15 乡,工、商所居各 3 乡。农居住区域称为"鄙",按照邑、卒、乡、县、属的方式划分;30 家为邑,10 邑为卒,10 卒为乡,3 乡为县,10 县为属,全国共五属。按照"国、野、鄙"的划分方式,见表 1-1。

71

表 1-1　齐国的行政划分

国		鄙	
名称	数量(家)	名称	数量(家)
轨	5	邑	30
里	50	卒	300
连	200	乡	3000
乡	2000	县	9000
国	42000	属	90000
叁其国	126000	伍其属	450000
总计		576000	

资料来源:黎翔凤撰:《管子校注》,梁运华整理,中华书局 2016 年版,第 400 页。

---

① 叶世昌:《古代中国经济思想史》,复旦大学出版社 2003 年版,第 28 页。
② 胡寄窗:《中国经济思想史》(上),上海财经大学出版社 1998 年版,第 62 页。
③ 曹建国、张玖青注说:《国语》,河南大学出版社 2008 年版,第 190 页。

当时的齐国按照管仲的推算,共有 576000 家,其中士 90000 家、农 450000 家、工 18000 家、商 18000 家。士家占 15.625%,农家所占的比重为 78.125%,工、商家各占 3.125%(见图 1-3)。手工工业所占的比重低于 5%[1],在管仲看来,这部分比例的商人,可以应付市场交易的需要。而士所占的比重为 15.625% 也从侧面反映了战争对人口和财富的消耗。管仲力图通过士农工商的划分积累齐国的财富,为齐国的争霸储备实力,齐桓公也成为春秋时期第一个霸主。

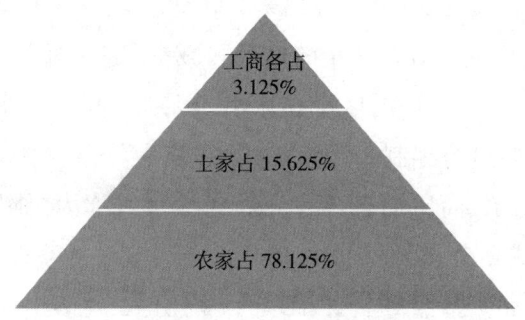

图 1-3　管仲城市产业划分(按城市居民)

管仲的分业(城市)定居思想:(1)提高了劳动生产率。同一行业的居住在一起,既便于交流经验、提高技术水平;又刺激同业竞争,提高质量。(2)促进商品生产与销售信息的交流。"相语以利,相示以时""相陈以知价"[2]。(3)技术传承。"少而习焉,其心安焉,不见异物而迁焉"。其结果必然是"士之子恒为士,农之子恒为农,工之子恒为工,商之子恒为商"。一个人从少年起从事某一职业,通过常年积累,就会掌握专业化技术,而半路去学习另外一种技能,就增加了学习的时间成本,但分工可避免这种损失。在管子看来,如果国家和社会内部能够"明分任职",就能达到"治而不乱,明而不蔽"[3]的情形。

① 阿瑟·刘易斯认为每个社会都有一部分居民作为独立生产者……这一部分人所占的比重,哪怕是在最贫穷的国家的经济中也很少低于 5%。见[英]阿瑟·刘易斯:《经济增长理论》,周师铭、沈丙杰、沈伯根译,商务印书馆 2009 年版,第 160 页。
② 胡寄窗:《中国经济思想史》(上),上海财经大学出版社 1998 年版,第 79 页。
③ 黎翔凤撰:《管子校注》,梁运华整理,中华书局 2015 年版,第 955 页。

按照行业和居住区域划分"士、农、工、商"，虽然可以保证劳动生产和技术传承，但这种划分并不利于城市经济的发展。城市作为整体，必然是人口杂居、行业混住的聚集地，上述划分割裂了城市整体性。管仲也考虑到城市作为整体性的不足，遂提出"各居其地"的思想主张。"士农工商四民者，国之石民也，不可使杂处，杂处则其言咙，其事乱。是故圣王之处士必于闲燕，处农必就田野，处工必就官府，处商必就市井"①。

表1-2　《管子》城市内部分区

城市功能分区	行政区	商贸区	住宅区与生产区
《管子·小匡》 《管子·大匡》	士(仕)者近宫	工贾近市、商就市	士必于闲燕、 农就田懋

资料来源：《管子·小匡》《管子·大匡》。

三、城市产业分工思想

斯密认为分工不是人类智慧而是互通有无、物物交换、互相交易的结果。劳动生产力上最大的增进，以及运用劳动时所表现的更大的熟练、技巧和判断力，似乎都是分工的结果②。有了分工，相同数量的劳动者就能完成比过去多得多的工作量，其原因有三：第一，劳动者的技巧因业专而日精。第二，由一种工作转到另外一种工作，损失不少时间，有了分工，就可以免除这种损失。第三，促进精细化发展。许多简化劳动和缩减劳动的机械的发明，使一个人能够做许多人的工作③。它（分工）不是以扩大效用为目标的一种人类倾向所缓慢而逐渐造成的结果，这种倾向就是互通有无，物物交换，互相贸易④。分工起因于交换能力，分工的程度，总

①　黎翔凤撰：《管子校注》，梁运华整理，中华书局2015年版，第400页。
②　[英]亚当·斯密：《国民财富的性质和原因的研究》（上），商务印书馆2009年版，第3页。
③　[英]亚当·斯密：《国民财富的性质和原因的研究》（上），商务印书馆2009年版，第6页。
④　[英]亚当·斯密：《国民财富的性质和原因的研究》（上），商务印书馆2009年版，第11页。

要受交换范围的限制,换言之,要受市场广狭的影响。市场要是过小,那就不能鼓励人们终生专务一业。① 分工的结果带来了专业化生产,市场越大,专业化的可能性就越多。市场的规模取决于一家一户的自给程度、人口的多少、交通运输是否便宜、社会财富的多寡、情趣是否符合标准以及人为地贸易壁垒的多少。② 在部落阶段"分工还很不发达,仅限于家庭中鲜有的自然产生的分工的进一步扩大"③,而交易的地点则是"产品交换在不同的家庭、氏族、公社互相接触的地方"④在古代或奴隶主的所有制形式下,"分工已经比较发达,城乡之间的对立已经产生,国家之间的对立也相继出现。这样国家当中有一些代表城市利益,另一些代表乡村利益。在城市内部存在着工业和海外贸易的对立"⑤。可见,分工不但可以促进城市经济发展,也可扩大城市产业的提高和促进海外贸易。

随着市场的发展和交易的扩大,分工进一步细化。战国时期墨家学派和儒家学派都在此基础上更深入地考虑分工。墨子的分工思想,比较宽泛,这与墨家学派所主张的兼爱、非攻、节用思想有关。墨子从性别上区分了行业选择,"丈夫从事耕稼树艺,妇女从事纺织"。从性别和年龄入手指出防御时的防御事项,"诸男女有守城上者,什、六弩、四兵。丁女子、老少,人一矛"⑥。墨子在"备城门"中充分论述了守城丁男、丁女、老人、小孩与武器的配备,依靠防御器械,以区区四千人抵挡十万人进攻的防御策略。只有充分发挥各项分工,同力协作,才可以发挥最大的防御力度,与敌人相持。在分工上,墨子提出职业选择的标准:"能读辨者读辨,

---

① [英]亚当·斯密:《国民财富的性质和原因的研究》(上),商务印书馆 2009 年版,第15 页。

② [英]阿瑟·刘易斯:《经济增长理论》,周师铭、沈丙杰、沈伯根译,商务印书馆 2009 年版,第 79 页。

③ 《马克思恩格斯选集》(第 1 卷),人民出版社 1972 年版,第 85 页。

④ 《资本论》(第 1 卷),中共中央马恩列斯著作编译局译,人民出版社 2004 年版,第390 页。

⑤ 《马克思恩格斯选集》(第 1 卷),人民出版社 1972 年版,第 26—27 页。

⑥ 方磊译注:《墨子》,中华书局 2011 年版,第 545 页。

能说书者说书，能从事者从事。"①《墨子》五十三篇中，几乎每篇都论述分工，这表示他们对这一社会现象的关注。可惜对于为什么要分工以及社会分工和生产过程上的分工的本质差别安在等问题，他们都没有谈到。②

战国时期，分工已经是社会现状的表现。③ 从社会内容上，孟轲进一步阐述了体力劳动和脑力劳动的区别。孟轲对分工的理解可以从他与许行的弟子陈相的论战中看出④。农业和商业的分工，之前已经阐述，孟子的分工理论，阐述了自给自足的劳动只能满足部分生活需要。孟子和陈相之间的对话，是对分工理论的总结，而并非是孟轲的劳心劳力的反动理论⑤。孟轲认识到分工的必要性，认为通过分工产生利益。"子不通功易事，以羡补不足，则农有余粟，女有余布。子如通之，责梓、匠、输、舆皆得食于子。"⑥通过商业交换，可以使农、女、子、匠等受益，如果不"通功易事"，农业无法让其获益，家庭妇女所织布也不能让其获益，而百工也不能互通有无。战国时期，分工细致，农业、百工、商业兴旺，正如马克思所说"一切发展了的以商品交换为媒介的分工，都是以城市与农村的分裂为基础"⑦。

75

---

① 方磊译注：《墨子》，中华书局 2011 年版，第 395—396 页。

② 胡寄窗：《中国经济思想史》（上），上海财经大学出版社 1998 年版，第 141 页。

③ 《周礼·冬官·考工记》："凡攻木质工七，攻金之工六，攻皮之工五，设色之工五，刮摩之工五，搏埴之工二。攻木之工：轮、舆、弓、庐、匠、车、梓；攻金之工：筑、冶、凫、诫、段、桃；攻皮之工：函、鲍、韗、韦、裘；设色之工：画、缋、锺、筐、□荒；刮摩之工：玉、（木即）、雕、矢、磬；搏埴之工：陶、瓬。"见（清）孙诒让撰，王文锦、陈玉霞点校，《周礼·正义》，中华书局 1987 年出版。

④ 《孟子·滕文公上》孟子曰："许子必种粟川后食乎？"曰："然"。"许子必织布而后衣乎？"曰："否，许子衣褐"。"许子冠乎？"曰："冠"。曰："奚冠？"曰："冠素"。曰："自织之与？"曰："否，以粟易之"。"许子奚不自织？"曰："害于耕"。曰："许子以釜甑□，以铁耕乎？"曰："然"，"自为之与？"曰："否，以粟易之"。"以粟易械器者，不为厉陶冶。陶冶亦以械器易粟者，岂为厉农夫哉？且许子何不为陶冶，舍皆取诸其宫中而用之？何为纷纷然与百工交易？何许子之不惮烦？"曰："百工之事固不可耕且为也"。"然则治天下独可耕且为与？有大人之事，有小人之事。且一人之身，而百工之所备，如必自为而后用之，是率天下而路也。"见焦循撰：《孟子正义》，中华书局 2015 年版，第 395—401 页。

⑤ 胡寄窗认为，上述对话的最后一句话引申出孟轲的劳心劳力的反动理论。见胡寄窗：《中国经济思想史》（上），上海财经大学出版社 1998 年版，第 239 页。

⑥ 焦循撰：《孟子正义》，中华书局 2015 年版，第 460 页。

⑦ ［德］卡尔·马克思：《资本论》（第 1 卷），中共中央马恩列斯著作编译局译，人民出版社 2004 年版，第 441—443 页。

孟轲认为有脑力劳动(劳心)和体力劳动(劳力)的区别。"故曰,或劳心,或劳力,劳心者治人,劳力者治于人;治于人者食人,治人者食于人;此天下之通义也。"①劳心和劳力适应了统治者的需要,劳心者统治人,劳力者被统治。在这个问题上,他得出了一个绝对有利于封建统治阶级的很反动的结论。② 按照当前的经济增长理论,城市经济的发展,依靠劳动力(数量和质量)和资本的投入。素质高的劳动者要比素质低的劳动者对经济的贡献更大。经济的增长既取决于有关事物和生物的技术知识,也取决于有关人和人际关系的社会知识。③ 当然,孟轲当时未能解释劳心者(高素质)和劳力者(低素质)对经济总量的贡献。

荀卿(约公元前296年—公元前238年)是战国后期著名唯物主义思想家。分工理论,经管仲运用,在孟子达到了高峰。荀卿的分工理论没有突破孟轲的广度,但加深了理论的深度。荀卿从社会角度出发,认为人类群居后,有了统一的诉求,只有增加社会生产,才能增加社会财富。"农分田而耕,贾分货而贩,工分事而勤,士大夫分职而听",在这一条件下,产生职业分工。"相高下,视饶肥,序五种,君子不如农人。通财货,相美恶,君子不如贾人。设规矩,陈绳墨,便备用,君子不如工人。"④荀子的分工,希望各司其擅长的职业,提高工作效率,达到增加社会财富的目的,"号稼者众矣,而后稷独传者,一也。好乐者众矣,而夔独传者,一也。……未有两而能精者也"。⑤

管子从国家治理的角度,从分工上升到专业化。"成于务""不务则不成"⑥,社会分工的程度影响了专业化的程度。"能则专,专则侩"⑦,管子认为使人专于一种操作,熟能生巧,必然能提高劳动生产率。从内部统

---

① 焦循撰:《孟子正義》,中华书局2015年版,第400页。
② 胡寄窗:《中国经济思想史》(上),上海财经大学出版社1998年版,第240页。
③ [英]阿瑟·刘易斯:《经济增长理论》,周师铭、沈丙杰、沈伯根译,商务印书馆2009年版,第195页。
④ (春秋)荀况:《荀子》,周先进编著,中国文史出版社2013年版,第97页。
⑤ (春秋)荀况:《荀子》,周先进编著,中国文史出版社2013年版,第333页。
⑥ 黎翔鳳撰:《管子校注》,中华书局2015年版,第1233页。
⑦ 黎翔鳳撰:《管子校注》,中华书局2015年版,第661页。

治来看,分工可以使人民安心生产,"利无道相过也","故先王使农、士、商、工四民交能易作,终岁之利无道相过也,是以民作一而得均。民作一则田垦,得均则奸巧不生,田垦则粟多,粟多则国富,奸巧不生则民治。福而治,此王道也"①。

第三节　"资源导向式"城市产业发展思想的诞生

城市经济的发展受到供应半径和需求极限②的限制。城市资源,是指在一定空间范围内,能够为城市经济开发利用的自然资源和人类创造的各种资源的总称。"资源导向式"是以自然资源为对象,依靠本地区特有的自然资源,通过发展具有比较优势的原材料和初级产品,带动本地的经济发展。

一、利用自然资源禀赋思想

资源禀赋是城市经济发展的条件之一。在相对封闭的社会,各地区在自给自足的基础上实现生产资料供给和生产物品消费的均衡。但因各地资源差异,有了打破封闭状态的动力。自然资源是城市发展的基础,先秦时期的自然资源,还处于认识的初级阶段,把土地、山泽等作为具体来源。

《周书》曰:"农不出则乏其食,工不出则乏其事,商不出则三宝绝,虞不出则财匮少。""财匮少而山泽不辟矣。此四者,民所衣食之原也。原大则饶,原小则鲜。上则富国(城),下则富家。"③发展国(城邑)经济,"山泽"是自然资源的基础。各地区的禀赋差异,导致发展的方式和手段不同。要发展经济,只能依靠农业、手工业、商业、虞(种植业、养殖业)

---

① 巫宝山:《中国经济思想史资料选辑》(先秦部分),中国社会科学出版社1985年版,第163页。

② 需求极限:它是包含足够消费需求、使供应商获得正常利润的地域范围。供应范围:它是一个购买者购买特定商品时所不愿超出的极限范围。引自[美]施坚雅:《中华帝国晚期的城市》,叶光庭、徐自立、王嗣均、徐松年、马裕祥、王文源译,中华书局2002年版,第329页。

③ 柯美成:《理财通鉴历代食货志全译》上,中国财政经济出版社2006年版,第26页。

等,而当手工业和商业发展受阻,农业和种植业就成为城市经济发展的重要手段。发展城市农业、种植业和养殖业,势必涉及对土地的要求。土地肥沃之地,利于种植桑麻和六畜的养殖。先秦自然禀赋论主要有两种主要观点:

(一)禀赋自然观

管子认为"地不辟,则六畜不育;六畜不育,则国贫而用不足"[①],"夫山泽广大,则草木易多也。壤地肥饶,则桑麻易植也。荐草多衍,则六畜易繁也"[②]。土地作为自然资源的最初形态,拥有土地可以养殖六畜而使民富国(城)强,管子特别强调"地者政之本也"。土地的功能,在于生产粮食,管子把自然资源的范围扩大,认为蔓山、林、泽等都是城市经济开发的资源。"……蔓山,其木可以为材,可以为轴……林,其木可以为棺,可以为车……泽,网罟得入焉"[③]。在强调土地、山泽、林等自然资源的同时,管子也提出如铁、铜、金、银等"利用矿产资源"的思想。铜铁业作为先秦以前重要的部门之一,《山海关·五藏山经》记载:"出铜之山四百六十七,出铁之山三千六百九。"数字上虽然会有误差,但战国时期的产铁和铜的地区已经出现在当今的山西、陕西、河南、河北等省。在自然资源相对富饶的前提下,利用城市地域范围内的自然资源,成为城市经济发展的重要依据。"山上有赭者其下有铁,上有铅者下有银,上有丹砂者其下有金,上有慈石者其下有铜"[④]。各地依靠不同的禀赋发展经济,但城市经济不能仅依靠种植业和农业,必须依托工商业的转换作用。对此,《管子·八观篇》继续提出"山泽虽广,草木毋禁;壤土虽肥,桑麻毋数;荐草虽多,六畜有征;闭货之门也。"自然资源经过简单加工而转向市场,构成城市工业发展的原料,可以促进城市经济;反之,闭货之门,阻断了商业流通的路径,必然导致城市经济的萧条。

荀卿的利用城市自然资源的思想继承了管子的主张,把土地、川

---

① 黎翔凤撰:《管子校注》,梁运华整理,中华书局2015年版,第111页。
② 黎翔凤撰:《管子校注》,梁运华整理,中华书局2015年版,第258—259页。
③ 《管子·乘马篇》,见黎翔凤撰:《管子校注》,梁运华整理,中华书局2015年版。
④ 《管子·地数篇》,见黎翔凤撰:《管子校注》,梁运华整理,中华书局2015年版。

泽、山林等当成资源，都可以为民所用，"……故五谷不绝而百姓有余食也。汙池渊泽川泽……百姓有余用也。……山林不童而百姓有余财也"①。

商鞅则把城市自然资源的范围狭义化，只提倡对土地这一自然资源的利用，"壹务则国富""田荒则国贫"②。这一思想的提出与秦国的现况息息相关。秦国地广人稀，土地资源丰富，为了提高城市经济和国家实力，必然强调土地的作用，尽管商鞅也提出了山川林泽作为自然资源的组成部分，但他不十分强调对其他资源的利用。"山林籔泽洛谷足以供其利"③这固然由于秦国地广人稀，可耕地尚未充分开垦，注意不到山泽之利用，而商鞅的极端重农思想也是其原因之一。④

（二）财富自然观

芮良夫认为财富是以自然形态为基础的概念，进而上升为财富自然论。"……犹土质有山川也，财用于是乎出；犹其有原隰衍沃也，衣食于是乎生……"⑤以自然物表现出来的财富论，像山中有树木一样合理。芮良夫认为"夫利，百物之所生也，天地之所载也。而或专制，其害多矣。天地百物，皆将取焉，胡可专也"⑥。"利"指财富，财富的来源随形态发生改变，芮良夫认为"利"（财富）来自世界百物，是自然而生的产物。

上述两种观点，对财富不同层面的认识，其本质上是相同。胡寄窗认为在自然经济支配的古代阶级社会中，财富是自然的产物这一观点，当然会排斥劳动创造财富的观点而更广泛地流播，成为占优势的财富观。⑦财富内涵的丰富，导致财富来源的扩大。把自然物品转换为财富，劳动确实必不可少，从这一意义上来讲，两者并不矛盾。

79

---

① （春秋）荀况：《荀子》，周先进编著，中国文史出版社2013年版，第127页。
② 见石磊译注：《商君书·农战篇》，中华书局2011年版，第24—37页。
③ 见石磊译注：《商君书·算地篇》，中华书局2011年版，第56—68页。
④ 胡寄窗：《中国经济思想史》（上），上海财经大学出版社1998年版，第386页。
⑤ 曹建国、张玖青注说：《国语》，河南大学出版社2008年版，第102页。
⑥ 曹建国、张玖青注说：《国语》，河南大学出版社2008年版，第103页。
⑦ 胡寄窗：《中国经济思想史》（上），上海财经大学出版社1998年版，第29页。

二、修建城市基础设施思想

基础设施是城市生产和生活的基础。城市设施具有以下特点:第一,非竞争性和非排他性。非竞争性,是指城市的基础设施一经使用后,并不会因为增加消费者的使用而降低其他消费者的享用,这表明其边际成本为零。非排他性,是指城市基础设施建成后,就具有了共同消费的特点,把某些人排除在外是不可能也是不现实的。第二,地域性和耐用性。受制地域范围的限制,城市基础设施只能在特定空间范围内使用,且具有长期使用的特性。因此,只能由政府营建。

《周礼·考工记》中记载了古代都城的规划布局,也可以一窥城市基础设施的组成。"匠人营国,方九里,旁三门。国中九经九纬,经涂九轨。左祖右社,面朝后市。市朝一夫"[1]。城市基础设施主要由道路、民居、集市等组成,而社稷宗庙也是重要的组成部分,"墟墓之间,未施哀民,而民哀;社稷宗庙之中,未施敬于民,而民敬。"[2]城市作为国家的组成和治所,决定了基础设施的性质是综合性的,既是国家治理的需要如城墙、道路、桥梁、宫室、庙坛[3],也是城市生活的组成如市场、学校[4],同时还要考虑安全性和生产生活性。《春秋左传》襄公九年,"春,宋灾。乐喜为司城以为政,使伯氏司里;火所未至,彻小屋,涂大屋,陈畚挶;具绠缶,备水器;量轻重,蓄水潦;巡丈城,缮守备,表火道"。[5]

有周之世,出现过两次城邑建设的高潮。[6] 第一次出现在分封制初期。各诸侯基于城市(国家)防御和显示身份的需要,开始大兴土木修城建国。氏族的姓氏、所分封的土地、以宗族姓氏为单位的人民大众、甄选出新

---

① 《周礼·考工记》。(清)孙诒让撰,王文锦、陈玉霞点校,《周礼·正义》,中华书局1987年版。

② 《礼记·檀公》,见鲁同群:《礼记》,凤凰出版社2011年版。

③ 《礼记·祭法》第二十三:天下有王,分地建国,置都立邑,设庙桃坛。鲁同群:《礼记》,凤凰出版社2011年版。

④ 《礼记·王制》"小学设在公宫南之左。"鲁同群:《礼记》,凤凰出版社2011年版。

⑤ (春秋)左丘明:《春秋左传校注》上,陈戎国撰,岳麓书社2006年版,第566页。

⑥ 贺业锯:《中国古代规划史论丛》,中国建筑工业出版社1986年版,第3页。

的标志代表分封地域、选出具有代表礼制和宗教仪式的道具和徽章。① 第二次城邑建设的高潮是"礼崩乐坏"之时。各诸侯国经济、军事实力提高而周王室衰弱，在营建新城和扩建旧城上，突破了"礼制"的限制。

西周时期，出现了区域与行业相结合划分的政策。按照周王室的分封制度，受封者在封地建城筑邑，保卫本族人，城邑之内的人，就称为国人；城邑之外的人称为鄙人。国人和鄙人根据居住地不同，也划分了各自从事的行业。国人从事城邑管理、工商业行业及少量的农业生产，而鄙人则从事农业生产。战国时期，这种分治被战争打乱，国人与鄙人之间可以自由流动。伴随交通的发展，商人的流通、诸侯国间的往来，这种交流更为频繁，产生了城市修建基础设施的先例，驿站和驿道②。随后水运开始兴起，鸿沟的开凿，将河、济、淮、泗等河连在一起，也就形成了最初的经济都会的雏形，使陶、彭城、睢阳等城市成为经济都会。

三、发展城市人口、吸引徕民思想

城市发展是一个动态的、连续的过程。城市人口和余粮率限制了城市发展的速度与规模。城市主体是人，"国"与"野"的地域分割和自然繁殖的限制，成为影响城市人口的第一个因素。外来移民和农村人口的流入是城市人口增长的两个主要方面。先秦时期，外来移民受制于诸侯，数量并不多，城市人口主要来自农村人口的流入。城市要发展，粮食是关

81

---

① （定公四年）"昔武王克商，成王定之，选建明德，以藩屏周。故周公相王室，以尹天下，于周为睦。分鲁公以大路大旗，夏后氏之璜，封父之繁弱，殷民六族：条氏、徐氏、萧氏、索氏、长勺氏、尾勺氏，使帅其宗氏，辑其分族，将其类丑，以法则周公，用即命于周。是使之职事于鲁，以昭周父之明德。分之土田陪敦，祝宗卜史，备物典策，官司彝器。因商奄之民，命以伯禽，而封于少皞之虚。分康叔以大路，少帛，綪茷，旃旌，大吕，殷民七族：陶氏、施氏、繁氏、锜氏、樊氏、饥氏、终葵氏。封畛土略，自武父以南，及圃田之北竟，取于有阎之土，以共王职，取于相土之东都，以会王之东搜。聃季授土，陶叔授民，今以'康诰'，而封于殷虚。皆启以商政，疆以周索。分唐叔以大路，密须之鼓，阙巩，沽洗，怀姓九宗，职官五正。命以'唐诰'，而封于夏虚。启以夏政，疆以戎索。"（春秋）左丘明：《左传》，李梦生注释，凤凰出版社 2008 年版，第 676—677 页。

② 《周礼·地官》记载："凡国野之道，十里有庐，庐有饮食；三十里有宿，宿有路室，路室有委；五十里有市，市有候馆，候馆有积"。（清）孙诒让撰，王文锦、陈玉霞点校：《周礼·正义》，中华书局 1987 年版。

键。自然生产和进口粮食是城市粮食的主要来源。先秦时期,受各诸侯国的粮食管制,城市粮食主要来自本区域内农村。城邑内部耕地有限,粮食的摄取只能从城邑以外的"野"获取。扣除本身的需求外,"野"剩余的粮食总量就决定了城市所能维持的人数。于是,农村的余粮率,即农村自我消耗所剩余的粮食占粮食总量的比重,一来可以决定一个国家城市的上限,二来可以决定城市人口的比重,也就是集中或分散的情况。① "野"以农业为主,兼营畜牧业、养殖业和纺织业,"国"以手工业和商业为主。"野"向"国"供奉粮食和劳务;"国"向"野"提供手工业。通过赋税和商人的交易,各取所需。受外部环境的变化,发展城市人口的政策也随之转变。

(一)战争的考虑

战争对人口的损耗非常明显,也促使国家有动力发展人口。国家数量因为战争而逐渐减少,春秋战国时期,有晋国、齐国、楚国、越国四个大国。公元前 453 年,魏、赵、韩三家分晋后,逐渐形成了齐、楚、秦、燕、赵、魏、韩、越等八个大国和宋、鲁等十几个小国。从国家争霸的立场出发,执行人口增殖政策,首推越王勾践。勾践的人口增殖措施主要采用从物质激励和法律处罚入手,规定男子和女子婚娶的最低年限,超过了年限后惩罚其父母;规定生育男孩国家奖励狗和酒,生育女孩奖励猪和酒,并规定多生育的给予免除一定的劳役和赋税。勾践卧薪尝胆,十年生育人口、十年发展经济,终于成为春秋后期的最后一位霸主。

(二)社会生产的角度

人口作为城市经济发展的最主要因素,先秦就有了"有人此有土,有土此有财"②的认识。《周礼》有专门负责人口的统计、户籍的登记的官吏——小司徒,把整理好的户数、人口、年龄、六畜等家庭的详细信息交给各个乡的长官。乡是先秦时期治理地方的行政单位(往往是城邑的组成部分),政府掌握人口信息后,财政收入和徭役负担也就有了保障。在诸侯争霸时期,军事实力是国家和城市的重要保障,《周礼》明确规划了城

---

① 赵冈:《中国城市发展史论集》,新星出版社 2006 年版,第 8 页。
② 《礼记·大学》。鲁同群:《礼记》,凤凰出版社 2011 年版,

市规模和军事力量之间的比例,城市内部的人口就地服兵役,既便于耕种土地、生产粮食又便于防御城市。《周礼·载师》提出了"军距人"理念,就是以距离王城的里程作为划分的标准,由当地所管辖的户数直接组建军队,"平时耕种,战时入伍"。具体来讲,距离王城五十里内,由王城负责防御;五十里至一百里为远郊,按照区域设置六乡,每乡设置一军,六乡为六军,每户出一人;一至二百里为甸,也按照区域内设置六遂,一遂建立一副军,六遂共六副军,每户出一人。国家对人口登记后,掌握了人口的资源,也掌握了军队兵力的来源。七口之家,六口之家,五口之家均出一人服兵役。① 巫宝三认为,每户分为户长和余夫,根据战争的性质划分服役人数。可见,若有田猎,追胥,对每个家庭来说,也是半数以上的人都要服役,负担是够繁重的了。②

墨子从发展社会生产的角度,从"人与地"比例失调来分析增加人口的重要性。先秦时期战争不断,对人口造成了极大的摧残,墨子认识到"然土地者,所有余也。王民,所不足也"③提出人口增殖的举措:提倡早婚、禁止蓄私、短丧薄葬、减轻赋税和停止战争。

商鞅的"吸引徕民"。城市人口受到城乡人口基数的制约,而商鞅的人口增殖措施突破了这一约束,采用"招募徕民"的措施发展人口。商鞅是耕战论的提出者和推行者,认识到了人口对农业和军事的重要作用。商鞅采用吸引他国人口的手段一方面可以降低他国的人口数量、削弱其国家实力,另一方面可以增加秦国本身的劳动力数量,增加本国的实力,达到"一石二鸟"的效果。商鞅指出了秦国"地广而民少,地胜其民"④的现实情况,认为国家面积中,都邑溪道占据十分之一、恶田占据十分之二、良田占据十分之四、山陵占十分之一、籔泽占十分之一、流水山谷占十分之一,耕地和人口之间比例失衡。商鞅通过招募徕民的方式解决人地失衡。

---

① 根据《大司马》对兵役的规定:"凡令赋,以地与民制之,上地……其民可用者家三人;中地……其民可用者二家五人;下地……其民可用者家二人。"
② 巫宝三:《先秦经济思想史》,中国社会科学出版社1996年版,第138页。
③ 见方勇译注:《墨子·非攻中》,中华书局2011年版,第156—166页。
④ 见石磊译注:《商君书·算地》,中华书局2011年版,第56—68页。

招募的徕民不分行业,"谈说之士,资在于口;处士,资在于意;勇士,资在于气;技艺之士,资在于手;商贾之士,资在于身。"[1]不同行业的徕民根据所拥有的资本与技术,给以激励。其举措是"今利其田宅,复之三世。此必其所欲,而不使行其所恶也"[2]。通过给予徕民三代的田宅政策招募徕民。

第四节 国家治理思想与城市产业确定

城内人口主要分为两类:大夫与平民。居住地也有相应的划分标准;士大夫所居为里,《管子·小匡》"每里五十家"。1972 年山东出土竹简中记载"五十家而为里",也验证了《管子》的数字。

一、郡县制下的城市等级发展思想

(一)郡、县的产生与郡县制的形成

东周时期,县经历了县鄙之县、县邑之县、郡县之县的演变。县鄙之县,在这个意义上,县与鄙相同,国以外的地域为野、为鄙、为县,三者同义。[3] 春秋时期,与国对立的地域可以称为鄙,也可称为县。《国语·楚语》也说:"国有都鄙,古之制也。"韦昭注云:"国,郊以内也;鄙,郊以外也"。[4] 县邑之县,是指地域、方向而言。童书业认为"小邑或谓之鄙"[5]。李晓杰认为"鄙是指地域,文献上不可能有五鄙、十鄙这样的话"[6]。邑,可以理解为"聚会之所",面积可大可小,因此文献中有十家之邑、百家之邑、千家之邑。从行政单位的角度而言,春秋的县尚未形成,还保留着从"县邑"之县衍化而来的痕迹。[7] 郡

---

①　见石磊译注:《商君书·算地》,中华书局 2011 年版,第 56—68 页。

②　见石磊译注:《商君书·徕民》,中华书局 2011 年版,第 110—119 页。

③　周振鹤主编,李晓杰著:《中国行政区划通史(总论、先秦卷)》,复旦大学出版社 2009 年版,第 241 页。

④　周振鹤主编,李晓杰著:《中国行政区划通史(总论、先秦卷)》,复旦大学出版社 2009 年版,第 241 页。

⑤　童书业:《春秋左传研究》,中华书局 2006 年版,第 181 页。

⑥　周振鹤、李晓杰著:《中国行政区划通史(总论、先秦卷)》,复旦大学出版社 2009 年版,第 242 页。

⑦　周振鹤主编,李晓杰著:《中国行政区划通史(总论、先秦卷)》,复旦大学出版社 2009 年版,第 244 页。

县之县,是中央集权的侧面反映。主要由郡县之县的特点决定:(1)郡县之县是君王的直属领地。(2)郡县之县的长官由君王选派,不具备世袭性。(3)郡县之县的地域有限制,需要人为划分。(4)郡县之县有比较成熟的基层组织。从县鄙之县到县邑之县,再到郡县之县,由县鄙得县之名,由县邑得县之形,由县的长官不世袭得郡县之实,这或者可看成是县制成立的三部曲。① 春秋初年,县、邑处于同一时期。周振鹤认为,此时的县、邑重点是说明为自己领土的意思,而不是设置某个个别的县。县、邑则是说明领域的归属,而并非被设立。直到春秋中期,县邑从行政来看,也没有太大的区别。②

春秋各国对城邑的管理始于对县的管治。置县起源于楚国。周武王(公元前 740 年—公元前 690 年),灭子姓小国权,设立县,令楚国大夫斗缗管理。此为最早明确见于文献记载中的楚县,亦是春秋置县之首例。③此后,其他诸侯国也相继设县,晋国在公元前 537 年,《左传》昭公五年记载"韩赋七邑,皆成县也。……因其十家九县,长毂九百,其余四十县,遗守四千,奋其武怒,以报其大耻……"。周王室在王畿之内也设置了县,《左传》僖公二十五年(公元前 635 年),周天子把王畿内的"原"赐给了晋文公。

战国时期,周王室衰弱,诸侯国实力上升。三家分晋后,诸侯国为了增加实力,纷纷变革,建立更有效率的集权政体——郡县制。战国时期的县与春秋时期的县,在形式上有很大差异。春秋时期的县是从上而下(灭国为县),战国时期的县是从下而上(聚乡为县)。战国初期,出现了"城"和"县"的区别。《孙膑兵法·擒庞涓》记载:"平陵,其城小耳县大,人众甲兵盛,东阳战邑,难攻也。"这里的城,指的是有城郭的县中心。"县"则是指包括城市以及城外农村地区的整个县的地域。④

85

---

① 周振鹤主编,李晓杰著:《中国行政区划通史(总论、先秦卷)》,复旦大学出版社 2009 年版,第 250 页。

② 周振鹤主编,李晓杰著:《中国行政区划通史(总论、先秦卷)》,复旦大学出版社 2009 年版,第 245—251 页。

③ 周振鹤主编,李晓杰著:《中国行政区划通史(总论、先秦卷)》,复旦大学出版社 2009 年版,第 254 页。

④ 杨宽指出:"城"只是建有城郭的城市,"县"指整个县的管辖区域,包括城市和城市以外的广大农村。参见杨宽:《战国史》,上海人民出版社 1955 年版,第 230 页。

春秋后期,郡的设置还非常罕见,而到战国时期,郡的设置逐渐增加。鉴于郡大都设置在国之边界以及郡的长官称为"守"(取防守之义)来看,郡的军事防御目的十分明显。郡在对各诸侯、少数民族区域起到缓冲防御的作用。郡的起源则无具体表述。《左传·哀公二年》(公元前493年)晋国大夫赵简在讨伐中行氏和范氏时,为鼓舞士气,承诺"克敌者,上大夫受县,下大夫受郡",是迄今为止能见到的最早有关晋国设置郡的史料。顾炎武在《日知录》里表述的郡县的定义为:腹里繁华之地称为县,在边鄙之地称为郡,并非两者之间有通属关系。姚鼐也认为:"郡远而县近,县成聚富庶程度,而郡荒陋,故以美恶异等,而非郡与县相统属也。"[①]郡、县的划分主要根据距离与富庶,两者之间在刚开始也只是属地划分的不同称呼,而非隶属关系。

郡县制的起源,主要有先郡后县与先县后郡两种可能:

第一,先郡后县。郡的面积广大且经济落后,随着经济发展,郡逐渐繁荣,再分为县,郡县制就慢慢形成。

第二,先县后郡。郡设置在国境线附近,原本属于县的管辖地域,为了便于军事防御的需要,则在县之上设置郡。郡县制形成后,郡的设立仍旧在边境附近。即使到了战国末年,各国的腹地都还不设郡,县仍归中央所直辖。[②]商鞅变法,在秦国设置四十一县,都是在秦的腹地设置。而秦国统一后,四十一县属于内史地区。战国中期以后,郡下设县的情形非常普遍,《战国策》记载,代郡有三十六县,上谷郡有三十六县。

(二)城市发展与"礼制"破坏

西周,周天子把土地分封给有功的大臣,让大臣替自己管理。史载周族灭商后,共灭国99,服国652。[③] 相传周初先后分封了71个诸侯国,其中武王的兄弟15人,同姓40人。[④] 周天子把土地分给大夫,而大夫又把

---

① 姚鼐:《惜抱轩文集》卷2《郡县考》,中国书店出版社1991年版。
② 周振鹤主编,李晓杰著:《中国行政区划通史(总论、先秦卷)》,复旦大学出版社2009年版,第409页。
③ 巫宝三:《先秦经济思想史》,中国社会科学出版社1996年版,第30页。
④ 叶世昌:《古代中国经济思想史》,复旦大学出版社2003年版,第11页。

土地分给家臣及后代,这种层层分封的方式,匹配相对的权利和责任。在郡县制以前,由于中央集权国家的体制尚未形成,中央与地方之间没有直接的行政关系,对地方的管理通过层层分封的制度来实现,因此将这一制度称为封建制。①

西周时期,诸侯名义上臣服周天子,具有定期朝觐、领兵出征、纳贡的义务,但周天子对分封诸侯的控制比较有限,诸侯在领土内具有相当大的权力。诸侯国和王畿普遍存在"国"与"野"。西周时期,所谓"国",依照传统的观点,即是城;②"野"则是指国之外的其他地区。在国与野内,还存在另外一种居住形态"里"。里是指居住区,并有自己的首长,称为里君。③ 等级制度产生自周代,在天子与诸侯间,诸侯与大夫、士之间,官与民之间形成严格的等级差异,以保证政治体制的秩序。

分封制时期的城邑等级体现如下:

王畿(天子之城)
国(诸侯之城)
都(有宗庙的邑)
邑(人口聚集地)

初期的城市,职能各不相同。周天子所在地王畿,具有典型的消费职能和威慑职能。王畿的物品来自王畿内居民的赋税和诸侯国的供奉,供奉的物品对王畿而言成本极低,商品流入后而不流出,使城市不具有流通性和生产性。王畿范围内的人民负责周天子的劳役和粮食等基础物品,诸侯国供奉的是本地的特产。春秋时期,王畿的没落表现在

---

① 周振鹤主编,李晓杰著:《中国行政区划通史(总论、先秦卷)》,复旦大学出版社 2009 年版,第 20 页。

② 周振鹤主编,李晓杰著:《中国行政区划通史(总论、先秦卷)》,复旦大学出版社 2009 年版,第 239 页。

③ 《左传·庄公二十八年》记载"凡邑有宗庙先君之主曰都,无曰邑,邑曰筑,都曰城"。见(春秋)左丘明:《左传》,李梦生注释,凤凰出版社 2008 年版,第 97 页。

两个方面:第一,城市规模小、没有形成持续发展的动力。周代都城没有可以持续发展的经济性,单纯地依靠诸侯与王畿人民的供奉,难以形成长久发展的机制。第二,都城政治性延续而经济性停滞。作为一个消费而非商品、手工业品的流通场所,导致供奉的物品在达到王畿内就停滞。

诸侯国的城邑既充当替周天子治理地方的功能,又有发展经济的需要。城邑集消费、生产和流通职能于一体。经济性与政治性相结合,导致以城市为中心的诸侯国的实力扩大,产生诸侯争霸的格局。诸侯实力的强大与天子权威的衰弱,"礼崩乐坏"的局面随之出现,"礼制"遭到破坏,体现在两个方面:

1. 擅自营造新城

西周时期,城邑的营建和修缮要符合礼法。诸侯实行分封授予,建城等于建国,城邑的数量和布局受到分封制度下宗法的制约。随着周王室的衰落,周王朝已经无力约束违规建制的事实。诸侯国按照自己的要求和实力,营建新城,如春秋时期鲁国共修建有中丘、祝丘、平阳、武城等十九座新城。新城的修建打破了原有的营国建城的体制束缚,也改变了诸侯国现有的城邑布局。

2. 擅自扩大城市规模

从居住城市范围来划分政治与经济地位,凡有破坏"礼制",都称为"害"。《左传》隐公元年郑蔡仲献郑庄公曰"都城过百雉,国之害也。先王之制,大都不过三国之一,中五之一,小九之一。今京不度,非礼也,居将不堪"。城市规模与政治地位相互匹配。从上到下分为王城、公城、侯伯城、子男城。城市规模与官职对应,王城方九里、公城方七里、侯伯城方五里、子男城方三里。① 城市规模中隐含着严格的等级制度,不可逾越。从下表可以看出城市的规模与所授予的爵位互相匹配,王、公、

① 《左传·隐公元年》:"先王之制,大都不过三国之一,中五之一,小九之一。"《正文》也记载:"天子之城方九里,诸侯礼当降杀,则知公七里,侯伯五里,子男三里"。《逸周书》也记载:"大县之城方王城三之一,小县之城方王城九之一。"(春秋)左丘明:《左传》,李梦生注释,凤凰出版社2008年版,第3页。

侯伯、子男所居住的城邑范围也决定了他们所享有的权益。[①]

表1-3 西周城市等级与规模

级别	封国	城市土地规模（方里）
1	王城方九里	81
2	公城方七里	49
3	侯伯城方五里	25
4	子男城方三里	9

资料来源：《左传·隐公元年》《逸周书》《正文》。

另外，从用地规模上来讲，王城的范围要大到地方城市不具备与之抗衡的规模，采用美国地理学家 G.K.兹夫（G.K.Zipf）的等级计算规模法则：$P_r = P_1/R^Q$ 其中，R 表示等级，P_1 表示首位城市的城市规模，P_r 表示相应的城市用地规模，列出西周城市等级与用地规模的关系。

表1-4 西周城市等级与规模关系表

R（等级）	P_1（王城规模）	P_r（R级城市规模）	Q（系数）
2	81	49	0.72514
3	81	25	1.07005
4	81	9	1.58496

资料来源：《左传·隐公元年》《逸周书》《正文》。

王城的规模，是分封诸侯城规模的倍数，经济实力和军事实力，也是地方诸侯的倍数。除2级城市规模的Q值小于1外，其余城市规模的Q值都大于1，说明我国早期城市体系中，首位城市（王城）的用地规模占绝对优势地位。[②] 经济发展，导致城邑人口数量增加，原有的城邑规模限制了人口和经济的发展，导致扩修和新建城邑最终突破了"礼仪"的限制，这是先秦时期礼仪破坏的根本体现。

---

① 《周礼·春官·典命》：上公九命为伯，其国家、宫室、车旗、衣服、礼仪，皆以九为节；侯伯七命，以七为节；子男五命，以五为节。公之城盖方九里，宫方九百步；侯伯之城方七里，宫方七百步；子男之城方五里，宫方五百步。（清）孙诒让撰，王文锦、陈玉霞点校：《周礼·正义》，中华书局1987年版。
② 顾朝林：《中国城镇体系——历史·现状·展望》，商务印书馆1996年版，第31—32页。

春秋时期,随着诸侯国城市经济的发展和人口的增加,城市原有规模已经不能适应消费和生产的需要,导致规模扩大。先秦时期城市数量伴随着诸侯国的数量而变化,《吕氏春秋》记载"周之所封四百余国,服国八百余",而到春秋时期仅存170个。《春秋大事表·都邑》记载,周王有城邑四十,晋七十一、鲁四十、齐三十八、郑三十一、宋二十一、卫十八、莒十三、越十一、徐十、邾九、秦七、吴七、许六、陈四、蔡四、纪四、庸三、虞二、虢二、糜一,以上二十一个诸侯国城邑总数达到351个。春秋的城邑,分为三个层次:天子所在的王城、诸侯的都城、宗室大夫的都邑。战国时期,各诸侯国数量虽然减少,但城邑的总量却增多。"天下分而为七",各国分别拥有几十至上百城邑。齐国120城[①],魏国50—60城,战国七雄共拥有500多城邑,符合李济教授的估计之数。[②] 城市数量的增多没有限制城市的规模,结合考古发现,赵冈(2006)列出了周代的46个城市名称与面积,具体见表1-5:

表1-5 周代的46个城市的名称与面积

	古城名	编号	面积(平方公里)
6平方公里及以上	洛邑王城	1	11
	固始古城	18	11.1
	安邑	28	15
	邯郸	46	15
	燕下都	49	32
	灵寿	50	18
	临淄	55	16
	薛城	56	10
	郢都	62	15
	新郑	7	8
	上蔡	15	6.8
	雍城	23	9
	曲沃	38	8
	曲阜	59	8.4

[①] 张鸿雁:《春秋战国城市经济发展史论》,辽宁大学出版社1988年版,第224页。

[②] 李济估计周代城邑585个。见赵冈:《中国城市发展史论集》,新星出版社2006年版,第56—57页。

续表

	古城名	编号	面积(平方公里)
2—6平方公里	荥城	4	3
	黄国古城	21	2.8
	栎阳	24	4
	临汾	31	4
	新田牛村古城	32	2.4
	晋阳	40	4
	邴	58	4
	鄢	61	2.3
	邗城	67	2.7
2平方公里以下	阳城	3	1.4
	滑城	5	1.9
	共城	6	1.6
	鄢城	8	1.4
	州城	9	1.4
	邢丘	10	1
	不羹城	12	1.9
	析城	13	0.3
	曲洧	16	0.4
	期思	17	0.8
	商水古城	20	0.4
	楚都古城	22	0.7
	魏城	29	1.3
	华仓城	26	0.8
	清原城	30	1
	洪洞古城	39	0.8
	绛	42	0.6
	午汲古城	45	0.7
	唐县古城	47	0.6
	怀来古城	48	1.5
	房山古城	51	1.1
	元氏	53	1.2
	藤城	57	1.5

资料来源：赵冈：《中国城市发展史论集》，新星出版社 2006 年版，第 54—55 页。

　　《周礼》构建了国家收入的基本框架，以此保证国家的财政收入。

1. 人口赋税

《周礼》把天下以豫州为中心,分封给各诸侯。王畿内的人民,天子具有专属权。《周礼·闾师》记载,天子直接向王畿内的人民征收的赋税和劳役共有九种。王畿以外分封到各地诸侯的人民,天子和诸侯则具有共享权。《大宰》记载九贡:"以九贡致邦国之用,一曰祀贡,二曰嫔贡,三曰器贡,四曰币贡,五曰材贡,六曰货贡,七曰服贡,八曰斿贡,九曰物贡。"天子向诸侯征收九贡,而人民最终承担了各种赋税。然后再按照一定的比例"食者半""三分之一""四分之一"等,即天子与诸侯分享从农民那里剥削来的租税。①

2. 土地赋税

《周礼》中记载的土地赋税有两类:一类是根据土地与王城距离的远近,征收九种赋税。《大宰》记载九赋,"以九赋敛财贿:一曰邦中之赋,二曰四郊之赋,三曰邦甸之赋,四曰家削之赋,五曰邦县之赋,六曰邦都之赋,七曰关市之赋,八曰山泽之赋,九曰币馀之赋。"②另一类是根据"因地制宜"的标准确定税率。《周礼·载师》规定:"国宅无征,园廛二十而一,近郊十一,远郊二十而三,甸、稍、县、都皆无过十二,唯其漆林之征,二十而五,凡宅不毛者,有里布。凡田不耕者,出屋粟,凡无职事者出夫家之征。"(1)所有土地都要征税。住宅、园圃等也纳入了征收的范围。(2)税率有别。税率与王城的距离远近成比例,距离越远,税率越重。二十而一、十一、二十而三、十二、二十而五,距离王城越远,税率也越重。究其原因,距离王城越近,除了要征税土地税外,还要征收劳役赋。征收劳役会"有违农时",在税率上给予一定的补偿。这一主张与另外一位儒学大师荀子相近,"相地而衰征。理道之远近而致贡。"(《荀子·王制》)

二、"市场"的经济管理思想

"市"经历了从临时的"市"向固定的"市"转变过程。《周易·系辞

---

① 巫宝三:《先秦经济思想史》,中国社会科学出版社 1996 年版,第 134 页。

② 《周礼·大宰》。(清)孙诒让撰,王文锦、陈玉霞点校:《周礼·正义》,中华书局 1987年版。

下》说神农氏时期，就已经有了临时的市；"日中为市，致天下之民，聚天下之货，交易而得，各得其所"。当时的市具有以下特点：第一，"市"的主要功能是交易，交易的时间为中午。临时的市，是诸侯会同或征伐所设立的市集，大都为了诸侯会师或者战争而用。商品的价格是由政府指派的贾师制定，因市场交易中没有可参考的价格标准，所以"贾师"的估价为双方的交易提供了交换标准。凡师旅征伐均须随带"市司"及"贾师"等以便在各地临时立市。[①] 第二，市具有随机性。临时的市，只是暂时的为满足生活和交换组建的交易场所。

农业和手工工艺的发展，水陆交通的开发，使得商业获得的空前发展，都城和王城内已经形成了固定的市。固定的市，顾名思义，具有固定的交易场所和交易时间的集市。商业城市已经显现，齐国滨海，有鱼盐之利，还有发达的丝织业，为商业贩运造成有利条件，因而四方商贾云集。[②]"人物归之，繦至而辐凑"，被称为"冠带衣履天下"。[③]《周礼·考工记》记载"匠人营国，方九里，旁三门，国中九经，九纬，经涂九轨，左祖右社，面朝后市，市朝一夫"。王宫是城中心的所在地，集市也处于城中央。城中央，具有地域上的便利性，无论从哪个方向进入城，都可以很便利地找到"集市"。为了方便交易，还有不同交易时间的"市"，"大市日晨而市，百姓为主；朝市朝时而市，商贾为主；夕市夕时而市，贩夫贩妇为主"[④]。固定的市，除了在城内有，也在交通要道设置。《遗人》记载："凡国野之道……五十里有市。"时间和地点的固定，是为了更便利地对"市"进行管理，《周礼》体现了十分先进的市场经营理念：第一，对交易物的管理。作为市场上的交易物品，《周礼》进行了详细的规定，"圭璧金璋，不粥于市。命服命车，不粥于市。宗庙之器，不粥于市。牺牲不粥于市。戎器不粥于市。"与礼仪、祭祀、武器相关的物品，会影响到城邑的安全和国家的制度，

93

---

① 胡寄窗：《中国经济思想史》（上），上海财经大学出版社1998年版，第37页。
② 巫宝三：《先秦经济思想史》，中国社会科学出版社1996年版，第156页。
③ （汉）司马迁：《史记》，中华书局2014年版，第751页。
④ 《周礼》卷十四。（清）孙诒让撰，王文锦、陈玉霞点校：《周礼·正义》，中华书局1987年版。

理应禁止。交易物的质量会影响市场的价格和物品的数量,《周礼》对此也严格管治。① 第二,对交易物价的控制。"贾师"是管理商品物价的官员,贾师的人数视市场上商户的多少而定,每一贾师管二十个商户。②

三、礼仪制度与产业规制思想

城市等级主要体现在城市的规格、规划、规模中。目的是从居住环境中彰显出各类人群的社会和权力地位,在王、侯、士大夫、官吏、民之间,体现出严格的等级差异。这种等级体系与城市产业规制密切相关。

《礼记》是儒家的经典著作。在贵族子弟的学习的六艺(礼、乐、射、御、书、数)中,礼为第一。《礼仪》今存 17 篇,介绍了设置礼的目的和行为规范,"夫礼者。所有定亲疏,决嫌疑,别同异,明是非也"③。明辨是非、求同存异是设置的目标,而没有"礼"则上至君臣父子、国家治理,下至日常行为、道德仁义,不复存在。

按照《礼记·王制》的布局,九州共有 1983 个城邑。春秋以前还没有"城市",因而也自然不会有"城市"的概念,无论多么大的居民区,均可称为邑,邑本身也是城或都的代名词。④ 在城邑时期,按照所管辖的空间地域已划分了城邑的等级。春秋时期,随着规模的扩大,城邑演化为城市,也继承了等级差异。

表 1-6 《礼记·王制》下的城邑数量

天下			
州(个)		天子之县(个)	
百里之国	30	百里之国	9

---

① 《礼记·王制》记载有用器不中度,不粥于市。兵车不中度,不粥于市。布帛精粗不中数,幅广狭不中量,不粥于市。奸色乱正色,不粥于市。锦文珠玉成器,不粥于市。衣服饮食,不粥于市。五谷不时,果实未熟,不粥于市。木不中伐,不粥于市。禽兽鱼鳖不中杀,不粥于市。鲁同群:《礼记》,凤凰出版社 2011 年版。
② 赵靖:《中国经济思想通史》(第 1 卷),北京大学出版社 2002 年版,第 382 页。
③ 鲁同群:《礼记》,凤凰出版社 2011 年版,第 2 页。
④ 张鸿雁:《春秋战国城市经济发展史论》,辽宁大学出版社 1988 年版,第 35 页。

续表

天下			
州（个）		天子之县（个）	
七十里之国	60	七十里之国	21
五十里之国	120	五十里之国	63
九州①合计	1890	合计	93
天下总计	1983		

资料来源：《礼记·王制》。

　　"礼"成为约束城市等级的集中体现。王公之城，侯伯之城，子男之城，在规模、建筑的高度、道路的数量、城门的数量和城墙的高度都不能"僭越"。"王宫门阿之制五雉，宫隅之制七雉，城隅之制九雉。"②雉是当时的一种城墙的计量单位，长三丈高一丈为一雉，道路的规定则是以"轨制"作为标准，"经涂九轨，环涂七轨，野涂五轨"③，经涂、环涂、野涂，分别表示不同地域规模的道路宽度。有人计算，"经纬涂"九轨约合十五米宽，"环涂"七轨约十一点五米，"野涂"市郊五轨约合八点五米宽，当时车的轨迹大都是一点八米宽，可见道路是较宽敞的。④

　　城市规模显示出领主的身份，也代表相应的权益与义务。"礼制"限制了城市的规模，维持着等级体系，也宣告了地方诸侯无力对抗天子。

（一）城市规划与管辖地域

　　当时的城市主要有"都""邑""城"。周公……乃作大邑城于中土。城方千七百二十丈，郛方骑士里。南系于洛水，北因于郏山，以为天下之大凑。制郊甸方六百里。国西土为方千里，分为百县，县有四郡，郡有四鄙。大县城方王城三之一，小县立城，方王城九之一。都鄙不过百室，以

---

　　①　九州指：豫州、兖州、青州、徐州、冀州、雍州、扬州、荆州、梁州。

　　②　《周礼·考工记·匠人营国第六》。（清）孙诒让撰，王文锦、陈玉霞点校：《周礼·正义》，中华书局1987年版。

　　③　《周礼·考工记·匠人营国第六》。（清）孙诒让撰，王文锦、陈玉霞点校：《周礼·正义》，中华书局1987年版。

　　④　张鸿雁：《简述春秋战国城市管理》，《安徽史学》1986年第3期，第8—12页。

便野事。①　王城方九里，长五百四十雉。公城方七里，长四百二十雉。侯伯城方五里，长三百雉。王畿的管辖范围要高于其他诸侯王的侯城，大县和小县分别为王城的三分之一和九分之一。周天子分封各诸侯，各诸侯王也分封给子孙或亲信，新建城邑。

（二）宗庙与城市等级

宗庙是地位和身份的象征，从规模和装饰上也体现等级差异。《春秋·左传·鲁庄公二十八年》"凡邑，有宗庙先君之主曰都，无曰邑。邑曰筑，都曰城。"可见，都的地位高于邑。《礼记·王制》曰"天子七庙，三昭三穆，与太祖之庙而七。诸侯五庙，二昭二穆，与太祖之庙而五。大夫三庙，一昭一穆，与太祖之庙而三。士一庙。庶人祭于寝"。规模上，天子、诸侯、大夫、士、庶人等有严格的宗庙等级，分别为七、五、三、一、无。《礼记·明堂位》也描述了天子之庙的装饰品，"山节、藻棁、复庙、重檐、刮楹、达乡、反坫、出尊、崇坫、康圭、疏屏，天子之庙饰也"。

（三）宅居

不同等级的人在门、堂的长度、高度上有很大差异。从门堂的高度看，"天子堂高九尺，诸侯七尺，大夫五尺，士三尺"②。从堂宽度来看，也存在差异，"天子之堂广九雉，公、侯堂广七雉，伯、子、男堂广五雉"③。等级思想下，城市建立在政治权力的基础上。城市中普遍有公共设施的城墙、道路、宫室、宗庙、宅居和交易的市场。《管子》一书中介绍了基本的治国原则，明确规定衣食住行葬等环节上的等级差异。"度爵而制服，量禄而用财，饮食有量，衣服有制，宫室有度，六畜人徒有数，舟车陈器有禁。生则有轩冕、服位、谷禄、田宅之分：死则有棺椁、绞衾、圹之度。虽有贤身贵体，毋其爵不敢服其服；虽有富家多资，毋其禄不敢用其财。"④

①　《逸周书·作洛解》，文渊阁《四库全书》电子版。转引自傅熹年：《中国古代建筑工程管理和建筑等级制度研究》，中国建筑工业出版社2012年版，第81页。

②　鲁同群：《礼记》，凤凰出版社2011年版，第111页。

③　《尚书大传》。见伏胜、郑玄注，陈寿祺辑校：《尚书大传》，商务印书馆1937年版。

④　（春秋）管仲撰：《管子》，吴文涛、张善良编著，北京燕山出版社2009年版，第25页。

先秦时期，交通业发展缓慢，城市的半径局限在"日中而市"的范围。"市"入"城"后，提高了城畿内物品的流通速度，带动城市经济的发展、促进了城市产业的分工。城畿以外的区域，其作用在下降。随着交通网络修建，城市和乡村的联系开始产生。因受空间地域的限制，经济思想更多讨论的是经济发展方式，不违农时、减轻赋税、增加劳动力，增加粮食生产，扩大耕地面积，保护商人等。

诸侯国采用多种手段发展经济，各学派提出发展国家（城市）的经济政策（思想），古代城市经济（产业）发展思想由此诞生。"工商食官"破产后，自由放任与政府管制的城市经济思想一直并存且影响整个古代城市经济（产业）发展史。

管仲的"四民分业定居"提出后，城市产业理论随之诞生。从四民所占的比例看，城市手工业和商业与农业一起构成了基础产业。"士、农、工商"三个结构，呈现金字塔式的发展，农业处于最底层、工商处于最顶层、士处在中间层，这种产业结构决定了以农业为重心。商鞅捕捉到了这一现状，提出"耕战论"的发展政策，带动秦国经济的发展。"工商食官"瓦解后，官营手工业则成为城市手工业组织的主体，从财富的产生来源看，主要来自农业。

从农工商并重到"耕战论"思想，再到韩非的"农本工商末"思想，确立了城市产业发展理论。受外部市场和空间范围的制约，手工业的单一性和商业都受制于城市农业的发展，导致先秦时期城市经济的发展必须以农业为主。"农本工商末"的思想成为当时社会发展的主流理论，为了发展城市经济，必须要发挥城市各产业的作用，才能"农工商交易之路通"。

"工商食官"解体后，官府仍有极大的权力干涉商业和手工业者的生产经营。政府管制思想主要体现在：第一，官办手工业成为主体，政府对市场交易地点、交易物品、交易价格的管制。第二，"资源导向式"的城市产业发展思想开始显现，体现在利用城市资源思想、城市基础设施建设和规划思想。第三，人口成为城市繁荣、国家富强的重要体现，产生吸引徕民的政策思想。

97

先秦时期,城市经济(产业)发展思想处于萌芽阶段,政府管制思想(政策拉动式)和自由发展(经济需要)思想都很不完善,但仍拉开了古代城市经济(产业)发展的序幕。大城市的生产具有比较优势,交易半径通过商人扩大,形成需求指向型和供给指向型并存的局面。中小城市,具有需求指向型成分更多。

中央集权下的郡县制度,成为政府管制思想的基础。天子之城、王城、子男城的规模受到严格的限制,街道的宽度、围墙的高度、地域面积及人口的数量都有严格的约束。各分封城对天子城有贡赋的义务,逐渐形成天子城单纯的消费性和分封城的生产性和流通性功能,结果是天子之城的规模不变,而分封之城的规模发展,导致在城市规模上率先反映出"礼崩乐坏"。

第二章　城市产业思想的转变：从个体向"组织"的转化

　　城市是社会的缩影，受到历史特征影响。秦至唐，是我国民族融合、经济发展、文化繁荣的阶段，具有统一、分裂、统一的特征，构建了中央集权的基础和特征。中国古代城市两次大发展并基本定型正是在这样一个具有广博涵容性的社会背景上展开的。[①]

　　秦汉时期，新兴地主阶级取得政权，推动了重农生产方式的稳步发展，确立了地主和农民之间的生产关系。汉初，经过分封制和郡县制的博弈，中央集权式的治理模式最终确立。国家统一与外来民族的争斗使发展经济成为化解矛盾的手段，国家专营促进了城市商业的发展，官营手工业依靠自然资源和交通设施逐渐繁荣，城市空间范围的扩大和城市产业的发展相得益彰。汉初的经济措施和思想，为后世发展城市产业提供了借鉴。经过短暂恢复后，城市产业的发展达到新高度，诞生了古代城市经济发展思想的第一个高峰。

　　魏晋南北朝时期，国家陷入长期战乱，近四百年割据战乱成为古代历史上最长的分裂时期。这种局面导致国家经济发展缓慢，影响城市经济的发展速度，但也蕴含了古代城市经济发展的积极因素。

　　第一，国家治理体系的扩散。中央集权式的国家治理体系扩大，生产关系在中原地区取得绝对支配地位后向东南沿海、西南边境和长江以南地区扩散。

　　第二，人口的南迁。从东晋到南朝约二百年间，北方人口南迁的趋势

---

① 戴均良：《中国城市发展史》，黑龙江人民出版社 1992 年版，第 116 页。

一直没有终止。① 这种长时间持续的人口迁徙,给江南地区的发展带来大量的劳动力、管理经验和资本,拉开了江南经济的发展序幕。

第三,郡县制与分封制并存。和平时期,郡县制下的城市作为国家政权统一的据点,具有维持统治、征收赋税的功能,城市的防御由国家负责。郡城服务都城、县城服务于郡城、都城;分裂时期,实行分封制与郡县制共同治理的制度,分封制下的城市实际上是本地区独立的"诸侯国"。此时的郡城、县城处于与都城竞争的地位,成为军事战争中的目标。

第四,城市产业思想:重农与重商并存。农业(城市农业)作为经济发展的基础产业,影响着城市的总体实力,而土地制度成为农业思想的重要组成部分,相继提出了屯田政策、占田制度、均田制度,出现了中国保存最完整的农书《齐民要术》。重本抑末的经济发展思想占据主流,但分裂时期各国为了扩充经济和军事实力,对城市商业和手工业采取相应相对缓和的发展政策,以刺激和恢复城市经济,壮大国家实力。

第五,新兴行业得以发展。宗教业的引入利用国家的统治,而寺庙经济成为城市产业中的组成部分,教育业和休闲娱乐业的发展成为古代经济繁荣的代表。

经过了四百多年的割据战乱,隋唐时期重现大一统局面,城市经济发展也达到了新高度。城市产业区位分工开始显现,农业退出城垣(城墙)外的空间区域,手工业、商业和贸易成为城墙(城垣)内的组成部分。伴随技术的发展而逐渐呈现出产业规模效应,行会经济和零星雇佣关系的出现,货币理论和对外交易的扩大,使城市经济出现另一个繁荣时期,也为宋元时期城市经济的辉煌提供了基础。

第一节　城市经济发展的政治保障: 中央集权制的确立

中央集权成为古代城市发展的主体表现。正如韦伯所说"中国的城

---

① 胡寄窗:《中国经济思想史》(中),上海财经大学出版社 1998 年版,第 234 页。

市与西方的城市有着根本的不同。在古代中国,以城郭为地域界限的城市虽然早就有了很大的发展,但是中国的城市一直处于中央集权和军队的控制之下,不像中世纪以后的欧洲城市在政治、法律和军事上享有很大的自治权"①。战国后期的统一战争,"攻城掠地""攻城以战,杀人盈城"使不少城市遭到了毁灭。秦统一后,秦始皇摧毁战略要地的堡垒和各诸侯国修建的城垣,下令六国的贵族、浩民迁徙到秦都洛阳和偏远地区。这使城市在地理上发生了一次变化,城市向边疆区域及秦岭—淮河以南、上古、渔阳、右北平、辽西、南越等地扩展。

一、分封与郡县的博弈

秦统一后,针对分封制和郡县制并存的局面,秦始皇采纳了李斯建议,采用郡县制。全国设三十六郡,后又添加南海、桂林、象、九原四郡,共计四十郡。郡下设县、县下设乡、乡下设亭,确立了集权治理体系。郡县制度在秦末战争中遭到破坏。西汉成立后,刘邦迫于政治压力对有功之臣分疆予土,分封"异姓王"和"同姓王",形成分封制和郡县制并存的局面。

表 2-1　秦末时期的分封诸侯王名称

秦末郡城				项羽所封诸侯王 (前 206 年)	
郡名	郡名	郡名	郡名	国别	国别
上郡	邯郸	会稽	闽中	西楚	翟
汉中	巨鹿	上谷	南海	汉	西魏
巴郡	太原	渔阳	九江	衡山	殷
蜀郡	上党	右北平	长沙	临江	河南
陇西	雁门	辽西	桂林	九江	韩
北地	代郡	辽东	象郡	临淄	常山

---

① ［德］马克思·韦伯:《摆脱现代社会两难困境》,王威海编著,辽海出版社 1999 年版,第 109 页。

秦末郡城				项羽所封诸侯王 （前 206 年）	
郡名	郡名	郡名	郡名	国别	国别
三川	南阳	淄博	九原	胶东	代
颍川	泗水	琅邪	东海	济北	郴
河东	云中	黔中	衡山	燕	
东郡	南郡	广阳	济北	辽东	
砀郡	薛郡	陈郡	河内	雍	
衡山	障郡	庐江		塞	

资料来源：谭其骧：《简明中国历史地图集·秦时期图说》《中国分省地图册》《史记·项羽本纪》《汉书·异姓诸侯王表》。

分封制下，公元前 206 年共有 20 个诸侯王。楚汉争霸过程中，刘邦同时实行分封制和郡县制。公元前 206 年，置渭南、河上和上三郡；公元前 205 年，置河南、河内、上党、太原等郡；公元前 202 年，置雁门、云中和代三郡。公元前 202 年，汉王朝对拥兵自重，以行割据之实的 7 个异姓王予以确认。汉王朝鉴于秦灭的原因，在用了七年消灭异姓王的同时，分封同姓王，具体见表 2-2。

表 2-2　西汉时期分封诸侯王的名称

高祖五年（前 202）郡国形式			高祖十二年（前 195）郡国形式		
异姓王	汉郡国名称（21）		同姓诸侯王国（10）	汉郡名称（15）	
韩	河上	太原	楚	内史	河内
赵	渭南	上党	齐	北地	河南
淮南	中地	河东	赵	陇西	南阳
楚	上郡	河内	代	汉中	南郡
梁	北地	河南	淮阳	巴郡	
燕	陇西	南阳	淮南	蜀郡	
长沙	汉中	南郡	吴	广汉	
	巴郡	东郡	燕	上郡	

续表

高祖五年（前202）郡国形式		高祖十二年（前195）郡国形式	
异姓王	汉郡国名称（21）	同姓诸侯王国（10）	汉郡名称（15）
	临淄　琅邪	长沙	云中
	济北　胶东	梁	上党
	蜀郡		河东

资料来源：肖爱玲：《西汉城市体系的空间演化》，商务印书馆2012年版，第36—38页。作者整理而得。

　　分封制和郡县制并存，是统治者个人意愿的表现，但忽视了分封制下的城市对国家集权的威胁。贾谊最先认识到这种潜在危机。贾谊（公元前200年—公元前168年），洛阳（今河南洛阳）人，是荀况的再传弟子，通晓儒家经典，成为以儒为主，综合各家学派的学者。18岁时，为郡守吴公所器重。汉文帝继位，征吴公为廷尉。经吴公的极力推荐，年仅21岁的贾谊升博士，成为当时年纪最小、才学最深的博士，深受汉文帝赏识，破格提为太中大夫。后来贾谊外调长沙王太傅，后又改任梁王太傅。公元前169年，梁王酒后坠马死，"谊自伤为傅无状，常哭泣"[1]，次年（公元前168年），忧伤而死。贾谊认为王国所统辖的城市数量过多、户口数量过大，具备了对抗中央政府的能力，而小国则因其力量有限，而会增加对中央的依赖程度。"……窃迹前事，大抵强者先反。淮阴王楚最强，则最先反……长沙乃才二万五千户耳，力不足以行逆，则少功而最完，势疏而最忠。"[2]贾谊认识到城市等级体系的重要作用，认为王国都城的规模增加，容易"尾大不掉，末大必折"。[3] 他提出了解决问题的原则；"众偐诸侯而少其力"，即在保持中央的权威下，不收回"一寸之地，一人之众"，而解决王国对中央的威胁。具体步骤是将王国分为若干小国，分封小国只接受中央政府的管辖，可以使"力少则易使以义；国小则亡邪心"[4]。贾谊利用

103

---

① （汉）班固撰：《汉书》，张传玺主编，三秦出版社2003年版，第908页。

② 吴云、李春台：《贾谊集校注》，天津古籍出版社2010年版，第39页。

③ （春秋）左丘明：《左传》，李梦生注释，凤凰出版社2008年版，第570页。

④ （汉）班固撰：《汉书》，张传玺主编，三秦出版社2003年版，第903页。

分封城市与城市等级相结合的特点,试图解决分封制下的城市对中央的威胁。

郡城、县城有明显的规模限制。只有保证都城的经济和军事规模,才能拥有对抗其他城市的实力。"天子之都长安,而以淮南东南边为奉地,弥道数千,不轻输致。郡或乃越诸侯而有免侯之地,于远方调均发征,又且必同。大国包小国为境,小国阔大国而为都。小大驳骤,远近无衰,天之诸侯封畔之无轻也,至无状也。"①贾谊从空间范围的角度讨论了都城、郡城、县城的规模,"古者天子地方千里,中之而为都,输将徭使,其远者不在五百里而至;公侯地百里,中之而为都,输将徭役,远者不在五十里而至。输将者不苦其劳,徭使者不伤其费。故远方人安其居,士民皆有欢乐其上,此天下之所以长久也"②。

董仲舒(公元前 179 年—公元前 104 年),广川人,指出城市的"教化大务"功能,其实质是通过在城市中设置学校,推行伦理等级制度。"夫仁、义、礼、智、信五常之道,王者所当修饬也;五者修饬,故受天之佑,而享鬼神之灵,德施于方外,延及群生也。……古者王者明于此,是故南面而治天下,莫不以教化为大务。立大学以教于国,设庠序以化于邑,渐民以仁。"③工业者和商人作为城市经济的主要带动者,其经营活动经常受到官吏的欺诈剥削,董仲舒提出不与争利、给予保护的思想主张。董仲舒在《天人策》中明确提出,"夫天亦有所分予……古之所予禄者,不食于力,不动于末,是以受大者不得取小,与天同意者也。……故受禄之家,食禄而已,不与民争业,然后利可均布,而民可家足。"又在《度制》中进一步阐释这一思想,"孔子曰:'君子不尽利以遗民。……故明圣者象天所为制度,使诸有大奉禄亦皆不得兼小利与民争利业,乃天理也。"针对州郡城市的行政官吏,董仲舒建议选择学校之官,茂才孝廉。"及仲舒对策,推明孔氏,抑黜百家,立学校之官,州郡举茂才孝廉,皆则(董)仲舒

104

---

① 吴云、李春台:《贾谊集校注》,天津古籍出版社 2010 年版,第 102 页。
② 吴云、李春台:《贾谊集校注》,天津古籍出版社 2010 年版,第 105 页。
③ (汉)班固撰:《汉书》,张传玺主编,三秦出版社 2003 年版,第 1035 页。

发之。"①

晁错(公元前 205 年—公元前 154 年)主张采用军事措施保证中央集权。文景时期,分封王国的势力逐渐增大、对中央具有极大的威胁。王城拥有独立的货币、司法、军事、行政等权力,王国所在的王城,具备了与都城竞争的实力。晁错认识到"今削之亦反,不削亦反,削之则反噬,不削之,其反迟,祸大"②。为了解决地方对中央的威胁,汉景帝采用晁错"削藩"的建议。"削藩"触动了王国的根本利益,引发"七国之乱",战乱平叛后,景帝乘机削减王国的分封范围,对诸侯国重新设置郡县。武帝推行"推恩令",进一步削减分封王国的领地,名为王国实为郡县,王城成为隶属中央集权统治下郡县,解决了地方对中央的威胁。从表 2-3 可以看出经过景帝、武帝的努力,削弱了王国实力,而汉郡区和拓展区的数量则基本稳定。

表 2-3　西汉郡级城市时空对比

(单位:个)

时　　间	诸侯王国区	汉郡区	拓展区	合　计
公元前 202 年	14	14		28
公元前 195 年	10	15		25
公元前 180 年	14	15		29
公元前 164 年	25	15		40
公元前 153 年	47	15		62
公元前 144 年	52	15		67
公元前 87 年	60	20	24	104
公元前 74 年	61	20	21	102
公元前 49 年	62	20	20	102
公元前 7 年	61	20	20	101

资料来源:肖爱玲:《西汉城市体系的空间演化》,商务印书馆 2012 年版,第 47—48 页。

---

① (汉)班固撰:《汉书》,张传玺主编,三秦出版社 2003 年版,第 1040 页。

② (汉)班固撰:《汉书》,张传玺主编,三秦出版社 2003 年版,第 741 页。

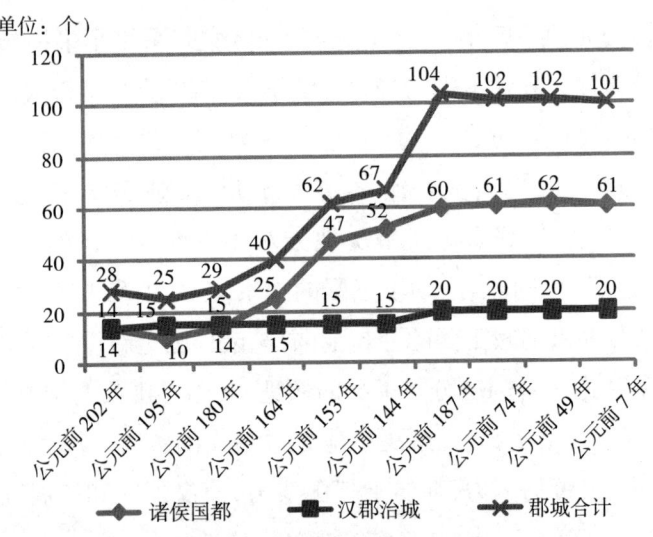

图 2-1　西汉郡级城市数量变化

资料来源:肖爱玲:《西汉城市体系的空间演化》,商务印书馆 2012 年版,第 45 页。作者整理而得。

106

　　从图 2-1 可以看出,郡级城市的数量,在武帝之前,平稳上升;武帝时期,郡级城市数量激增,从 42 个郡治城市增加到 85 个;武帝之后,基本稳定。从图 2-2 可以看出,武帝时期,县级城市的数量逐年增多。

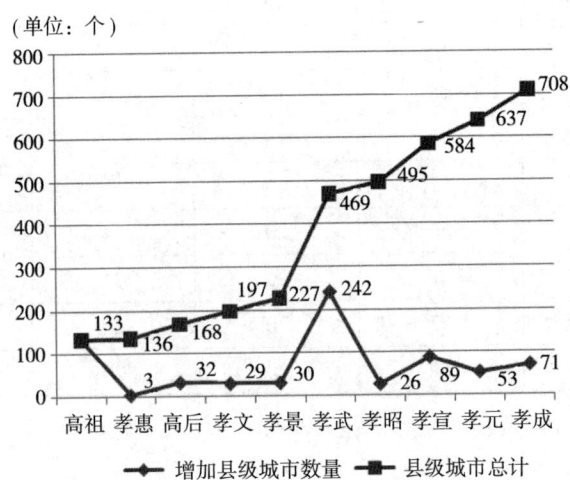

图 2-2　西汉县级城市数量

资料来源:肖爱玲:《西汉城市体系的空间演化》,商务印书馆 2012 年版,第 70 页。作者整理而得。

在城市等级制度下,城市经济也确立了发展的顺序。1.形成都城、郡城、县城的等级体系。先秦时期,郡县已经设立。秦汉后,在郡城、县城的基础上突出了都城的作用,形成了金字塔式的城市体系。2.宅居。"独尊儒术"后,礼制体系逐步确立,等级体系逐渐形成。按照官吏的等级,房屋的居住面积受到严格的控制,从宅居面积上来看,有着明确的法律规定。① 西汉时期,居住的典型标志为"一堂二内"②。宅作为最基本的居住单位,从图2-3可以看出,最高官吏侯的宅居面积为庶人的105倍。

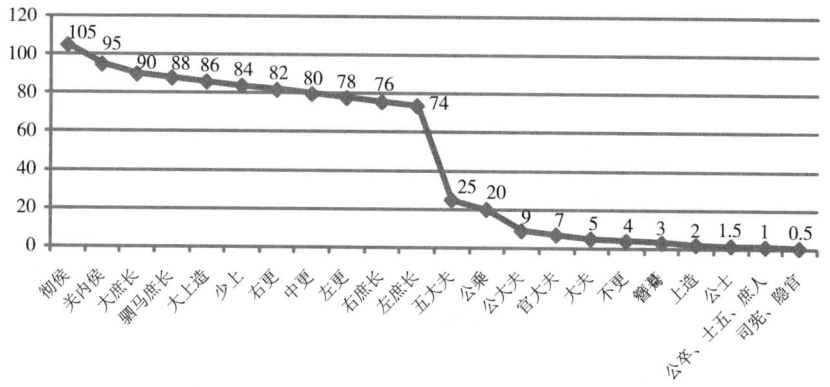

图2-3　西汉住宅用地等级

资料来源:《张家山汉墓竹简(二四七号墓):释文修订本》《二年律令·户律》简314—316,文物出版社2006年版,第52页。作者整理而得。

二、城市等级思想

公元前201年,刘邦下令"天下县邑城",在县级及以上城市修建城

① 《张家山汉墓竹简(二四七号墓):释文修订本》,《二年律令·户律》简314—316,文物出版社2006年版,第52页。"宅之大方三十步。彻侯受百五宅,关内侯九十五宅,大庶长九十宅;驷马庶长八十八宅,大上造宅八十六宅,少上八十四宅,右更八十二宅,中更八十宅,左更七十八宅,右庶长七十六宅,左庶长七十四宅;五大夫二十五宅,公乘二十宅;公大夫九宅,官大夫七宅,大夫五宅,不更四宅,簪袅三宅,上造二宅;公士一宅半宅,公卒、士五、庶人一宅,司宪、隐官半宅。"

② (汉)班固、范晔:《汉书·后汉书》,万卷出版公司2009年版,第171页。晁错在《治安疏》中写道:"营邑立城,制里割宅,正阡陌之界。先为筑室,家有一堂二内,门户之闭,置器物焉。"

池、政府行政机构和官员官邸,构建了一城一市的基本布局。郡、县城中有专门用来商业交易的市,对居住区(里)和商业区(市)实行分区治理,王充说到"人之游也,必欲入都,都多奇观也;入都必欲见市,市多异货也"①。县级政权设城市之中,而郡治则循战国例,设在本郡范围内较重要的某一县城之中,从而初步确立以政府所在城市为中心,以郡县城市为网络分布状的封建大一统的首都郡县制城市体系。② 京师、州郡城、县城的等级依据人口划分,既体现中央权威,也限制了城市规模。"京师者,何谓也? 千里之邑号也。京,大也。师,众也。天子所居,故以大众言之。"③汉朝实行都城、郡(国)城、县(邑、道、侯国)城三级城市体系。④ 大率十里一亭,亭有长。十亭一乡。县大率方百里,其民稠则减,稀则旷,乡、亭亦如此。皆亲制也。凡县、道、国、邑千五百八十七,乡六千六百二十二,亭两万九千六百三十五。⑤ 邑、乡、亭的设置,增加了城市空间密度。

108

表 2-4　西汉城市体系的空间分布

州名	西汉城市数	面积(万平方公里)	乡的数量	亭的数量	乡的密度(万平方公里/乡)	亭的密度(万平方公里/亭)	城市密度(万平方公里/城市)
司隶	132	15.566	553.932	2478.973	0.028	0.006	0.118
豫州	125	8.498	524.556	2347.513	0.016	0.004	0.068
冀州	129	6.460	541.342	2422.633	0.012	0.003	0.050
兖州	92	6.662	386.074	1727.769	0.017	0.004	0.072
徐州	132	8.560	553.932	2478.973	0.015	0.003	0.065
青州	125	5.560	524.556	2347.513	0.011	0.002	0.044

① (汉)王充:《论衡》卷一三《别通》,岳麓书社 2006 年版。
② 何一民:《中国城市史纲》,四川大学出版社 1994 年版,第 33 页。
③ (清)陈立:《白虎通疏证》上,中华书局 1994 年版,第 160 页。
④ 《汉书·地理志》平帝二年:"凡郡、国百三,县、邑、道、侯国千五百八十七"。东汉时期,郡县的数量下降,顺帝时:"凡郡、国百五,县、邑、道、侯国千一百八十。"见(汉)班固撰:《汉书》,张传玺主编,三秦出版社 2003 年版,第 608 页。
⑤ 《百官表》。转引自刘雨婷:《中国历代建筑典章制度》,同济大学出版社 2010 年版,第 148 页。

续表

州名	西汉城市数	面积（万平方公里）	乡的数量	亭的数量	乡的密度（万平方公里/乡）	亭的密度（万平方公里/亭）	城市密度（万平方公里/城市）
荆州	115	47.718	482.592	2159.712	0.099	0.022	0.415
扬州	93	52.247	390.270	1746.549	0.134	0.030	0.562
益州	128	87.671	537.146	2403.853	0.163	0.036	0.685
凉州	115	32.857	482.592	2159.712	0.068	0.015	0.286
并州	157	29.623	658.843	2948.476	0.045	0.010	0.189
幽州	180	43.269	755.361	3380.418	0.057	0.013	0.240
交州	55	50.000	230.805	1032.906	0.217	0.048	0.909
合计	1578	394.691	6622.000	27912.129	0.060	0.014	0.250

资料来源:作者整理而得。其中城市数量参考周长山:《汉代城市研究》,人民出版社2001年版,第16页。

城市按照等级划分地域,也确立"行政划分式"的资源分配方式。城市体系逐渐形成了都城、郡城(王国)、县城(侯国)的三级结构,导致城市成为政治中心,在本区域范围内具有优先发展的地位(见表2-5)。

109

表2-5 汉时期各级治理机构的人口、户数

庐		户数(户)	口数(五口一户)
五家	邻	5	25
五邻	里	25	125
四里	族	100	500
五族	党	500	2500
五党	州	2500	12500
五州	乡	12500	62500

资料来源:(汉)班固撰:《汉书·食货志》,张传玺主编,三秦出版社2003年版。

都城为帝王所在,都城也顺理成章地成为城市体系的主导。随着国家疆域面积的扩大,"中央—地方"关系演变为"都城—郡城—县城"的城市关系。交通设施的修建,逐步形成以都城为点、郡城为线、县城为面的城市网络。

统治层级的确立,在地方上形成了不同规模的城镇,城镇的规模和统

治的地域范围互相匹配。行政长官集行政权、司法权、财政权于一身,这种集权式的官吏依托城镇形成了权力中心,形成了中央和地方的权力制衡。为了解决权力制衡问题,城市等级思想的确立也就应运而生。

等级制度在秦汉后,继续发生作用。在城市思想中,等级制度的影响进一步显现,并与当时的治国理念相吻合,演化成城市等级思想。城市等级思想在秦汉时期加以明确,在城的建筑上,迎合了儒家礼制思想,逐渐在衣、食、住、行等各个方面也形成了一套按照儒家"三纲五常"思想为宗旨的礼仪传统。

贾谊"礼仪治国"的思想。贾谊生活的年代适逢西汉建立不久,内有分封诸王和郡县并立、分封诸侯国构成了对中央的挑战;外有中国与匈奴的对抗、"无为而治"在恢复生产的同时也带了田地兼并。贾谊看到了内忧外患的危机,"欲天下之治安"稳固西汉的统治。

如何才能"欲天下之治安",贾谊认为只有"礼仪治国"。他总结秦王朝灭亡的道理,认为打天下和守天下的不同,"取与守不同术"①,采用"打"天下的方式治理天下,势必不能长久。他以商鞅变法的案例说明了通过大刀阔斧的改革破坏旧体制,秦国取得天下,但统一后仍强化法制摒弃礼仪的做法,激化了矛盾,很快就灭亡。因此,要吸取秦王朝的教训,加强礼制。汉王朝建立以来,"遗风余俗,犹尚未改",必须改变秦王朝"置天下于法令刑罚"的做法,"置天下于仁义礼乐",才能"使天下回心而向道",根本上改变秦统治下形成的那种使社会解体的不良风气。② 这为设立等级制度提供了理论支持。③ 贾谊上书文帝,从理论上阐述礼制,认为

---

① 《新书·过秦中》。见《四库全书·贾谊新书》,胡玉缙撰,王欣夫辑:《四库全书总目提要补正》,中华书局 1964 年版,第 727 页。

② 赵靖:《中国经济思想通史》,北京大学出版社 2002 年版,第 519 页。

③ 贾谊《新书·卷一·服饰》。转引自傅熹年:《中国古代建筑工程管理和建筑等级制度研究》,中国建筑工业出版社 2011 年版,第 89 页。"服饰之道,取至适、至和以予民,至美、至神进之帝。奇服文章,以等上下而差贵贱。是以高下异则名号异,则权力异,则事势异,则旗章异,则符瑞异,则礼宠异,则秩禄异,则冠履异,则衣带异,则环佩异,则妻妾异,则泽厚异,则宫室异,则床席异,则器皿异,则饮食异,则祭祀异,则死丧异。故高则此品周高,下则此品周下。加人者品此临之,埤人者品此承之;迁则品此者进,绌则品此者损。贵周丰,贱周谦;贵贱有级,服位有等。等级既设,各处其检,人循其度。擅退则让,上僭则诛。建法以习之,设官以牧之。是以天下见其服而知贵贱,望其章而知其势,使人定其心,各着其目。"

定制(等级)可以使君君臣臣上下有差,而后有所持循矣。[①]

等级制度,小到衣服的装饰,大到居住的宅院、出行等都要体现贵贱、尊卑。在贾谊看来,设置礼仪等级"是以天下见其服而知贵贱,望其章而知其势,使人定其心,各着其目"。为了体现等级差异,单纯服饰差异并不能一劳永逸,须在日常生活中处处体现。设立堂的级别[②],可以体现君主权威,理顺天子与大臣、大臣与大臣之间、大臣与庶民之间的尊卑,才能"理势然也"。贾谊举出古之圣王的例子,认为都城内有公卿、大夫、士,维持治理;都城外有公、侯、伯、子男城之地,有官师与小吏,从都城到子男城,维持统治。成帝永始四年(公元前13年),诏曰,圣王明礼制以序尊卑,异车服以章有德,方今世俗奢僭罔极,靡有厌足,公顷列侯亲属近臣,四方所则,或乃奢侈逸豫,务广第宅,治园池,多蓄奴婢,被服绮縠,设钟鼓,备女乐,车服、嫁娶、葬埋过制,吏民慕效,浸以成俗,其申敕有司以渐禁止[③],在法律上确立了等级制度。

第二节 "政策拉动式"城市产业思想的发展

在国际贸易产生前,资源在各地区之间难以自由流动。"在这种情况下,只有在生产要素所在地安排生产,以便解决手工业产业对生产要素的依赖,这导致了城市在不同区域间的地理分布。同时,对投入的要素加

---

① (宋)徐天麟:《西汉会要》,中华书局1955年版,第159页。文帝时,贾谊上疏曰:"今敏买僮者为之锦衣丝履偏诸缘。内之闲中,是古天子后服,所以朝而不宴者也。而庶人得以婢妾,白縠之表。薄绮之里,婢以偏诸。美者黼绣,是古天子之服。今富人大贾嘉会召客者以被墙。庶人屋壁得为帝服。倡优下贱。得为后饰。且帝之身……此臣所谓桀也。岂如今定制。使君君臣臣,上下有差。而后有所持循矣。"

② 贾谊《新书》卷二《阶级》。文渊阁《四库全书》电子版。转引自傅熹年:《中国古代建筑工程管理和建筑等级制度研究》,中国建筑工业出版社2011年版,第89页。"人主之尊,辟无异堂。陛九级者,堂高大几六尺矣。若堂无陛级者,堂高殆不过尺矣。天子如堂,群臣如陛,众庶如地。此其辟也。故堂之上廉远地则堂高,近地则堂卑。高者难攀,卑者易陵。理势然也。故古者圣王制为列等,内有公卿、大夫、士,外有公、侯、伯、男,然后有官师、小吏,施及庶,等级分明,而天子加焉,故其尊不可及也。"

③ (宋)徐天麟:《西汉会要》,中华书局1955年版,第159页。

以调整,以便按这种间接方式,通过地区间商品的交换促使某种程度的价格均等化。生产的总量增加了,因而产品的流动在某种程度上补偿了地区间生产要素流动的缺乏。"[1]各地不同的自然资源,形成比较优势。依据资源分工,促进各城市的经济发展,为政策拉动经济提供了理论基础。"政策拉动式"指依靠政府,以行政政策为导向的经济发展方式,即政府通过行政干预或管制政策带动地区经济的发展。

一、利用城市资源思想

桑弘羊在《盐铁论·通有》[2]中指出自然资源对经济发展的作用,扩大了先秦时期自然资源的范围,并根据五行学,认为东南西北各地区自然资源富饶,东部产金银、南方水产、西方木材、北方积沙,指出各地区依靠资源禀赋发展城市产业。

表2-6 《盐铁论》下的城市自然资源禀赋表

城市(地区)名称	代表资源	城市(地区)名称	代表资源	城市(地区)名称	代表资源
吴、越	竹	隋、唐	材	曹、卫、梁、宋	棺
江湖	鱼	莱、黄	鲐	邹、鲁、周、韩	藜藿蔬食

资料来源:陈桐生译注:《盐铁论》,中华书局2015年版,第29—41页。

桑弘羊指出了利用资源发展城市经济,认为尽管自然资源各不相同,但各地区仍然"百姓匮乏",其原因在于产品不流动导致了各地发展缓慢。这为国家垄断经营和重商主义行径提供基调。

司马迁扩大了具体的城市资源范围,把"五谷、桑麻、六畜、山泽、土地"等都当成发展城市经济的来源。司马迁在《史记·货殖列传》中引用

---

① [瑞典]伯尔蒂尔·俄林:《地区间贸易和国际贸易》,商务印书馆1986年版,第35页。
② 《盐铁论·通有》记载:"大夫曰:五行,东方木,而丹、章有金铜之山;南方火,而交趾有大海之川;西方金,而蜀、陇有名材之林;北方水,而幽都有积沙之地。此天地所以均有无而通万物也。今吴、越之竹,隋、唐之材,不可胜用,而曹、卫、梁、宋,采棺转尸;江湖之鱼,莱、黄之鲐,不可胜食,而邹、鲁、周、韩,藜藿蔬食。天地之利无不赡,而山海之货无不富也;然百姓匮乏,财用不足,多寡不调,而天下财不散也。"见王利器:《盐铁论校注》,中华书局1992年版。

《周书》说道："农不出则乏其食，工不出则乏其事，商不出则三宝绝，虞不出则财匮少，财匮少而山泽不辟也"。司马迁肯定农、工、商、虞（掌管山泽，开放山泽资源）都是社会所必需，同时指出各地依靠自然资源发展城市经济的思路。山西多山，出产的多为建筑品；山东靠海，鱼、盐等资源较多；江南地区的出产木材多出铜铁。各地的资源禀赋，某种程度上具有垄断特性。作为生活的必需品和国家建设的基础物品，产生消费的刚性需要，导致城市发展的不平衡。

表 2-7　城市自然资源禀赋

地域	自然资源	地域	自然资源	地域	自然资源	地域	自然资源
山西	材、竹、榖、谷、纑、旄、玉石	山东	鱼、盐、漆、丝、声色	江南	楠、梓、姜、桂、金、锡、连、丹沙、犀、玳瑁、珠玑、齿革、龙门、碣石	北方	马、牛、羊、旃裘、筋角铜

资料来源：《史记·货殖列传》①。

二、城市基础设施营建思想

城市交通是城市经济发展的先决条件。韦伯指出："商业要作为独立的职业而存在，某些特定的技术条件是先决条件。首先，必须要有规范的、非常可靠的运输机会。"②交通设施的修建，可以疏通城市与城市、城市与乡村间的道路，减少运输的时间，降低成本，促进城市经济的繁荣。经济发展过程中伴随着运输成本的变化，企业的利润结构以及个体的福

---

① "夫山西饶材、竹、榖、谷、纑、旄、玉石；山东多鱼、盐、漆、丝、声色；江南出楠、梓、姜、桂、金、锡、连、丹沙、犀、玳瑁、珠玑、齿革、龙门、碣石；北多马、牛、羊、旃裘、筋角铜、铁则千里往往山出棋置；此其大较也。皆中国人民所喜好。"柯美成：《史记·货殖列传》上，中国财政经济出版社 2006 年版，第 25 页。

② Max Weber, "General Economic History", *Journal of Economic History*, Vol.13, No.3, 1953, pp.236-347.

利结构都随之改变,企业依据利润最大化原则,个人依据福利最大化原则进行区位选择,最终导致新的均衡区位的形成。[1] 国家为了统治需要而修建水路和陆路交通,构成城市交通营建的主要特点。

(一)城市陆路交通营建制度雏形:车同轨

六国时期,各地区道路、车辆度数不同,行动极为不便。"一法度衡石长尺。车同轨。书同文字。"[2]二十六(公元前 221)年,统一六国后,秦国开始施行统一的交通制度"车同轨"。以都城为中心,郡城、县城为点,开始营建水陆交通。

(二)城市交通营建制度:依托城市等级逐步完善管理机构

在中央和地方设置交通管理机构。中央有两类管理机构:一类负责皇帝、皇室和大臣的交通往来,如魏晋时期的御属、车曹掾等,南朝时期的公车、太仆、奉车都尉等;另一类是对全国的水路、陆路交通运输的管理机构,如水部、水曹、船乘、河津、关卡等。《大唐六典》卷五《尚书兵部·驾部郎中》记载:驾部郎中、员外郎主管"天下之传驿","凡三十里一驿,天下凡一千六百三十有九所"。驿站主要是为朝廷服务,如接待、承传、承驿,交通工具陆路为马匹、水陆为船。马匹和船依靠地理位置和等级划分,都城的驿亭75匹,郡道县则按照等级依次为第一等60匹,第二等45匹,第三等30匹,第四等18匹,第五等为12匹,第六等(最后一等)为8匹。驿站的辅助功能,提供商旅服务。"邮驿规定,马每天行走35公里,驴25公里,车15公里。"[3]

唐朝对全国的水利事业非常重视:中书省设置水部郎中、员外郎,统领全国水利。"掌天下川渎陂池之政令,以导达沟洫,堰决河渠。凡舟楫灌溉之利,咸总而举之。凡天下水泉三亿三万三千五百五十有九。……凡有水灌溉者,碾硙不得与争其利。……岁终,录其功以为考课。"[4]尚书

---

① 安虎森:《新经济地理学原理》,经济科学出版社 2009 年版,第 407 页。

② (汉)司马迁:《史记》,中华书局 2014 年版,第 44 页。

③ 《唐六典》。转引自王天伟:《中国产业发展史纲》,社会科学文献出版社 2012 年版,第 178 页。

④ 《唐六典》卷二十三。(唐)李林甫等撰,陈仲夫点校:《唐六典》,中华书局 1992 年版。

省设置专管水利的都水使者,其职责为管理舟楫、河渠、水利与水害。"掌川泽津梁之政令,总舟楫、河渠二署之官属。"①鉴于漕运的重要地位,国家都设立专门的官吏负责漕运。如西晋时期设置东、西、南、北四部护漕掾,直接隶属大司农。②

　　地方交通管理系统,称为"邮驿制度""亭传制度"。水陆交通,依据其重要程度,设置不同的管理机构。在重要水利关口设立津渡,多达24处,主要负责征收赋税。中央政府对于关津的统辖系统,常常列入与皇室财政有关的机构之内。③ 亭的设置与人口和交通里数有关,"其民稠则减、稀则旷"④。"二十里一亭,四十里一驿,旅行者取给于途,工商贸贩于道。"⑤

　　城市交通的营建,使城市的消费功能和生产功能逐步体现。基础设施具有公益性和继承性,可以反复使用而使维护成本相对较小,尤其是漕运开通后,可以一直为后世所使用。崔融(公元653年—公元706年)总结了当时的景象,"天下诸津,舟航所聚,旁通巴汉,前指闽越。七泽十籔,三江五湖,控引河洛,兼包淮海。弘舸巨舰,千轴万艘,交贸往还,昧旦永日"⑥。杜佑(公元735年—公元812年)总结交通对城市经济的作用:一是服务商旅。"南诣荆襄,北至太原范阳,西至蜀川凉府,皆有店肆,以供商旅。"⑦二是具有保卫作用。"远适数千里,不持寸刃。"⑧三是带动城

115

---

① 《唐六典》,《都水监》。(唐)李林甫等撰,陈仲夫点校:《唐六典》,中华书局1992年版。

② 《宋书·百官志》"魏世(水衡、都水)主天下水军舟船器械。""(刘宋)武帝置职,便掌运矣。"(梁)沈约撰:《宋书》,中华书局1997年版。

③ 刘汉东:《魏晋南北朝交通运输业管理探论》,《中国社会经济史研究》1998年第4期,第13—18页。

④ (汉)班固撰:《汉书》,张传玺主编,三秦出版社2003年版,第303页。

⑤ 《晋书·苻坚载记》。(唐)房玄龄等撰:《晋书》,中华书局1974年版。

⑥ 《旧唐书·崔融传》。(后晋)刘昫等著,中华书局编辑部编:《旧唐书》,中华书局2000年版。

⑦ 《通典》食货七。见(唐)杜佑撰,王文锦、王永兴、刘俊方、徐庭云、刘方点校,中华书局1992年版。

⑧ 《通典》食货七。见(唐)杜佑撰,王文锦、王永兴、刘俊方、徐庭云、刘方点校,中华书局1992年版。

市服务业发展。"东至宋汴,西至岐州,夹路列店肆待客,酒馔丰溢。每店皆有驴赁客乘,倏忽数十里,谓之驿驴。"①

刘晏(公元718年—公元780年)的交通营建思想与漕运紧密结合,通过漕运交通,带动都城城市经济发展。为了壮大城市经济,修建城市交通,打通城乡之间的经济往来,他主张把农村和县邑互相连接,保证粮食等商品流动。"京都残毁,百无一存。若米运疏通,则饥人皆附,村落邑厘,从此增多。"②"江船不入汴,汴船不入河,河船不入渭。"③首先打通南水、汴水、黄河、渭水四处的水道,采用分段运输的方式,"江南之运积扬州,汴河之运积河阴,河船之运积渭口,渭船之运入太仓"④。以大城市为中转枢纽,每段运粮至接入口,卸粮入仓,原船即回。

(三)城市内部基础设施的营建思想:生产为主、防御为辅

先秦时期,城市因隶属于不同诸侯国而产生相互竞争的关系,军事防御功能突出。秦统一后,城市间从竞争关系转为隶属于统一国家的合作关系。除了交通要道及战略要地外,防御功能降为次级。城内建筑主要分为官署、市场、宅居。《汉书·地理志》颜注引应劭语,汉高祖刘邦在关中新置新丰县时,给出新建城邑的标准。"筑城、寺(官署与寺庙)、街、里"。考古发掘出土的文物及文献也证明了汉代城市中普遍的建筑物是官署、民居、市场。

汉王朝内部,城市的对外防御功能降低,但边塞城市仍以防御为主。秦汉时期,为了抗击匈奴和保护边境贸易,在西部和北部地区兴建了一大批的边塞郡县城市,东起辽东,西到敦煌,西汉时期共设置19个郡,290个县。已在长城边塞(以下简称边塞)发现了100多座秦汉边城。⑤ 这类

---

① 《通典》食货七。见(唐)杜佑撰,王文锦、王永兴、刘俊方、徐庭云、刘方点校,中华书局1992年版。

② 《旧唐书》卷一二三《刘晏传》。(后晋)刘昫等著,中华书局编辑部编:《旧唐书》,中华书局2000年版。

③ 《新唐书·食货志》。(宋)欧阳修、宋祁撰,中华书局编辑部编:《新唐书》,中华书局2000年版。

④ 《新唐书·食货志》。(宋)欧阳修、宋祁撰,中华书局编辑部编:《新唐书》,中华书局2000年版。

⑤ 张南、周伊:《秦汉城市发展论》,《安徽史学》1989年第4期,第6—12页。

边城的军事功能非常明显，城市功能比较单一。汉初，战事减少，边塞城市得以发展。后因匈奴南下侵扰，西汉政府在晁错的提议下，系统地提出了开发边疆城市的建议，这就是著名的"守边备塞"奏议：首先，修建城堡及军事防御设施，保卫移民免遭侵袭。其次，由政府组织招募有罪之人、奴婢和自由人民前往，开发边区，支撑军事防守。招募自由民给予较高的官爵和免除一定的徭役。在边塞土地肥沃水美之地，"筑城屯垦"，"营邑立城"，城内"制里割宅"，并修建"一堂二内"的民宅；城外"通田作立道，正阡陌之界"，移民安置城内，平时开垦土地、战时杀敌。胡人进犯，移民阻击时收复的土地和牲畜半数归之，并设置医师和巫师，"以救疾病，以修祭祀"①。

边塞城市的发展具有波动性。战事时期，军事职能相对突出；和平时期，经济功能发展非常迅速，军事职能相对弱化，成为工商业和边境贸易的集散中心。自西汉后期，边城具备了不可忽视的经济职能，发展成为比较完全意义上的古代城市②。随着经济联系的加强，边境城市中出现了大规模铸造业和冶铁业的手工业作坊。有些城市在战争中消亡，也有些长期使用的边塞城市，在城市规模、建筑类型和城市职能上已与内地城市相差不大。如呼和浩特东郊的塔布秃古城和右北平郡遗址等，从和林格尔汉墓出土的壁画中能清晰地看到汉朝宁城县城的布局面貌和经济发展状况，城内有街道、民居和官署，规模颇大。③

三、"市"的规划思想

市场是城市的重要组成部分。秦汉时期，"市"是商业区的代表。市的种类多样，有肉市、草市、关市、纸市等，经营的时间也各不相同，有朝

---

①　"募民徙边……积阴之处……相其阴阳之和，尝其水泉之味，审其土地之宜，观其草木之饶，然后营邑立城，制里割宅，通田作之道，正阡陌之界，先为筑室，家有一堂二内，门户之闭，置器物焉。民至有所居，作有所用，此民所以轻去故乡而劝之新邑也。为置医巫，以救疾病，以修祭祀，男女有昏，生死相恤，坟墓相从，种树畜长，室屋完毕，此所以使民乐其处而有长居之心也。"见(汉)班固撰：《汉书》，张传玺主编，三秦出版社2003年版，第928页。

②　张南、周伊：《秦汉城市发展论》，《安徽史学》1989年第4期，第6—12页。

③　内蒙古自治区文物考古研究所：《和林格尔汉墓壁画》，文物出版社2007年版。

市、夕市、夜市①。西汉长安城内设有东西两市，市是封闭的，设置市门，派人守卫，且有严格的交易时间。"市买者，当清旦而行，日中教育所有，夕时便罢"②。唐朝时期的"市"已经发生了变化，主要体现在：首先，市的设置与城市等级结合。市作为商品交易所在地，一定是人口聚集的所在，唐代城市设市有着明确规定："景龙元年（公元707）非州县之所，不得置市。"③唐时期的市分为四个等级：都城之市、府城之市、州城之市和县城之市。其次，行的出现。各类货材相对集中称为行，并确立各个行业的名称。长安市内有二百二十行④。最后，"市"产生标识性建筑。唐律规定"市肆皆建标，筑土为堠"⑤。

四、里坊制度思想

城市居住区域的划分从先秦时期已经存在，居民区称为"里"，作为人口聚集地，承担着管理户籍和征收赋税、教化民众等功能。《管子》论述城市要有外围的防御设施，并对"里"进行规划，中间只能有一条路通过。"大城不可以不完，郭周不可以外通，里域不可以横通。"⑥"坊"作为"里"之后的居住单位，在魏晋南北朝时期产生。里坊制度或称为坊市制度、里市制度⑦，作为城市内部的居住区域，把居住性和生产生活性结合在一起，体现了城市最初的职能分工。"里"与"坊"的差异主要表现在规模上，规模小为坊，大为里。坊的居住人数大者四五百家，小者六七十家⑧，且坊内没有门，并没有守卫。里三百步为一里，从长安城十万九千

---

① （汉）桓谭：《新论》，上海人民出版社1976年版。

② 王利器：《风俗通义校注》，中华书局1981年版。

③ （宋）王溥：《唐会要》卷86《市》，中华书局1998年版。

④ "市内货财二百二十行"的货财二字，便可说明行的含义。见［日］加藤繁：《论唐宋时代的商业组织"行"及清代的会馆》，《中国经济史考证》（第1卷），商务印书馆1959年版。

⑤ （宋）欧阳修、宋祁撰，中华书局编辑部编：《新唐书》卷48，中华书局2000年版。

⑥ 赵守正：《管子译注》卷5"八观第十三"，广西人民出版社1982年版，第112页。

⑦ 参考成一农：《空间与形态——三至七世纪中历史城市地理研究》，兰州大学出版社2012年版，第114—153页。

⑧ 《魏虏传》"其郭城绕宫城南，悉筑为坊，坊开巷。坊大者容四五百家，小者六七十家。"见《南齐书》卷五七《魏虏传》，中华书局1974年版。

户分布在二百二十里来看,里的面积没有坊大。里坊都是封闭式的,随着经济的发展,坊制逐渐被突破,成为从封闭式向开放式过渡的状态。"唐代地方城市中的坊在地域分布上并不像之前想象的那样只集中在城墙之内,也存在城墙之外的坊。"①

第三节 传统产业发展与新兴产业扩张

一、传统城市产业发展思想

(一)城市农业:"本业"地位的确立与发展

先秦以前城市中存在农业,秦汉以后,城市产业中是否包含农业,是值得商榷的问题。从考古和文献来看,城市中存在城市农业②。晁错在《实边策》中表明"初现,山国家构筑城邑,内舍里宅,周围开阡陌"③,将新来的移民编入里制,从国家领取土地、房屋和生产资料,从事农业生产。从人口的构成来看,城市内部的人口类型与战国时期的士农工商相似,仍然大量存在从事农业生产居民和用于农业经营的土地。张家山汉简《二年律令·户律》写道:"关内侯九十五顷,大庶长九十顷,驷车庶长八十八顷,大上造八十六顷,少上造八十四顷,右更八十二顷,中更八十顷。左更七十八顷,右庶长七十六顷.左庶长七十四顷、五大夫廿五顷、公乘廿顷、公大夫九顷、官大夫七顷、大夫五顷、不更四顷,簪袅三顷,上造二顷,公士一顷半顷,公卒、士伍、庶人各一顷,司寇、隐官各五十亩。不幸死者令其后先择田。乃行其余。"根据身份等级进行授田。从这个意义上来说,可以说所有的人都是农业。④ 东汉时期,这一现象仍然不减当年,从东汉时期伏湛对刘秀的谈话中也可以看出这一现状。"又今所过县邑,尤为困

---

① 成一农:《空间与形态——三至七世纪中历史城市地理研究》,兰州大学出版社 2012 年版,第 153 页。
② 1955 年考古学者在洛阳发掘河南的县城,发现了城市居民使用的农具。具体参考周长山:《汉代城市研究》,人民出版社 2001 年版,第 127 页。
③ (汉)班固撰:《汉书》,张传玺主编,三秦出版社 2003 年版,第 928 页。
④ 宋仁桃:《战国秦汉城市人口结构初探》,《史学月刊》2006 年第 5 期,第 108—114 页。

乏。种麦之家,多在城郭,闻官军将至,当已收之矣。"①

在西汉至东汉时期,已呈现出城市农业人口减少的趋势。② 魏晋南北朝时期,尽管受到战争的影响,但经济和人口却不断集聚,城市成为编户生产和生活的中心。农业在城市经济中的地位逐渐明晰化,即作为城市的基础产业而存在。"卫州共城县(今河南省辉县)百门坡,在县西北五里,方百许步,百姓引以溉稻田,此米明白香洁,异于他稻,魏、齐以来,常以荐御。"③唐朝时期,虽然农业从城墙内部退到城墙以外,但其基础地位仍然存在。江西容州在武阳公韦旦考察筑州城后,写道:"筑州城环十三里。因悉城管内十三州,教种茶麦,多开屯田"④。总之,在自然经济为主的社会,城市农业的基础性地位始终未变。

1. 城市土地制度的演变

伴随农业的基础性地位,土地思想顺理成章成为古代经济思想的主要线索。土地所有权的国有以及国家所有权的主导地位构成中国古代土地制度的总体特征。⑤ 战国时期,土地私有已经确立。公元前216年,"赐黔首自实田"⑥在法律上承认了土地私有权。汉初,高祖刘邦颁布"复故爵田宅"和"民以饥饿自卖为人奴婢者,皆免为庶人"⑦。三国屯田制、西晋的占田制、隋唐的均田制等土地制度,都含有恢复土地私有、解放劳动力人口恢复生产的目的。

关于农业问题的思考,秦以后的思想家已经看到若要保证农业粮食生产的稳定,要保证农民拥有土地的数量。土地集中导致了贫富分化,为了解决贫富分化,需从土地制度入手。西汉时期,最先看到这一问题的是

---

① 范晔:《后汉书》,中华书局1955年版,第894—895页。

② 宋仁桃估算,城市农业人口从西汉时期的90%下降到东汉时期的75%。见宋仁桃:《战国秦汉城市人口结构初探》,《史学月刊》2006年第5期,第108—114页。

③ 《元和郡县图志》(上)卷16《河北道》,(唐)李吉甫撰,《元和郡县图志》,中华书局1983年版,第462页。

④ (唐)杜牧:《樊川文集》卷七《唐故江西观察使武阳公韦公遗爱碑》,上海古籍出版社1978年版,第112页。

⑤ 赵晓雷:《中国经济思想史》,东北财经大学出版社2010年版,第72页。

⑥ (汉)司马迁:《史记》,中华书局2014年版,第46页。

⑦ (汉)司马迁:《史记》,中华书局2014年版,第80页。

董仲舒。限田思想由董仲舒提出，经师丹、孔光、何武等人补充，成为汉末主要的土地方案。董仲舒是西汉的儒学大师，也是在孔、孟、荀之后和宋代朱熹以前最有影响的儒学代表人物。董仲舒建立了一套"以天人感应"说为基础，以"三纲五常"为核心，以维护"大一统"为宗旨的唯心主义儒学体系，把儒学进一步宗教化。[①] 董仲舒的城市农业思想主要集中在土地制度的限田主张，阐述限田的必要性。土地兼并是西汉时期产生的特殊财富敛财集中现象，它看似通过交换的形式，实则在非平等原则下交易，土地的价格并非由交换决定，而是带有明显的掠夺性质。在土地兼并中，拥有政治权势的阶层获得了优势，导致其成为土地最终的所有者。董仲舒看到了这一问题的危害及根源，试图通过"限田"方式解决：（1）土地兼并危害国家统治。"富者田连阡陌，贫者无立锥之地"[②]。丧失土地，使农户或成为流民，或成为官吏、富商、地主的奴婢，或耕种地主的土地，忍受高额的剥削。"或耕豪民之田，见税什五。"[③]长此以往，将导致农业劳动的人口减少，"亡逃山林，转为盗贼"[④]。（2）土地兼并的根源在于"用商鞅之法，改帝王之制，除井田，民得买卖"[⑤]。把土地兼并的产生根源归结于井田制的破坏和土地买卖。（3）主张通过限田解决土地兼并。"古井田法虽难卒行，宜少近古，限民名田，以赡不足，塞并兼之路"[⑥]。董仲舒认为解决土地兼并应先划分土地数量，即便不能达到井田制时的900亩，也要保持一个均数。通过限制特权阶层土地占有的数量，来保证农民拥有一定量的土地、维护国家统治。董仲舒的限田只有一个原则，没有提出具体的方法和土地限田数量。师丹等人在此基础上，提出了限田的具体数量，试图解决土地兼并。

以城市农业来看，土地兼并不可能在城垣内部，而只能在城垣外部距离城市约"日中而市"的地域上。这一区域上的土地农户，距离城市较

121

---

①　赵靖：《中国经济思想通史》，北京大学出版社2002年版，第517页。
②　（汉）班固撰：《汉书》，张传玺主编，三秦出版社2003年版，第468页。
③　（汉）班固撰：《汉书》，张传玺主编，三秦出版社2003年版，第468页。
④　（汉）班固撰：《汉书》，张传玺主编，三秦出版社2003年版，第468页。
⑤　（汉）班固撰：《汉书》，张传玺主编，三秦出版社2003年版，第468页。
⑥　（汉）班固撰：《汉书》，张传玺主编，三秦出版社2003年版，第468页。

近,可以获得城市内部市场交易的信息,率先开启了商品交换的步伐,使城市周边的土地具备了更高的"兼并价值"。因此,王朝后期的土地兼并现象更为突出,首先从城垣外部的土地开始显现。师丹看到这一现象,在董仲舒"限田主张"的理论下,提出了具体的方案,并由孔光、何武根据师丹的建议和原则,制定了具体的方案。

师丹,字仲公,琅邪东武人。孔光,字子夏,孔子14世孙。何武,字君公,蜀郡郫县(今四川郫县)人。三人都为汉哀帝的官吏,提出"限田"的具体方案。(1)限制占田最高30顷。"诸侯王列侯皆得名田国中,列侯在长安、公主名田县道,及关内侯、吏民名田,皆毋过三十顷。"①西汉时期,国、县(道)等大都是郡、县治所所在地,其周边的土地具有地缘优势,首先成为被兼并的对象,为了抑制这一现象,而提出"限田三十顷"主张。设置最高额度的方式,与地主阶段等级制度相违背。在等级体系内,土地是财富最主要的表现形式,往往依据权力等级进行分配,体现差异彰显尊贵。而限田三十顷,使等级差异无法体现,侵占了统治阶级的利益,无法持续。(2)提出"限奴"主张,根据官吏等级限制奴婢的数量。"诸侯王奴婢二百人,列侯、公主百人,关内侯、吏民三十人。"②土地兼并造成失地人口激增,奴婢数量增多。从重视农业角度出发,限制奴婢的数量可以增加劳动力的数量。

表2-8　官吏等级与奴婢数量

诸侯王等级	奴婢数量(人)
诸侯王	200
列侯、公主	100
关内侯、吏民	30

资料来源:(汉)班固撰:《汉书·食货志》,张传玺主编,三秦出版社2003年版。

限田与限奴政策试图依靠行政政策解决土地兼并的后果,触动了特权阶层的直接利益,遭到他们的极力反对,导致了这一政策的夭折。

---

① (汉)班固撰:《汉书》,张传玺主编,三秦出版社2003年版,第469页。
② (汉)班固撰:《汉书》,张传玺主编,三秦出版社2003年版,第469页。

王田制是王莽新朝推行的土地制度。王莽（公元前45年—公元23年），公元9年改国号为"新"，实施新政，宣布实行"王田"制。其主要内容为：（1）更名天下田为王田，宣布土地为国家所有。（2）土地不得买卖。（3）私人仍占有土地，但规定了最高额度。（4）超出额度的土地分给"九族邻里乡党"。（5）按照一夫一妇百亩的标准给予无地农民土地。王莽看到土地兼并所引发的矛盾，寄希望于土地完全国有解决这一问题。农本社会是地主阶级占统治地位的国家，其属性决定了必然执行符合阶级利益的政策，土地兼并是地主阶级进行的，是地主阶级加强自己的经济地位、扩大自己的剥削利益所要求的，因此，封建政权不可能实行消除或根本解决土地兼并的政策。[1]

何休（公元129年—公元182年），字邵公，任城郡樊县（今山东济宁）人。何休从土地制度的角度考虑发展经济生产，实现富国富民的目标。"土地者，民之主，霸者之象也。"[2]为了解决土地兼并，主张实行井田制，具体措施为：（1）以家庭为单位，按井授田。"一夫一妇受田百亩，以养父母妻子。五口为一家，公田十亩，即所谓什一而税也。庐舍二亩半，凡为田一顷十二亩半，八家而九顷，共为一井，故曰井田。"[3]土地肥沃会影响土地的粮食生产，在保证土地数量的公平下，尽可能地保证土地的质量平均。"司空谨别田之高下善恶，分为三品。上田一岁一垦，中田二岁一垦，下田三岁一垦。肥饶不得独乐，墝埆不得独苦。故三年一换土易居，财均力平。"[4]（2）什一税。受田百亩，公田十亩，税率为十分之一，平均赋税，可以减轻人民负担。（3）统一生产耕种。"种谷不得种一谷，以备灾害；田中不得有树以防五谷。……男女同巷，相从夜绩，至于夜中。故女工一月得四十五日作。从十月尽正月止。"[5]

---

① 赵靖：《中国经济思想通史》（第2卷），北京大学出版社2002年版，第723页。
② 李学勤：《春秋公羊传注疏》，北京大学出版社1999年版，第230页。
③ 李学勤：《春秋公羊传注疏》，北京大学出版社1999年版，《春秋公羊传》，宣公十五年。
④ 李学勤：《春秋公羊传注疏》，北京大学出版社1999年版，《春秋公羊传》，宣公十五年。
⑤ 李学勤：《春秋公羊传注疏》，北京大学出版社1999年版，《春秋公羊传》，宣公十五年。

荀悦(公元 148 年—公元 209 年),字仲豫,颍川(河南许昌)人。荀悦在历史上第一次把土地所有权和使用权加以区别,并企图通过使二者分离出来解决土地私有制所产生的矛盾。① 荀悦认为实行井田制是解决土地兼并的根本方法,变土地私有为土地国有制。"既未悉备井田之法。宜以口数占田,为之立限。人得耕种,不得卖买,以赡贫弱,以防兼并,且为制度张本,不亦善乎。"②采用两权分离的政策,目的是不允许土地进行买卖。

仲长统(公元 179 年—公元 220 年),字公理,山阳高平(山东邹县)人针对土地兼并的情况,仲长统提出了通过限田制度达到恢复井田制的办法。荀悦认为,只有在大乱之后,地多人少,才有条件实行井田,仲长统则认为在这种情况下,不是恢复井田,而是发展经济才最重要,为此他提出了两个方法:(1)限田额度,规定一家一户占有土地的最高限额,以防土地兼并。(2)无人耕种土地收归国有,由国家按照劳动力标准进行分配。从汉初董仲舒的限田论,到汉末仲长统的井田论,都是建立在发展小农经济的基础上,使家经济得到发展。

屯田制是曹操提出的"富国强兵"政策的重要基础。曹操(公元155—公元 220 年),字孟德,沛国谯县(今安徽亳州)人。为了解决割据时期军粮缺失的问题,在公元 196 年,开始实行屯田制,颁布屯田令,"募百姓屯田于许下,得谷百万斛"③。然后大规模地推广到洛阳、颍川、弘农等州郡,"州郡列置田官"。④ 曹魏的屯田分为军屯和民屯。军屯依据是否为现役军人分为士家屯田(预备役军人)和兵家屯田(现役军人),军屯由军队进行,以营为生产单位,每营有佃兵 60 人,平时耕种、战时打仗;民屯按照城市等级,设置官吏负责。

---

① 赵靖:《中国经济思想通史》(第 2 卷),北京大学出版社 2002 年版,第 815 页。
② 《文献通考》卷一田赋一引荀悦语。见(元)马端临:《文献通考》,中华书局 1986 年版。
③ (晋)陈寿撰、(宋)裴松之注:《三国志》,中华书局 2011 年版,第 409 页。
④ (晋)陈寿撰、(宋)裴松之注:《三国志》,中华书局 2011 年版,第 409 页。

表2-9 屯田制下各城市官吏及屯田客数量

城市级别	负责屯(民)田官吏	负责屯田客数量(人)
都城	大司农	
郡城	典农中郎将	
县城	典农都尉	
县城以下	屯司马	50

资料来源:(南朝宋)裴松之注:《三国志·魏书》,中华书局2011年版。

以县城以下的屯司马为例,负责50人的屯田数量。屯田伊始,采用强制劳动力的方式,但"新募民开屯田,民不乐,多逃亡"。[1] 为了鼓励百姓参与屯田,采用自愿的方式,"夫民安土重迁……宜顺其意,乐之者乃取;不欲者勿强"[2]。屯田制的实行,是为了解决军队粮食的危机,这也涉及如何划分民屯粮食比例的问题,引出"分田之术"。"分田之术"是由枣祗[3]提议,针对官民粮食分配的主张,以是否持有牛为依据,官牛者(官)六(民)四分、私牛者(官)五(民)五分。"兵持官牛者,官得六分,士得四分;自持私牛者,与官中分。"[4]

曹魏的屯田,主要利用战乱时期的荒地、闲田,政府组织大量劳动力(军人和流民),恢复粮食生产。"在中国封建社会前期地广人稀、国有土地还大量存在的条件下,特别是在大规模战乱之后无主荒地极大增加的情况下,找到了一条利用国有土地组织农业生产以重建被破坏了的封建农业的生产道路。"[5]

占田制是中国历史上第一个正式由政府颁行的土地制度[6],其主要原则是按照官吏等级和城市等级划分王公贵族、官吏、农户的土地限额,成为城市农业产业发展的制度保证。

125

---

[1] (晋)陈寿撰,(宋)裴松之注:《三国志》,中华书局2011年版,第278页。

[2] (晋)陈寿撰,(宋)裴松之注:《三国志》,中华书局2011年版,第278页。

[3] 枣祗,生卒年不详,东汉末年颍川人,首创"屯田制",见《三国志·魏书·武帝纪》。(晋)陈寿撰、(南朝宋)裴松之注:《三国志》,中华书局2011年版,第11页。

[4] (唐)房玄龄等撰:《晋书·傅玄传》,中华书局1974年版。

[5] 赵靖:《中国经济思想通史》,北京大学出版社2002年版,第867页。

[6] 钟祥财:《中国农业思想史》,上海社会科学院出版社1997年版,第111页。

表 2-10　太康元年(公元 280 年)占田制

城市等级	占田数量 (倾)	官吏等级	占田数量 (倾)	佃客数量 (户)	荫人数量 (人)
大国(城)	15	第一品	50	不过 50	3
次国(城)	10	第二品	45	不过 50	3
小国(城)	7	第三品	40	10	3
		第四品	35	7	3
		第五品	30	5	3
		第六品	25	3	3
		第七品	20	2	2
		第八品	15	1	2
		第九品	10	1	1

资料来源:(唐)房玄龄等撰:《晋书·傅玄传》,中华书局 1974 年版。

民户的占田标准则是先根据年龄划分出正丁(16—60 岁)、次丁(13—15 岁)(61—65 岁)、老小(12 岁以下)、不事(66 岁以上),不同的年龄段占有不同数量的田地。

表 2-11　民户占田数量

民户种类	划分依据(年龄)	占地数量(亩)
		(户)* 男:70,女:30
正丁	16—60 岁	男:50,女:20
次丁	13—15 岁、61—65 岁	男:25,女:0
老小	12 岁以下	0
不事	66 岁以上	0

注:* 表示户主男与女(作者按)。
资料来源:(唐)房玄龄等撰:《晋书·食货志》,中华书局 1974 年版。

从占田制度的内容来看,主要有三个方面的目的:(1)促进(城市)农业经济的发展。不同的城市等级有不同的耕地面积,农户可以根据人口的需要开垦荒地,促进经济增长。所以该制度中所允许的农户占田数基本是无主荒地。[1](2)限制官吏的占田数量。根据各级官吏的等级设定

————————

[1]　钟祥财:《中国农业思想史》,上海社会科学院出版社 1997 年版,第 112 页。

土地的数量,用律法公布,这是对土地兼并的一种约束。(3)城市政治体制的完善。九品中正制的建立,把各地城市体系纳入了中央集权内,能有效约束官吏的行为,构建等级格局的稳定性。

2."城市本业"思想的提出

城市农业的"务本"思想经贾谊的宣扬、晁错的推崇,由王符确立。贾谊提出了经济发展的"本业"思想,以耕和织为本业,要求"躬耕以劝百姓"重视本业。贾谊引用"管子"言论,认为古者治理天下依靠"故其畜积足恃"①,要生产"粟",使天下游民归于农,"末技游食之民转而缘南亩"②,达到富安天下的目的。游民与末业之民多在城市之中,在农业产出依靠劳动力投入的时期,把游民和末业之民引向农业,会增加粮食产出。以城墙(垣)为界划分了城市的两部分,城墙以外距离约"日中而市"的范围都是城市的组成,这部分成为城市农业发展的重要地域。粮食耕种和手工织布的特点,构成了自然经济的基本特征,但"经济人"的内在需求必然导致对更高效用的追求,导致商品交换的增多。贾谊没有提出驱末归本的具体措施,而晁错的"贵粟论"则把城市本业归结为农业粮食生产。

127

晁错首先指出"民贫"的危害和产生的原因,认为民贫导致离乡轻家。"虽有高城深池,严法重刑,犹不能禁也。"③随后又认为,如果没有粮食(粟),城市则无法防御。"有石城十仞,汤池百步,带甲百万,而亡粟,弗能守也。"④晁错指出现在商人兼并农人,使农人生活困苦。"而商贾,大者积贮倍息,小者坐列贩卖,操其奇赢,日游都市,乘上之急。"⑤商人依据都市的地域位置,剥削农人,农人在都市交易剩余粮食,商人则趁机剥削。面对这一现状,晁错提出"贵粟"思想,具体措施"以粟拜官,鼓励生产粮食"。依据上缴粮食的多少给予不同的爵位,"今募天下入粟县官,

---

① 贾谊:《论积贮疏》。见(汉)班固撰:《汉书》,张传玺主编,三秦出版社2003年版。
② 贾谊:《论积贮疏》。见(汉)班固撰:《汉书》,张传玺主编,三秦出版社2003年版。
③ 晁错:《论贵粟疏》。见(汉)班固撰:《汉书》,张传玺主编,三秦出版社2003年版。
④ 晁错:《论贵粟疏》。见(汉)班固撰:《汉书》,张传玺主编,三秦出版社2003年版。
⑤ 晁错:《论贵粟疏》。见(汉)班固撰:《汉书》,张传玺主编,三秦出版社2003年版。

得以拜爵"①。晁错认为要"开其资财之道也。地有遗利,民有余力,生谷之土未尽垦,山泽之利未尽出也",并主张"令入粟郡县矣,足支一岁以上"②。建议郡县城市储备粮食,税赋从十五税一到三十税一,来发展城市经济。税赋是国家和地方财政的主要来源,晁错主张中央和地方的税赋分开,地方发展经济的费用"不领于天子之经费",城市农业是建立新城基础和先决条件,营邑立城,"通田作之道,正阡陌之界"③。

王符,生卒年不详,安定(今甘肃镇原)人。战国后期,产生"农本工商末"思想后,就一直存在本末有别。本、末二字,从战国以来几乎成为专为国民经济各部门关系的用语。④ 在重本轻末的大背景下,提出重视本业思想并非十分耀眼,王符的务本思想并非单纯的重视农业,而是扩大本业的范围。他说"夫为国者富民为本,以正学为基",又说"夫富民者,以农桑为本,以游业为末;百工者,以致用为本,以巧饰为末;商贾者,以通货为本,以鬻奇为末。三者守本离末则民富,离本守末则民贫"⑤。"本"与"末"之别不在于从事行业的区别,而是依据能否产生财富。王符定义城市农业、城市手工业和城市商业都是"城市本业";农桑中的游业、百工中的巧饰、商贾中的鬻奇作为末业。王符指出城市经济要发展本业、抵制末业。"故为政者,明督工商,勿使淫伪;困辱游业,勿使擅利;宽假本农而宠遂学士,则民富而国平矣。"⑥

发展城市经济,需使各类人群安心各自本业。"一方面是地产和束缚于地产上的农奴劳动,另一方面是拥有少量资本并支配着帮工劳动的自身劳动。这两种所有制的结构都是由狭隘的生产关系——粗陋原始的土地耕作和手工业的工业所决定的。"⑦作为国民经济中的组成部分,城市经济必然受农业(包括养殖业)发展水平的影响。"用天之道,分地之

---

① 晁错:《论贵粟疏》。见(汉)班固撰:《汉书》,张传玺主编,三秦出版社 2003 年版。
② 晁错:《论贵粟疏》。见(汉)班固撰:《汉书》,张传玺主编,三秦出版社 2003 年版。
③ (汉)班固撰:《汉书》,张传玺主编,三秦出版社 2003 年版,第 928 页。
④ 赵靖:《中国经济思想通史》,北京大学出版社 2002 年版,第 779 页。
⑤ 王符:《潜夫论》,王健注说,河南大学出版社 2008 年版,第 100 页。
⑥ 王符:《潜夫论》,王健注说,河南大学出版社 2008 年版,第 101 页。
⑦ 《马克思恩格斯选集》(第 1 卷),人民出版社 1972 年版,第 29 页。

利,六畜生于时,百物聚于野,此富国之本也。"①王符重视本业,尤其注重养殖业,主张"百物聚于野",扩大养殖业的种类并主张在城市以外的地区饲养。王符对城市农业和手工业的重新诠释,农业的种植必然受到更多的"天"(气候)、"地"(环境)的限制,在城墙内部土地有限的约束下,把"六畜"等产业放到城墙外部发展,可以提高六畜的数量。

王符对待工商业的态度与当时的"抑末"思想有分歧。他认为手工业和商业是国民经济的组成部分,能够发挥互通有无的作用,只把手工业和商业中的"巧饰"和"鬻奇"列为末业,对于这类末业应该严格禁止。这种情况肯定了手工业中的"致用"作用,把满足人们生产、生活必需品生产当成本业经营而加以鼓励。当时的城市经济发展水平并非很高,保持城市与乡村间的商品流通,保证手工业和商业发展的正常生产,对国家经济发展非常有利。把奢侈品生产作为末业加以禁止:一方面,奢侈品的生产和经营会扰乱正常的城市发展秩序;另一方面,奢侈品只能在权贵、高官、豪强中使用,容易败坏社会风气。

王符扩大了本业的范围,把农业、种植业、手工业、商业都看成本业;而把为权贵、高官等寄生生活服务的各种生产、交换、消费、流通等各个行业服务的称为末业。王符的这一看法,在中国历史上是破天荒的。② 王符认识到手工业和商业对城市经济发展的作用,比较中肯地指出手工业和商业的地位,没有一概肯定也没一概否定。"力田所以富国也。今民去农桑,赴游业,披采众利,聚之一门,虽于私家有富,然公计愈贫矣。百工者,所使备器也。器以便事为善,以胶固为上。今丁号造雕琢之器,巧伪饰之,以欺民取贿,虽于奸工有利,而国界愈病矣。商贾者,所以通物也,物以任用为要,以监牢为资。今商竞鬻无用之货、淫侈之币,以惑民取产,虽于淫商有得,然国计愈失矣。"③可见,从农业、手工业和商业的功能对经济发展的贡献作为标准,对于"损公肥私"的行径,要当成末业来处理。为了发展国民经济,王符进一步提出既要在重视农业的基础

129

---

① 王符:《潜夫论》,王健注说,河南大学出版社 2008 年版,第 101 页。
② 赵靖:《中国经济思想通史》,北京大学出版社 2002 年版,第 781 页。
③ 王符:《潜夫论》,王健注说,河南大学出版社 2008 年版,第 102 页。

上"宽假本业",又要加强对城市工商业的监督,发展工商业中的本业生产。

贾思勰(生卒年不详),山东益都人。在公元533年—公元544年写成了我国保存完整的最早农书。①《齐民要术》代表了我国古代农学的辉煌成就,总结了农业生产的先进经验,也记载了我国魏晋南北朝时期的商业和农业的发展。贾思勰提出农工商结合的富民思想。他以时间为顺序,按照不同的月份,提出发展农业和商业相结合的思路,在农业的种植间隙,经营薪柴、布帛、棉絮等。

表2-12　农业和商业经营时间表

时间	种植	经营(买、卖)
二月	粟粟、黎、豆、麻、麦	买:薪炭
三月	粟黎	买:布
四月	籴面、大麦	絮
五月	粟、豆、麻、麦	买:絮及布帛,准备酿酒冬天养马,卖酒
六月	粟、麦、豆	买:缣练
八月	粟、麦	买:籴黎
十月		卖:缣、帛、絮、豆、麻
十一月		卖:籴、粟、豆、麻子

资料来源:《齐民要术》杂说第三十,引崔寔《四民月令》。

贾思勰指出城市经济生产的原则是"量力而行,提高效率",把"好"与"恶"作为标准,"凡人家营田,须量己力。宁可少好,不可多恶"②。贾思勰提到要改变经营方式,要多经营树木、瓜果等经济作物,"其利十倍"③,且"比之谷田,劳逸万倍"④。种植红、蓝花等"头成米一顷"⑤。

---

①　参考石汉声:《从〈齐民要术〉看中国古代的农业科学知识》,科学出版社1957年版,第1页。
②　见(北魏)贾思勰著,石声汉译注:《齐民要术·杂说》,中华书局2015年版。
③　见(北魏)贾思勰著,石声汉译注:《齐民要术·种榆、白杨》,中华书局2015年版。
④　见(北魏)贾思勰著,石声汉译注:《齐民要术·种榆、白杨》,中华书局2015年版。
⑤　见(北魏)贾思勰著,石声汉译注:《齐民要术·种红花、兰花、栀子》,中华书局2015年版。

（二）城市手工业管制思想

1. 设置专门的管理机构

对于手工业中关系基础设施建设和武器设备等重要行业，都有严格的管理。有负责专门管理官营手工业的官吏——将作少府，负责建筑宗庙、宫室、陵园等公共建筑。《汉书·百官公卿表》"将作少府，秦官，掌治宫室，有两丞、左右中侯。"掌管政府丝织业的官吏叫东织令丞、西织令丞。掌管衣服制作及修补的官吏叫"御府令"。《汉书·百官公卿表》"御府令，宦者，典奴婢，作中衣服及补浣之。"主管兵器的官吏叫"考工令"。《汉书·百官公卿表》"考工，主作器械。"此外还有掌管钱币制作、瓦当制作等。

2. 地方上设置专门的官吏，按照手工业种类进行分工

在地方的郡国中，按照各地的地缘因素，有不同的官吏种类：盐铁是国家生活的必需品，地方郡国对此特别注重，《汉书·地理志》描述了京兆郑县、沛郡沛县、颍川阳城县、常山郡都乡县等四十八个郡国之县城设置铁官；河东邑县、太原昔阳县等三十五个县城设置盐官；河南怀县、南阳宛县、蜀郡成都等十郡县设置工官；在造船业较为发达的庐江郡设置楼船官、千乘郡设置均属官、南郡设置发弩官等。

3. 根据手工产品的种类设置相应的管理机构，并入籍在册

主要有采矿业和冶铁业，盐业、漆器业、器物制作、丝织业、衣服制作。器物制作的种类众多，按照种类又可以分为铁器、铜器、金银器等，每一种类下又分为大小不一的样式种类。以铁器为例，又分为农业用的和军事用的，如军事用的器械和农业用的农具。桑弘羊说道："令县官铸农具，使民务本。"漆器是秦汉时期出口的主要产品之一，也形成了较为完善的发展工序。如漆树的种植面积"陈、夏千亩漆"[①]；漆器的分工，低级的官吏分类有长、丞、佐、掾、令史、啬夫等，漆器的制作区域则多为设置工官的十郡县。衣服是人们生活的必需品，齐郡历史上有制衣传统，技术精湛，秦汉时期，便在齐郡设置"三服官"，专门负责衣服的制作，单纯是"天子

131

---

① （汉）司马迁：《史记》，中华书局2014年版，第755页。

之服"的做工，"各属千人"，每年"官费五千万"①。依靠自然禀赋发展手工业，政府加以控制，既解决了原料来源，也构成政府控制手工业的指导思想。

隋唐时期，官府对手工业的管理更为细致，分为中央和地方两级管理体系。隋朝在中央的都城内设置太府寺，按照官营手工业的分类统左藏、左尚方、内尚方、右尚方、司染、右藏、掌冶等署；郡县城市中按照本地区手工种类设置对应的政府机构，负责管理本地区手工业的发展。唐朝的管理机构依据手工业产品的用途分类更为详细：有管理日常手工业品的少府监；管理军用品的军器监；管理土木营建及建筑材料的将作监。

4. 对私营手工业者相对宽容的政策

汉代的所有市场只能在政府的控制下营业，这种控制大大缩小了城市的经济作用。② 私人手工业按照经营形式，划分为三类：(1)独立的民营手工业者。(2)作为农业的副业从业者。(3)大手工业者。《史记·平准书》"诸贾人、末作"，就是指独立的城市手工业者和商人。这三类的手工业者，服务对象为广大民众。汉初七十年，受"无为"思想的影响，对手工业的管制并非很严格。很多郡王都是大手工业主，如吴王刘濞依靠垄断盐、铁、酒、山泽等经营。盐铁业是在汉武帝时期实行国家专卖后，私营的比重才开始下降。私营手工业者中，丝织业是重要的组成部分，因原料获取简单，技术容易掌握，男耕女织一直成为古代社会的标准生产方式。这表明家庭的纺织手工业是私营手工业的主要形式③。《后汉书·郡国志》记载河内郡有户十五万。以十五万户之民，一次调用丝织品十五万匹，每户一匹，可知其丝织业的发达。

唐朝时期出现了对商人支持的政策。《旧唐书》卷48《食货志》"京都时用，多重见钱。官中支计，近日殊少，盖缘比来不许商人便换，因兹家

---

① (汉)班固撰：《汉书》，张传玺主编，三秦出版社2003年版，第1295页。

② [英]崔瑞德、[英]鲁惟一：《剑桥中国秦汉史》，杨品泉译，中国社会科学出版社1992年版，第616页。

③ 白寿彝总主编，白寿彝、高敏、安作璋主编：《中国通史》(5)，上海人民出版社1995年版，第575页。

有滋藏，所有物价转告，钱多不出。臣等今商量，伏请许令商人，于三司任便换。"北齐的颜之推概括了当时生产思想为"生民之本，要当稼穑而食，桑麻以衣，蔬果之蓄，园场之所产，鸡豚之善埘，圈之所生，爰及栋宇、器械、樵苏、脂烛、莫非种植之物也。至能守其业者，闭门而为生之具已足，但家无盐井耳"①。北魏时期太平真君五年（公元444年），正月春下诏严谨私养工匠；"戊申，诏曰：'……自王公已下至于庶人，有私养沙门师巫，及金银工巧之刃，在其家者，皆遣诣官曹，不得容匿。限今年二月十五日：过期不出，师巫沙门身死，主人门诛。明相宣告，咸使闻知。'庚"。

（三）城市商业经营思想：从抑商到减免税赋与重视商业

傅玄（公元217年—公元278年）北地泥阳人（今陕西耀县）。生活在魏晋时期，他的城市产业政策集中在《晋书》中。

第一，依靠士农工商发展经济。士农工商自管仲之后，成为中国人口与行业的划分标准。傅玄首先肯定四业的作用，只有确定四者的比例，经济才能发展。"臣闻先王分士农工商以经国制事，各一业而疏其务。……农以丰其食，工以足其器，商贾以通其货。故虽天下之大，兆庶之众，无有一人游手。"此时四业比例失调，"农工"太少，"商士"太多，为了解决这一问题，提出"贵农贱商"。"农工之业多废，或逐淫利而离其事。徒系名于太学，然不闻先王之风。"②

第二，发展手工业和农业，抑制商业。傅玄认为商业消费与当时"士族"的奢侈风气有关，为了迎合市场需求，商人逐淫利，因此要从治理官吏的数量入手。《傅子·重禄篇》主张官吏采用"重禄"原则限制官吏与商人沆瀣一气，"爵禄者，国柄之本，富贵之所由，不可以不重也。"当时俸禄过低，导致官吏贪污之风盛行，只有既减少官吏数量又增加俸禄，才能遏制奢侈之气，引导商人自行退出。

第三，区分商人，抑制"倾世之商"。城市是商业发达、商人云集之地，在肯定商业的作用时，傅玄主张抑制极端商业，打击倾世之商，"上逞

---

① 《颜氏家训·治家》。见颜之推著，檀作文译注：《颜氏家训》，中华书局2007年版。
② 《晋书》之《傅子》。转引自赵德馨主编，何德章著：《中国经济通史》（第三卷），湖南人民出版社2002年版，第754页。

无厌之欲,下充无极之求,都有专市之贾,邑有倾世之商"①。针对城市内的垄断商人,傅玄提出"检商贾论",实现"市无专利之贾,国无擅山泽之民"②的局面。

崔融(公元653年—公元706年),武国长安三年(公元703年),政府通过"税关市"政策对坐商和过关商旅普遍征税,崔融从几个方面反对,主张"减税商旅赋税",发展城市商业。

第一,水陆交通给城市经济发展带来的便利。"天下诸津,舟航所聚,旁通巴汉……交易往还,昧旦永日。"如果设置机构征税,会延缓舟船通行效率,交通壅滞,使"万商废业",导致"人不聊生"。

第二,减免"关市之税"。关市均为"险路要津",征税关市之税,会引发过往客商的反抗,导致关市之地不稳。

第三,"关市之税"无理扩大征收范围,会导致贻笑后世。崔融反对关市之税,主要有两个原因:扰乱士农工商四民的利益和阻碍城市商品流通。以往的"关市之税"只针对工商业者,现在则是扩大征税范围,"不限工商,但是行人尽税者"。这种征税无理无据,既限制资源的流动,又会贻笑后人。

北魏对工商业的限制非常少,宣武帝(公元500年—公元515年)时期的甄琛(公元453年—公元524年)提出"请开盐池之禁"的政策。孝明帝(公元516年—公元528年)时期,元澄的"免工商世业之户租税"思想,表明了城市工商业的发展宽松政策。魏晋南北朝时期,经商盛行,陈朝采用免税政策,刺激城市商业发展,《南史·沈客卿传》记载"旧制军人、士人、二品清官,并无关市之税。"日本学者认为免税法的对象是当时较高级的官吏。③

刘晏(公元718年—公元780年)曹州南华人,古代杰出的理财家。通过运用商业政策发展城市经济,是其思想上的一大特点。刘晏的城市

---

① 《傅子·检商贾篇》。见刘治立评注:《傅子评注》,天津古籍出版社2010年版。
② 《傅子·检商贾篇》。见刘治立评注:《傅子评注》,天津古籍出版社2010年版。
③ [日]川胜义雄著,徐谷梵、李济沧译:《六朝贵族制社会的研究》,上海古籍出版社2008年版。

商业经营思想主要体现在漕运、盐法、常平。以往都把刘晏作为理财家来阐述其思想,实际上他采用的商业措施都依靠城市,采用商业经营的方式发展城市经济。

第一,注重培养民力、壮大财源。把户口的多寡和赋税的上缴联系起来,通过增加户口的数量来扩大财政收入。"户口滋多,则税负自广"①决定着财政收入的多寡。古代社会的赋税主要来源有两种,"正赋"和"杂赋",第一种来自农业,第二类主要向手工业者和商人征收。城市作为农业、手工业和商业的聚集地,成为征收的重点地域。"京师三辅百姓,唯苦税亩伤多,若使江、湖米来每年三二十万,顿减徭赋。"②以都城来看,尚且存在城市农民,依靠亩数较难赋税,其他城市,农业的存在不言而喻。刘晏看到城市居民的税赋过重,主张从江、湖等地运米到京师,则减轻赋税徭役。

第二,利用转运改革,恢复城市经济。安史之乱后,洛阳、河南等地城市遭到了严重的破坏,某些地区附近五百里仅有千余户农家。③ 战争的破坏,导致经济遭到严重破坏。为了振兴城市经济,首先解决都城粮食问题,维持和保护城市经济活动。为此,刘晏主张通过转运的手段,把没有受到战争破坏地区的资源转移到都城及战略要地。"屯戍相望,中军侯鼎司元侯,贱卒亦仪同青紫。……挽漕所至,船到便留。"④转运需要大量的人力,在人口稀少的情况下,以劳役方式征用人们从事转运必将导致效率低下。刘晏采用雇佣劳动代替强迫劳役,采取分段转运、降低成本的方式,提高转运的效率。以往从江南运往京都需要八九个月的时间,现在只需要四十天,每年转运的粮食达一百十万石,无升斗的损失。这种转运政

135

---

① 《资治通鉴》卷二二六。见(宋)司马光编著,标点资治通鉴小组校点:《资治通鉴》,中华书局 1956 年版。

② 《资治通鉴》卷二二六。见(宋)司马光编著,标点资治通鉴小组校点:《资治通鉴》,中华书局 1956 年版。

③ 《旧唐书》卷一二三《刘晏传》"过宜阳熊耳,至武牢成皋,五百里中,编户千余而已。"(后晋)刘昫等著,中华书局编辑部编:《旧唐书》,中华书局 2000 年版。

④ 《旧唐书》卷一二三《刘晏传》。(后晋)刘昫等著,中华书局编辑部编:《旧唐书》,中华书局 2000 年版。

策的实行,保证京师及沿途大城市的粮食供应,维持城市经济的运转,对城市经济起到保护和恢复的作用。此外,通过沿途的"舟车转运,商贾往来",起到示范效应,带动沿途村邑的生产恢复,既使沿途地方不敢生异心又可恢复贞观之势。

第三,改革盐法,盘活城市盐业。乾元三年(公元760年)刘晏改革盐法,"有涟水、湖州、越州、杭州四场,嘉兴、海陵、盐城、新亭、临平、兰亭、永嘉、太昌、侯官、富都十监。岁的钱百余万缗,以当百余州之赋。自淮北置巡抚院十三,曰:扬州、陈许、汴州、庐寿、白沙、淮西、甬桥、浙西、宋州、泗州、岭南、兖郓、郑滑,捕私盐者,奸盗为之衰息。然诸道加榷盐钱,商人舟所过有税。晏奏罢州县率税,禁堰埭邀以利者"①。在全国二十七个大城市设置盐官,统一经营盐的生产和销售,采用经济垄断的形式控制城市经济的发展。

第四,城市经济发展的储备政策常平仓法。常平仓原本是西汉政府通过运用粮食供求和救荒而设立的粮食储存仓库。随着城市规模的扩大,唐朝时期在很多郡县城市设置了粮仓,以备救荒和平定粮价之用。"每州置常平仓及库使,自商量置本钱,随当处米物时价,贱则加价收籴,贵则减价粜麦。"②"诸道各置知院官,每旬月州县雨雪丰歉之状,白使司。丰则贵籴,歉则贱粜。或以谷易杂货供官用,及于丰处卖之。"③

在城市商业经营思想下,人口数量逐渐增多,促进了城市经济的发展,刘晏也得到了很高的评价。"由市民得安其居业,户口繁息。晏始为转运使时,天下见户不过二百万。其季年乃三百余万。在晏所统则增,非晏所统则不增也。"④

(四)传统城市居民分类思想:"四民论"到"六民论"

四民分业论经管仲提出后,成为划分城市居民的标准和城市产业的

---

① (宋)欧阳修、宋祁撰,中华书局编辑部编:《新唐书》卷五十四《食货志》,中华书局2000年版。

② (宋)王溥著:《唐会要》八八,中华书局1998年版。

③ 见(宋)司马光编著,标点资治通鉴小组校点:《资治通鉴》卷二二六,中华书局1956年版。

④ 《资治通鉴》卷二二六,中华书局1956年版。

基本构成。这一时期，城市居民主要有刘安、班固、傅玄的"四民论"和韩愈的"六民论"。

刘安（公元前 179 年—公元前 122 年），公元前 164（文帝十六）年立为淮南王。曾"招致宾客方术之士数千人"①参与立书，著《淮南子》。对城市居民而言，刘安接受管仲的分类法，把居民分为士农工商四类，主张四种行业不兼两业，"各安其行，不得相干""乡别州（城市）异"。② 刘安主张行业间互相交流，"农与农言功，士与士言行，工与工言巧，商与商言数"。③ 对于"士"的划分，管仲把"士"中归为"士兵"的成分更多，而刘安的"士"，则已经有了"仕"（官）的成分，认为"士"要起到德行的作用，"士无遗行"④。

班固（公元 32 年—公元 92 年），扶风安陵（今陕西咸阳）人。班固的城市居民分类思想主要有以下几点。

第一，重新定义城市四民的含义。"学以居位曰士，辟土殖谷曰农，作巧成器曰工，通财鬻货曰商。"⑤"士农工商"按照行业划分，重新赋予了内涵，"四民食力，罔有兼业"共同发展城市经济。士的含义从士兵转变为仕员，成为官吏的别称，士兵和官吏都是城市居民的组成部分。从居住的地域看，士民、工民、商民等居民日益集中在城墙（垣）内部，而农民则逐渐向城墙外流动。

137

表 2-13　城市行业分区

城墙内部			城墙外部
城市功能分区	核心区	商贸区与加工区	生产区
《汉书·食货志》	学者曰士	工与商	辟土殖谷曰农

第二，定义城市空间范围。班固重新界定了城市的地域范围，按照从

---

① （汉）班固撰：《汉书》，张传玺主编，三秦出版社 2003 年版，第 863 页。
② 何宁撰：《淮南子集成》，中华书局 2015 年版，第 810 页。
③ 何宁撰：《淮南子集成》，中华书局 2015 年版，第 810 页。
④ 何宁撰：《淮南子集成》，中华书局 2015 年版，第 810 页。
⑤ （汉）班固撰：《汉书》，张传玺主编，三秦出版社 2003 年版，第 464 页。

低到高的顺序,把县城以下的空间区域分为:邻、里、族、常、州、乡五等,在里、乡一级设置了公共服务的学校。

表 2-14　城市外部空间区域划分

等级	户数(家)	人数(口)	公共服务
邻	5	25	
里	25	125	序(初级教育)
族	100	500	
常	500	2500	
州	2500	12500	
乡	12500	62500	庠(学校)

资料来源:(汉)班固撰:《汉书》,张传玺主编,三秦出版社 2003 年版。

傅玄(公元 217 年—公元 278 年)的四民比例理论。针对魏晋时期农民流离失所、劳动力锐减、城市经济遭到破坏的现状,傅玄从社会分工的角度重新讨论传统士农工商四民论的合理性及各行业的比例,提出一种补救措施。他肯定了四民分业的合理性,"先王分士农工商,以经国制事",主张四民当中,各按一业。为了保证四民各按其业,需要"立太学以教之,选名师以训之,各随其才优劣而授用之"。① 傅玄认识到教育的重要性,为了保证各按其业,对四民教之、训之。因所处行业的不同,四民之间的比例也不等,管仲给出士占 15.625%、农占 78.125%、工商各占 3.125%的比例标准。傅玄也认识到四民之间要有一定的比例,才能经国制事。"臣以为亟定其制,通计天下,若干人为士,足以副在官之吏;若干人为农,三年足有一年储;若干人为工,足其器用;若干人为商贾,足以通货而已。"②傅玄没有给出具体的人数标准,只按照"足用"原则建议各行业的人口比重,把多余的、不称职的官吏"归之于农",侧面反映了农业在傅玄思想中的地位。

韩愈的六民论。韩愈(公元 768 年—公元 824 年)字退之,邓州南阳

① 《晋书·傅玄传》。(唐)房玄龄等撰:《晋书》,中华书局 1974 年版。
② 《晋书·傅玄传》。(唐)房玄龄等撰:《晋书》,中华书局 1974 年版。

人。韩愈在四民论的基础上，针对当时城市居民中的闲民阶层即佛教业的兴盛导致信徒数量和僧道的增多，提出"六民"说，"古之为民者四，今之为民者六"①士农工商僧道。通过对六类行业的分析，指出城市闲民对城市经济发展的抑制作用。韩愈提出"教者"的概念，认为古代教者只有士而现在则有士、僧、道，接着又指出城市经济衰退的原因在于生产者少、消费者多。从生产的角度看，农工商业的从业数量的多寡决定城市经济的富裕程度，士、僧、道作为闲民阶层，本身并不生产财富，以三家（农工商）之生产"而资焉之家六"②，导致民贫且盗。

《太平经》主张把人口作为衡量国家富强、城市繁荣的标准，提出"理国之道，多人则国（城）富，少人则国（城）穷"③。在古代社会，财富的产出更多依赖土地和人口的投入，战乱使人口稀少、土地荒芜。古代的人口思想主张人多，主要原因就在于此。④《太平经》直接把人口数量当成是衡量国家贫富的标准，于乱世之中主张对生命的尊重，讨论生存的基本权利，"死命，重事也"，"人居天地之间，人人得壹生，不得重生也"。⑤

二、新兴行业扩张思想

城市繁荣后，往往具有很强的人口集聚能力。"大体说来，每一个朝代的前期和中期政局稳定经济上升的时候，人口逐渐向城市集中。"⑥由于政府的推动和经济的发展，汉唐时期的城市产业出现一批独立于传统产业之外的新兴行业。这类行业随城市经济的发展而诞生，并展现出商品市场的衍生特性，具有极强的生命力，主要有教育业、宗教业、娱乐休闲业。这三类行业依托城市传统产业，为国家统治服务。

（一）城市教育业的产生与扩张思想

最早对教育本质的研究当推苏联经济学家特鲁米林，在 1924 年，他

---

① 韩愈：《论六民》。（唐）韩愈：《韩昌黎集》，河洛出版社 1975 年版。
② 韩愈：《论六民》。（唐）韩愈：《韩昌黎集》，河洛出版社 1975 年版。
③ 王明编：《太平经合校》，中华书局 1979 年版，第 735 页。
④ 赵靖：《中国经济思想通史》，北京大学出版社 2002 年版，第 850 页。
⑤ 王明编：《太平经合校》，中华书局 1979 年版，第 292 页。
⑥ 赵文林、谢淑君：《中国人口史》，人民出版社 1988 年版，第 625 页。

在其《国民经济教育意义》一文中,通过定量的方式介绍对工人进行一年的教育科研提高劳动生产率为 1.6 倍,开启了定量研究教育产业的先河。1935 年,芝加哥大学经济学教授西奥多·舒尔茨,在《人力资本——一个经济的观点》阐述了教育产业的重要意义。在 1962 年《教育与经济价值》一书,提出了教育投资是一种人力资本投入,是生产中除了人力、资本之外另一个经济增长的生产要素①。古代城市教育行业起源于先秦时期的官学,孔子认识到教育的重要作用,开设私学,汉唐时期城市教育业逐渐成为新兴行业,始于"文翁兴学"。

文翁,庐江舒人也,重视学校教育,通晓《春秋》。在景帝末年(公元前 157 年—公元前 141 年)为蜀郡太守,在成都建立学校,免除学生赋税,并提倡通过学校教育选拔优秀人才出任郡县官吏,使蜀郡风气大变,史称"文翁兴学"。此后学校教育逐渐推广,武帝时期,命令天下各郡国城市设立学校。

在都城,创办了以儒家理论为基础的官办学校:太学、官邸学和鸿都门学。汉武帝元朔五年(公元前 124)创立太学。汉代太学的建立,标志着我国封建官立大学制度的确立。② 最初有几个经学博士和五十多个博士弟子组成,随着国家治理需要,太学规模逐渐增加,到汉元帝时,规模超千人。成帝时期,增至三千人。③ 除太学外,汉朝还开办官邸学和鸿都门学,培养不同的人才。官邸学是为贵族子弟提供教育,鸿都门学则是专门培养文学和艺术的专科学校。隋唐时期在都城设置国子学、太学、四门学等,并开创了专科学校教育,人数和规模都超过汉朝④。

地方各郡县"学""校"体系得以确立。都城官学的设置,郡城和县城也设置了与之对应的官学。《汉书·平帝纪》记载道:"郡国曰学,县、道、邑、侯国曰校。校、学置师一人。乡曰庠,聚曰序。序、庠置《孝经》师一

① 黄亚钧:《知识经济论》,山西出版社 1998 年版,第 301—302 页。
② 毛礼锐、沈灌群:《中国教育通史》,山东教育出版社 1986 年版,第 71 页。
③ (汉)班固撰:《汉书》,张传玺主编,三秦出版社 2003 年版,第 1557 页。
④ 《隋书·百官志下》:"博士:国子、太学、四门各五人","助教:国字、太学、四门各五人,书、算各二人。"学生"国子一百四十人,太学、四门各三百六十人,书四十人,算八十人。"魏征、令狐德棻等撰:《隋书》,中华书局 1973 年版。

人。"魏晋南北朝时期,学校教育衰落;隋唐时期,重新繁荣。唐朝时期,建立了都城、府道、县城的教育体系,标志城市教育产业的确立①。科技医学校也在都城和道(府)、县治城市建立②。

表2-15　汉唐时期城市教育层级

城市级别	中　央		学生人数	
	汉	唐	汉	隋唐
都城	太学、官邸学和鸿都门学	国子学、太学、四门学	五十人、规模过千人	1100
郡(道府)城	设置"学"	推广"学"		40—80
县(侯、邑)城	设置"校"	推广"校"		20—50
乡及以下	庠、序	庠、序		

资料来源:《汉书·平帝纪》《汉书·儒林传》《隋书·百官志下》《新唐书·选举制》。

教育业依靠所传授的知识摆脱农业发展起来。教育业的"产品"是人才,随着国家的强大,需要大批人才参与治理,造成对人才需求的扩大。国家逐步完善选拔人才的制度,包括察举、征召、私人举荐等,促进了私学和官学的兴盛。察举制度作为选拔人才的重要举措,确立了按照人口数量选拔的标准。这种制度与城市的规模和地理位置有关,边郡城市和内陆城市各有不同,内陆城市二十万人岁举一人,边郡城市十五万人岁举一人。"时大郡人口五六十万,举孝廉二人,小郡口二十万并有蛮夷者亦举二人。帝以为不均,下公卿会议。(丁)鸿与司空刘方上言:'凡口率之科,宜有阶品,蛮夷错杂,不得为数。自今郡国率二十万口举孝廉一人,四十万二人,六十万三人,八十万四人,百万五人,百二十万六人。不满二十万,二岁举一人;不满十万,三岁举一人。帝从之'"③汉和帝永元十三年(公元101年)诏:"幽、并、凉州,户口率少,边役众剧;束修良吏进仕路

① 《新唐书·选举制》"京都学生八十人。大都督中都府、上州,各六十人。下都督府、中州各五十人,下州四十人,京县五十人,上县四十人,中县、中下县各三十五人,下县二十人。"(宋)欧阳修、宋祁撰,中华书局编辑部编:《新唐书》,中华书局2000年版。

② 具体参考毛礼锐、沈灌群:《中国教育通史》,山东教育出版社1986年版,第518—534页。

③ 范晔:《后汉书·桓荣丁鸿列传》,中华书局1965年版,第1268页。

141

狭。抚接夷狄,以人为本,其令缘边郡,口十万以上岁举孝廉一人;不满十万,二岁举一人,五万以下,三岁举一人。"①

教育产业产生了一批脱离农业、专门从事知识传播的社会人群,丰富了城市居民的成分。按照师生比例和所在城市的等级,教育从业者逐级递减,师生比例在1:16到1:20之间。

表2-16 北魏时期各城市师生比

城市等级	老师数量(人)	学生数量(人)	师生比例
大郡	6	100	1:16
次郡	4	80	1:20
中郡	3	60	1:20
下郡	2	40	1:20

资料来源:(北齐)魏收撰,唐长孺、陈仲安、王永兴、魏连科点校:《魏书·显祖纪》《魏书·高允纪》,中华书局2017年版。

唐代的官办学校,受战争的破坏而导致学校教育一度萧条甚至关闭。

表2-17 唐时期城市等级师生比

城市等级	唐初期(624年)	乾元元(758)年	元和六(811)年
州	1:20	关闭	1:25
县	1:20	关闭	1:30

资料来源:(后晋)刘昫等撰:《旧唐书·职官志》《旧唐书·礼仪志》《旧唐书·百官志五》,中华书局1975年版。

与官学相对立的私学也蔚然成风。东汉时期,私学兴盛,也带动了城市商业的发展。《后汉书·张霸传》记录他和其子张楷私学的情景,其子张楷精通《严氏春秋》,门徒常百人,宾客聚之,车马填街。"隐居弘农山中,学者随之,所居城市,后华阴山南遂有公超市",为了满足门徒的生活需求,有人趁机"超市",可见市场的作用已经初步显现。

政府对教育业的鼓励政策。教育的公益性,决定国家是学校教育的

---

① 范晔:《后汉书·孝和孝殇帝纪》,中华书局1965年版,第189页。

主要承担者。汉唐时期,政府对教育实行鼓励,主要表现在:(1)兴建学校。在城中修建房、室,专门用于学校教育。"安帝揽政。薄于艺文。博士倚席不讲,朋徒相视怠散,学舍颓敝,鞠为园蔬,牧儿荛竖,至于薪刈其下。顺帝感翟酺之言,乃更修黉宇,凡所结构二百四十房,千八百五十室"。(2)设置管理机构,选举博学之才任教。"试明经下第补弟子,增甲乙之科员各十人,除郡国耆儒皆补郎、舍人"。"至武帝时,乃令天下郡国皆立学校官"。[①] (3)私学衍生出一整套的组织规范,表现在建立治学讲学的基地、授课内容的标准化。[②] (4)文教政策的实施。"独尊儒术"后,全国各地兴办学校,促进了经学教育的发展。魏晋南北朝时期,由于战乱促使宗教业的发展,而带来了儒学的衰败。隋唐时期,重视儒学,采取"学者慕响,儒教聿兴"的政策。

(二)宗教业:国家政策鼓励与禁佛思想

宗教在西汉时期传入中国,在魏晋南北朝时期发展壮大成为独立城市行业。"京师,东西二十里,南北十五里,户十万九千余,庙、社、宫室、府曹以外,方三百步为一里,里开四门,门置里正二人,吏四人,门士八人,合有二百二十里,寺有一千三百六十七所"[③]。大量寺庙和寺院的存在,导致了僧尼人数的激增。

表 2-18　北魏寺院、僧尼一览表

时间(公元)	寺院数量(都城)	天下总计	僧尼数量
477	100	5678	77458
512—515		13717	益众
518	500		
534	1367	30000	二百万

资料来源:《洛阳伽蓝记》之洛阳伽蓝记序,魏抚军府司马杨炫之撰。转自尚荣译注:《洛阳伽蓝记》,中华书局 2012 年版,第 9 页。

---

① (汉)班固撰:《汉书》,张传玺主编,三秦出版社 2003 年版,第 1579 页。
② 参考毛礼锐、沈灌群:《中国教育通史》,山东教育出版社 1986 年版,第 116—118 页。
③ 尚荣译注:《洛阳伽蓝记》,中华书局 2012 年版,第 398 页。

宗教业的兴盛,使农业人口减少和俸禄开支增多,增加了国家财政负担,导致禁佛思想的产生。贡禹(公元前127年—公元前44年),字少翁,琅邪(今山东诸城)人,官至光禄大夫、御史大夫等。他从城市消费过多、负担过重入手,认为禁佛可以积累财富。"一岁祠,上食二万四千四百五十五,用卫士四万五千一百二十九人,祝宰乐人万二千一百四十七人,养牺牲卒不在数中。"①光是皇帝宗庙一年的消费"不在数中",触动贡禹请罢免宗庙,上允,罢郡国庙。元澄(公元467年—公元519年),字道镇,任城王拓跋云长子。与贡禹的主张不同,元澄认为减少造寺行为可以裁减国家工程预算、促进生产,遂提出禁佛主张。"饥馑之氓,散亡莫保。收入之赋不增,出用之费弥众。"②同时严令禁止寺院数量,都城之外的城市,僧众的数量不能超过50人。"若僧不满五十者,共相通容,小就大寺,必令充限。其地卖远,一如上式。自今外州,若欲造寺,僧满五十人以上,先令本州表列,昭玄量审,奏听乃立。若有违犯,悉依前科;州郡以下,容而不禁,罪同违旨"③。唐时期,对僧尼的态度更为明显,韩愈认为古有"士农工商"四民之说,今有"士农工商僧道"六民之说,用四民之力养六民之食,对社会无益,应该坚决取缔。

(三)休闲服务业:给民可用思想

城市经济的组成中,还存在独立于城市传统产业之外的新兴产业,休闲服务业就是代表。休闲服务业作为城市经济的重要组成部分,往往与城市工商业结合在一起,受到"重农抑商""重本抑末"政策的影响,但这类行业与城市居民的生活行为密切相关,成为"必需业",如酒店(酒楼)业、洗澡业等。

《太平经》判断城市产业的"有成""可用"标准。《太平经》成书于东汉安、顺之际,约公元2世纪左右④,是早期道教理论之一。《太平经》对

---

① (汉)班固撰:《汉书》,张传玺主编,三秦出版社2003年版,第1297页。

② 《太平经合校》第114卷。王明编:《太平经合校》,中华书局1979年版,第592页。

③ 《魏书》卷一一四《释老志》。(北齐)魏收撰,唐长孺、陈仲安、王永兴、魏连科点校:《魏书》,中华书局2017年版,第2439页。

④ 赵靖:《中国经济思想通史》,北京大学出版社2002年版,第835页。

于国民经济的新兴行业,抱着肯定的态度,并从社会分工的角度分析了新兴行(职)业的作用。"惟人居世之间,各有所宜,各有所成,各不夺其愿,随其所便安,自在所喜,商贾、佃作、或欲为吏,及所医、巫、工师、各令得成,道皆有成,以给民可用。"①判断新兴行业的标准是"有成""可用",只要符合这一条件,就不要干预和限制,要给予便利,才能"道皆有成"。

(四)新兴牙人行业：付身牌约束思想

"牙人"又名牙郎,汉代称谓"驵侩",《资治通鉴》记载牙人的作用,"牙郎,驵侩也,南北物价定于其口,而后相与贸易"。牙人是为商品交换中卖者和买者牵线的中间人,扶植牙人,能促进商业发展。中间人阶层在唐以前已经产生②,但以"牙人"为号却产生在唐朝。"牙人"的从业数量为"人十之一"。贞元时期独孤郁云："乘时射利,贸迁有无,取倍称之息而者,人十之二;游手依市,以庇妻孥,以给衣食者,人十之一。"③牙人,依靠提供服务衍生发展,其收益主要来自提供商品交换的信息,促进商品交换的形成,收取"十分之一"牙息。

政府承认了牙人行业。《册府元龟》卷504《邦计部·关市》"(后唐明宗天成)四年七月,兵部员外郎赵燕奏:'切见京城买卖庄宅,官中印契,每贯抽税契钱二十文;其市牙人,每贯收钱一百文……'从之。"政府对"牙人"发放"身牌"进行管理。"付身牌约束"指"交易牙人须交状保三两名,及递相结保,各给木牌子随身别之"。④ 政府承认具有法律效力,"身牌"也成为"牙人"的行业执照。"牙人付身牌约束"则是公之于世的第一个牙人立法文献。⑤ 李元弼在《作邑自箴》描述了当时政府通过"身牌"对"牙人"的控制;(1)表明牙人的身份信息。注明牙人姓名、居住地

---

① 王明:《太平经合校》第114卷,中华书局1979年版,第597年。

② 张弓认为在汉朝时期,就已经存在为商品交换服务的中间人,但直到唐代才以"牙人"称呼。具体见张弓:《唐五代时期的牙人》,《魏晋隋唐史论集》第一辑,中国社会科学出版社1981年版,第252页。

③ 《全唐文》卷683,独孤郁《对才识兼茂明于体用策》。(清)董诰等编:《全唐文》,中华书局1983年版,第7013页。

④ 李元弼:《作邑自箴》。转自李达三:《宋代的牙人变异》,《中国经济史研究》1991年第4期,第114—120页。

⑤ 李达三:《宋代的牙人变异》,《中国经济史研究》1991年第4期,第14—120页。

址。(2)由中介职能向监督职能转变。在"牙人"的交易过程中,"身牌"交付给交易双方,起到中介作用;政府通过"身牌"改变了交易的目标和程序,使牙人的中介人职能衰弱而适应政府需要充当"司监盗""督科税"的职能。

第四节　国家管制、专卖政策与产业专营思想

城市经济的繁荣体现在城市产业的兴盛,城市农业、手工业和商业的发展与国家的政策休戚相关。虽然"重农抑商"观念的逐渐发展,但在汉初"无为"思想治国理论下,对城市手工业和商业展现出某些程度的"重视"。

先秦时期对固定市的交易地点、商品种类、交易时间都有明确规定,秦汉沿用这一规定。唐以前,依照中央和城市的等级设置市场,按照市场规模设置官吏管理。这种官立市场制度一直持续到唐代,所有各地大小市场的兴建和废止,均由政府赦令行之。[①] 唐时期,城市工商业发展较为迅速,突破了一城一市的限制。

政府设置"匠籍"制度对城市工商业者进行管制,"匠籍"制度既便于控制工商业者数量和地区分布又便于政府"征用"民间工匠临时服役。城市内部设置专门的区域,用于"百工"居住和生产。国家基础设施的修建、国防力量所依靠的武器、统治阶级自身所需要的生活资料和农具等生产资料都由官营手工业组织承担,各朝代都设置专门的机构管理。随着城市经济的发展,产业分工越来越细致,官营手工业已经到达专业化程度很高的发展阶段。私营手工业者的产品用于市场交易,政府对私营工商业者有征调的制度。

一、国家管制政策与城市工商业发展

(一)市场交易的公平性

城市是国家治理的重点和工商业发展的聚集地,在"重农"的背景

---

① 董书城:《中国商品经济史》,安徽教育出版社 1990 年版,第 66 页。

下,政府建立律法限制保证交易的公平性,产生一系列的管制政策。

秦朝对市场的交易十分严格。《工律》规定:"为器同物者,其大小、短长、广亦必等。""县及工室听官为正衡石、斗用、升、毋过岁壶。有工者勿为正假试即正。"汉朝则对"市"设置层级不一的长官,大市为市长、小市设置市令、偏远地区的小市则是由县官兼任,对市进行管理。"内史,周官,秦因之,掌治京师,景帝二年,分置左、右内史。右内史武帝太初元年更名京兆尹,属官有长安市、厨两令丞,又都水、铁官两长丞。左内史更名左冯翊,属官有廪牺令丞尉。又左都水、铁官、云垒、长安四市四长丞皆属焉。"①

1. 为了保持交易的公平性,统一称重、校正

针对校正不准,影响交易的行为,要给予处罚。《效律》"衡石不正,十六两以上,赀官啬夫一甲;不盈十六两到八两,赀一盾。桶不正,二升以上,赀一甲;不盈二升到一升,赀一盾。"按照不同的差错相应地惩罚。《效律》"斗不正,半升以上,赀一甲,不盈半升到少半升,赀一盾。半石不正,八两以上;钧不正,四两以上;斤不正,三朱以上;半斗不正,少半升以上;参不正,六分升一以上"。

2. 政府主张自由平等交易,严禁交易欺诈,主张公平买卖

"有买及卖瓯,各婴其贾;小物不能各一钱者,毋婴。"②官吏维持市场的交易秩序,官吏失责,罪加一等。"择行钱、布者。列伍长弗告,吏循之不谨,皆有罪。"③

(二)"物勒工名"制度管控百工

汉代依照城市等级设置管理机构管控工商业。京师,设置负责管理少府,少府根据不同的手工业种类设置相应的工场管理。有武器、青铜器、镜子等工场,包括军事用品和宫廷官府日常使用的生活用品。此外还设置考工室,专门负责军事使用的兵器、甲胄等。《汉书·百官公卿表》"少府、秦官,掌山海池泽之税,以给供养。属官有尚书、符节、太医、太

---

① (汉)班固撰:《汉书》,张传玺主编,三秦出版社2003年版,第302页。
② 高敏:《云梦秦简初探》,河南人民出版社1979年版,第187—238页。
③ 高敏:《云梦秦简初探》,河南人民出版社1979年版,第187—238页。

官、汤官、导官、乐府、若卢、考工室、左弋居室、甘泉居室,左右司空、东织西织,东园匠"等令①。大司农专门负责农业生产工具制造。在郡国内,也设置此类的工场。对百工的管理继承秦制,在产品的制作上,采用署名的方式来追究责任,这就是"物勒工名"制度。"蜀郡西王造,素工回,髹工鱼,泊工文,氾工廷,造工忠,护工卒旱,长氾、丞庚,掾翕,令史茂主。"②

六朝时期,政府加强对官营手工业的管理,呈现出两个特征:

1.百工逐渐成为官营手工业的主要劳动力

单列户籍,世代相袭,形成了临时征调民间工匠应付特殊需要的制度。《赵书》记载:"刘耀召构殿巧手三千人,发阳平等十郡车牛五千乘,运土筑德殿台基。"③"营长按、洛阳二宫,作者四十余万……诸州造甲者五十于万……船夫十七万人。"④"徙山东六州民吏及徙何、高丽杂夷三十六万,百工技巧十余万口,以充京师。"⑤唐长儒写道:"两汉官府对手工工匠的征发,尚属临时性措施。三国以来,各大统治集团为了保证军备物质和消费品的供应,已将工匠的征调作为一种官府获得劳动力的制度。"⑥

2.百工成为战争的掠夺目标

"自与周瑜率二万人步袭皖城,即克之,得术百工及鼓吹、部曲三万人。"皖城的城市人口中,百工、鼓吹、部曲等人数非常庞大,已经成为独立的市民组成。西晋法律规定"诸士卒、百工以上所服乘,皆下得违制……官长免。"⑦《晋书·武帝纪》太康元年(280年)"将吏渡江复十年,百姓及百公复二十年。"上述史料说明,手工工匠作为一个独立的阶层已

---

① (汉)班固撰:《汉书》,张传玺主编,三秦出版社2003年版,第302页。

② 张研:《中国经济法制史》,中国审计出版社1992年版,第69页。

③ 引用《太平御览》卷一七五《殿》引。(宋)李昉等:《太平御览》,中华书局1963年版,第853页。

④ 《晋书》卷106《石勒载记(下)》。(唐)房玄龄等撰:《晋书》,中华书局1974年版,第276页。

⑤ 《魏书》卷二《太祖纪》。(北齐)魏收撰,唐长孺、陈仲安、王永兴、魏连科点校:《魏书》,中华书局2017年版,第25页。

⑥ 唐长孺:《魏晋至唐官府作场及官府工程的工匠》,载《魏晋南北朝史论丛续编》,三联书店1959年版,第35页。

⑦ 《晋书·李重传》。(唐)房玄龄等撰:《晋书》,中华书局1974年版,第1309页。

经存在。《宋书·刘敬宣传》"宣城多山县，郡旧立屯。以供府郡费用，前人多发调工巧，造作器物。敬宣到郡，悉罢私屯，唯伐竹木，治府舍而已。"

二、国家专营政策与产业专卖政策

先秦后期，"农本工商末"成为国家经济发展的主流政策。工商业从业者的经营地位受到限制，但"重商思想"从未消失。

汉代对商业呈现出自由放任和政府管制并存的特点。汉初，经过连年战争，物质十分匮乏，商人则乘机收敛钱财，以至汉朝初年，商人衣着华丽，从服饰上超过官吏。为了维持统治，汉初继承轻商重税的措施，采取政治上打击商人的地位，衣食住行上限制其行为的措施。"令贾人不得衣丝乘车，重税租以困辱之"，"不得衣锦绣绮縠絺纻罽，操兵，乘骑马。"[1]此外，对商人施以重税。公元前203年，凡年龄在15—60岁的城市男女，每人每年缴纳1算（120钱），而商贾及奴婢加倍，交240钱。[2]这一政策加深了对商贾的压迫，伴随高祖的去世，逐步放松了对商人的剥削，但仍禁止商人子孙为官，"复弛商贾之律，然市井子孙亦不得为吏"[3]。文景时期，受战事的压迫和财力的限制，实行较为宽松的"重商政策"：

1. 实行"入粟补官""入粟拜爵"政策

这一主张虽然本意为了增加农业生产，但农民因为其财力有限粟的数量不会陡然增加，而商贾大户则趁机多以粟获官以提高自己的政治地位，开启了"卖官"的先河。

2. "弛山泽之禁"，允许经营盐业和冶铁业

煮盐、冶铁和铸币，是手工业商品的三个主要行业，也是利润率高的部门。[4]武帝时期，"重商思想"在理论上和实践中达到了顶峰。桑弘羊

149

---

① （汉）班固撰：《汉书》，张传玺主编，三秦出版社2003年版，第479页。

② 赵德馨主编，范传贤、杨世钰、赵德馨著：《中国经济通史》（第二卷），湖南人民出版社2002年版，第686页。

③ （汉）班固撰：《汉书》，张传玺主编，三秦出版社2003年版，第479页。

④ 赵德馨主编，范传贤、杨世钰、赵德馨著：《中国经济通史》（第二卷），湖南人民出版社2002年版，第687页。

提出重商思想,得出商业是致富来源的结论,给城市经济发展注入了理论指导。

(一)耿寿昌的大城市经济发展政策

城市体系中,都城处于金字塔尖,凭借特殊的地位,在全国具备优先发展的特权。人口和粮食是制约都城发展的两个因素,政府采用行政命令的方式填充都城人口,采用漕运和陆运的手段解决粮食负担。如何更有效地保证都城粮食供应,是各朝统治者都非常重视的问题,在粮食供应不足和经济发展缓慢之际,耿寿昌提出优先发展大城市的经济战略。耿寿昌(公元前 73 年—公元前 49 年)时曾为大司农中丞,其他事迹无可考①。为了解决都城粮食缺乏的现状,耿寿昌抛弃漕运和陆运的运粮方式,在都城附近的省份购买粮食,促进粮食的商品化。"籴三辅、弘农、河东、上党、太原郡谷"②郡城处于城市体系中的第二层级,为了保证这些地区的粮食供应,耿寿昌首创常平仓制度。常平仓制度实际上是封建国家利用季节差价买卖粮食以稳定粮食市场的一种做法③。"令边郡皆筑仓,以谷贱时增其价而籴,以利农;谷贵时减价而粜,名曰常平仓。"具体措施为:一是在边郡城建设常平仓。边郡城市处于帝国边疆地区,土地广袤,起到防御国家和镇守边疆的作用。边郡城市的发展相对滞后,与内地城市之间属不同的分割市场,普遍人口少且耕地面积大,余粮比率高。在边境城市修建常平仓收购粮食,不会对内地的粮食供应产生影响,且采用商业手段不会刺激本地粮食价格的较大波动。二是带动商业兴旺、促进城市繁荣。郡级城市普遍设置常平仓,县级城市中也分布粮仓,形成了一整套的粮仓管理制度,比如粮仓的规模与城市级别所匹配、存粮数目、粮食出仓和入仓、粮仓管理人员的配备和粮食的盘点等。④ 采用商业手段,需要商人和手工业者的辅助,人口的聚集带动边境城市经济发展。

---

① 胡寄窗:《中国经济思想史》(中),上海财经大学出版社 1998 年版,第 128 页。
② (汉)班固撰:《汉书》,张传玺主编,三秦出版社 2003 年版,第 468 页。
③ 赵靖:《中国经济思想通史》(第 1 卷),北京大学出版社 2002 年版,第 653—654 页。
④ 具体见《睡虎地秦墓竹简》之《仓律》。见张守中:《睡地虎秦简文字编》,文物出版社 1994 年版。

（二）专卖政策与城市产业发展

桑弘羊（公元前 152 年—公元前 80 年），河南洛阳人，出生于商人家庭。公元前 120 年，经推荐为大司农，掌管盐铁事务。公元前 111 年，代行大农令事务，掌管西汉王朝的经济大权近四十年。桑弘羊的重商理论受到范蠡和白圭的影响，接受两者的经济循环理论，认为"水旱，天之所为，饥穰，阴阳之运也，非人力故。太岁之岁在阳为旱，在阴为水，六岁一饥，十二岁一荒。天道然，殆非独有司之罪也"。① 农业是城市产业的重要组成部分，掌握循环学说，可以促进城市农业发展。城市经济不能单纯依靠农业，唯有工商业的发展才能带动城市经济的繁荣，桑弘羊认识到商业才是致富的本源，这与当时的"农本工商末"思想相违背。"燕之涿、蓟，赵之邯郸，魏之温、轵，韩之荥阳，齐之临淄，楚之宛、陈。郑之阳翟，二周之三川，富冠海内，皆天下名都。非有助之耕其野而田其地者也，居五侯之衢，跨街冲之路也。故物丰者民衍，宅近市者家富。富在术也，不在劳身；利在势居，不在立耕也。"②桑弘羊接受了他们（管仲、范蠡、白圭）经营商业的理论，引申发展成为一整套重商理论，成为我国古代经济史上首倡重商理论的人物。③ 司马迁给出汉朝经济发展的原因："汉兴，海内为一，开关梁，弛山泽之禁，是富商大贾，周流天下，交易之物，莫不通其所欲。"④

桑弘羊总结古代富裕之地发展城市经济的策略，认为并非只有农业才能发展经济，城市经济的发展在于发展与提高工商业的作用，"工不出，则农用乏……农用乏，则谷不殖。"⑤"自京师东西南北，历山川，经郡国，诸殷富大都，无非街衢五通，商贾之所臻，万物之所殖者。故圣人因天时，智者因地财，上士取诸人，中士劳其形……宛、周、齐、鲁商遍天下。故乃商贾之富，或累万金，追利乘羡之所致也。富国何必用本农，足民何必

---

① 《盐铁论·水旱篇》。王利器：《盐铁论校注》，中华书局 1992 年版，第 81 页。

② 《盐铁论·立耕篇》。王利器：《盐铁论校注》，中华书局 1992 年版，第 4 页。

③ 凌大廷、马大英、王子英、陈昭桐、何立峰、吕调阳：《管仲、荀况、桑弘羊、刘晏、王安石的理财思想》，中国财政经济出版社 1983 年版，第 149 页。

④ （汉）司马迁：《史记》，中华书局 2014 年版，第 753 页。

⑤ 《盐铁论·本议篇》。王利器：《盐铁论校注》，中华书局 1992 年版，第 2 页。

井田也。"①在认识到工商业对发展城市经济的作用下,桑弘羊依托城市采取一系列产业专营的政策,带动城市经济的发展。

1. 盐铁专卖

汉武帝连年战争,导致财政匮乏,为了增加财政收入,桑弘羊提出盐铁专卖政策。盐铁专卖政策的实质是通过对盐、铁的控制,增加国家的财政收入。(1)在全国重要城市设立盐官。放开盐的生产,由政府统一收购销售,利润归政府所有。在全国各大州郡城市普遍设置铁官;河东(安邑)、太原(晋阳)、南郡(巫)、巨鹿(堂阳),渤海(章武),千乘,琅琊(海曲、计斤、长广),会稽(海盐),犍为(南安),蜀郡(临邛),益州(连然),巴郡(胸忍),安定(三水),北地(戈居),上郡(独乐、龟兹),西河(富昌),朔方(沃壄),五原(成宜),雁门(楼烦),北海(都昌、寿光),东莱(曲成,东牟、巾弦、当利、昌阳),渔阳(泉州),陇西,辽西(海阳),辽东(平郭),南海(番禺),苍梧要(高),东平。②(2)全国四十郡49个城市设置铁官,垄断全国的铁商品交易。京兆(郑),左冯翊(夏阳),右扶风(雍、漆),弘农(宜阳、黾池),太原(大陵),河东(安邑、皮氏、降、平阳),河内(隆虑),河南,颍川(阳城),汝南(西平),南阳(宛),庐江(皖),山阳,沛(沛),魏(武安),常山(都乡),千乘(千乘),齐(临淄),东莱(东牟),东海(下邳、胸),济南(东平陵、历城),泰山(嬴),临淄(盐渎、堂邑),桂阳,汉中(沔阳),犍为(武阳、南安),蜀(临邛),琅琊,渔阳(渔阳),右北平(夕阳),辽东(平郭),陇西,胶东(郁秩),鲁(鲁),楚(彭城),广陵,中山(北平),东平,成阳(国莒),涿。只有河东郡的安邑城和蜀郡的临邛城同时设置盐铁官,其他城市根据自然资源和地理位置,设置盐官或铁官。

2. 酒专卖

公元前98年,桑弘羊实行酒专卖政策,即所谓的"酒榷",禁止民间私自酿酒,由政府统一酿造和销售。酒是日常生活中的消费品,为了满足全国的酒需求,必须在全国各地交通便利的城市中统一酿造,这样既能解

152

---

① 《盐铁论·立耕篇》。王利器:《盐铁论校注》,中华书局1992年版,第4页。

② (汉)班固撰:《汉书》,张传玺主编,三秦出版社2003年版,第465页;转自胡寄窗:《中国经济思想史》(中),上海财经大学出版社1998年版,第94页。

决当地的消费需求也能降低生产成本。酒专卖政策在实施过程中促成各地酿酒业的一次行业集聚，但酿酒业的技术准入门槛较低，民间私自酿造行为很难控制，加之酒类商品的消费巨大，导致需求大户如贵族的反对。桑弘羊为减少贵族地主和政敌对他的仇视，在盐铁会议结束之前建议撤销，由民间自行酿造，但必须交纳酒税"升四钱"。① 酒税也因此成为国家财政的一个重要来源，为后继统治者所继承。

3.均输政策

"往者郡国诸侯各以其物贡输，往来烦难，物多苦恶，或不偿其费用。故郡置输官以相给运，而便于远方之贡，故曰均输。"②桑弘羊解释了何谓均输以及实行均输的原因；以往各地在给都城贡奉物品，时间长且损坏严重，导致严重浪费，为了解决这一问题，在郡城和县城设置均输官，当地市场交易贡奉物品。这种交易是市场自发行为，在买卖过程中，城市物品通过均输机构实行资源的转移，带动资源的流动。桑弘羊在设置盐铁官的城市设置均输官，"乃请置大农部丞数十人，分部主郡国，各往往置均输盐铁官，令远方各以其物，如异时商贾所贩者为赋，而相灌输"。③ 城市经济的发展繁荣离不开商业的发展和繁荣，物价则是商业交换中的一个表现，为了应付物价上涨而又不能采用行政手段的情况下，采用经济手段成为必然之选。

（三）城市管制政策

王莽的城市管制思想。城市管制思想在王莽时期发挥到极致，这也造成城市经济的停滞。王莽的城市经济思想为"六管政策"，主要表现在"盐、铁、酒由政府专卖；铜冶钱布由国家垄断；名山大泽由国家管理；五均赊贷由政府办理"。王莽的城市管制政策依托垄断、专卖等手段，采用行政手段管理城市和国家经济，这一思想本身具有"国家完全干预"的主张。仅就对城市实行广泛的经济管制措施一点来说，已经是我国历史上

---

① 胡寄窗：《中国经济思想史》（中），上海财经大学出版社1998年版，第97页。
② 《盐铁论·本议篇》。王利器：《盐铁论校注》，中华书局1992年版，第2页。
③ （汉）司马迁：《史记》，中华书局2014年版，第188页。

的创举。① 王莽的"六管政策"中延续桑弘羊的国家专营政策,重新建立对城市工商业经营和物价给予管理的"五均赊贷"政策。所谓"五均"就是在统治区域内的六个大城市:长安、洛阳、邯郸、临菑、宛和成都六大城市,分别按照地理位置和行政权力分为七个市;洛阳为中市、邯郸为北市、宛为南市、成都为西市、临菑为东市。都城长安则分为东西两市,东市改称为京市、西市称为畿市。七个市负起平定物价、执行平准、收购滞货、进行赊贷的功能。

随着城市经济的发展和生产技术的提高,盐业兴起。《文献通考》卷十五《郑榷考二》记载了当时的情形,上至京师,中间郡级城市,下到县级城市,各地区普遍生产盐,全国上下开采盐井共计 640,盐池 18。② 盐池和盐井数量的增加,促进盐产量的增多,而消费不变,出现"盐轻"。为了解决这一现状,刘晏开始运用国家政策着手解决:首先,劝盐民归农,可以减少盐量的生产数量减少盐农的损失。其次,在大城市设置十大盐监,负责监控生产,保证国家正常的生产需要。最后,十三大城市设置巡院,捕私盐商贩。经过这一系列措施,这一问题得以解决。③ 城市在国家和平时期,作为政治治理的据点和商品经济集散地,具有优先发展的优势;但到战争时期,城市往往又成为破坏的对象。三国时期,战事不断,曹操仍然坚持发展城市商业的思想,"钱镈停置,农收积场,逆旅政设,以通贾商"④在各大交通要道,构建旅店以方便商旅。

---

① 胡寄窗:《中国经济思想史》(中),上海财经大学出版社 1998 年版,第 163 页。

② 《文献通考》卷十五《郑榷考二》。唐有盐池十八,井六百四十,皆隶度支。蒲州安邑、解县有池五,总曰"两池",岁得盐万斛,以供京师。盐州五原有乌池、白池、瓦窑池、细项池,灵州有温泉池、两井池、长尾池、五泉池、红桃池、回乐池、弘静池,会州有河池,三州皆输米以代盐。安北都护府有胡落池,岁得盐万四千斛,以给振武、天德。黔州有井四十一,成州、■州井各一,果、闻、开、通井百二十三,山南西院领之。邛、眉、嘉有井十三,剑南西川院领之。梓、遂、绵、合、昌、渝、泸、资、荣、陵、简有井四百六十,剑南东川院领之。见(元)马端临:《文献通考》,中华书局 1986 年版。(注:文中的黑框,表示原文就如此,文字缺失)

③ 《文献通考》卷十五《郑榷考二》:有涟水、湖州、越州、杭州四场,嘉兴、海陵、盐城、新亭、临平、兰亭、永嘉、大昌、侯官、富都十监,岁得钱百余万缗,以当百余州之赋。自淮北置巡院十三,日扬州、陈许、汴州、庐寿、白沙、淮西、甬桥、浙西、宋州、泗州、岭南、兖郓、郑滑,捕私盐者,奸盗为之衰息。见(元)马端临:《文献通考》,中华书局 1986 年版。

④ 《步出夏门行冬十月》。(三国)曹操:《曹操集》,中华书局 1974 年版,第 11 页。

（四）城市对外贸易产业发展思想

秦统一后，随着交通的发展和市场的完善，城市经济的提升，对外贸易逐渐繁荣，国际贸易产业思想也随之诞生，最早论述这个问题的是李斯。他积极主张对外开放，扩大国与国之间的经济交往，反对闭关自守的锁国政策。[①] 李斯认为"此数宝者，秦不生一焉"，必须实行"地无四方，民无异国，四时充美"的对外政策。这种理论指导了秦国对外经济交往。丹尼·罗德里克（2009）认为，在促进经济增长的因素中制度水平是关键，贸易并没有与制度扮演同样重要的角色，地理并不决定命运。制度之所以重要，因为提供可靠的利益保护，协调利益冲突，维护法律和秩序，并购能够基于社会的利益和成本形成有效的经济激励，而这些正是经济得以实现长期增长的基础。[②]

站在国家富强的角度，西汉论述国际贸易的思想家当属桑弘羊。桑弘羊作为"重商主义"的推动者，特别强调对外贸易。他认为："善为国者，天下之下我高，天下之轻我重。……外国之物内流而利不外泄……异物内流则国用不饶，利不外泄则民用给以"[③]。在掌握财政大权后，桑弘羊推行移民政策。元鼎六（公元前114）年，设置张掖、敦煌郡，并在上郡、朔方、西河等地，大规模地屯垦。公元前89年，提出了输台屯垦的主张。输台是丝绸之路的必经孔道，"输台以东，捷枝、渠犁皆故国，地广，饶水草，有灌田五千顷以上。处温和田美，可益通沟渠，种五谷，与中国同时熟。其旁国少锥刀，贵黄金采增，可以易谷食，益给足不可乏。臣愚以为可遣屯田卒，诣故输台以东，置校尉三人分护，各举图地形，通利沟渠，务使以时益种五谷。张掖、酒泉遣骑假司马为斥侯，属校尉，事有便宜，因骑置以闻。田一岁，有积谷，募民壮健有累重敢徙者诣田所，就畜积为本业，益垦灌田。稍筑列亭，连城而西，以威西国，辅乌孙为便。"[④]利用本国的优势产品交换别国的优势产品，这种比较优势原理是近代国际贸易理论

155

---

① 陈勇勤：《中国经济思想史》，河南人民出版社 2008 年版，第 117 页。

② ［美］丹尼·罗德里克：《探索经济繁荣》，张宇译，中信出版社 2009 年版，第 12 页。

③ 《盐铁论·力耕第二》。王利器：《盐铁论校注》，中华书局 1992 年版，第 4 页。

④ （汉）班固撰：《汉书》，张传玺主编，三秦出版社 2003 年版，第 1717 页。

的源泉之一。桑弘羊认为采用交易的方式,扩大生产,增强国家财富。

陆上边境贸易进一步与西域等国发展,并标注了地图和路线,发展了三条与中土的贸易路线。《隋书·裴矩传》记载:"大业初,西域诸藩,多至张掖,与中国交市。帝令矩掌其事。矩知帝方勤远略,诸商胡至者,矩诱令言其国俗,山川险易,撰《西域图记》三卷,入朝奏之。其序曰:'自汉氏兴基,开拓河右,始称名号者有三十六国。其后分立,乃五十五王……为西域图记,共成三卷,合四十四国,仍别造地图,穷其要害。……发自敦煌,至于西海,凡为三道。各有襟带。北道从伊吾,经蒲类海铁勒部,突厥可汗庭,度北流河水,至拂菻国,达于西海。其中道从高昌、焉耆、龟兹、疏勒、度葱岭,又经钹汗、苏对沙那国、康国、曹国、何国、大小安国、穆国,至波斯,达于西海。其南道从鄯善,于阗、朱俱波、喝盘陀,度葱岭,又经护密、吐火罗、挹怛、帆延、漕国,至北婆罗门,达于西海。其三道诸国,亦各自有路,南北交通。其东女国、南婆罗门国等,并随其所往,诸处得达。故知伊吾、高昌、鄯善,并西域之门户也。总凑敦煌,是其咽喉之地。以国家威德,将士骁雄,泛蒙氾而扬旌,越昆仑而跃马,易如反掌,何往不至!但突厥、吐浑分领羌胡之国,为其拥遏,故朝贡不通。今并因商人密送诚款,引领翘首,愿为臣妾。圣情含养,泽及普天,服而抚之,务存安辑。'"裴矩记载的三条路线,就是隋唐时期陆路交通的贸易通道,出发地点在西北的敦煌,目的地为地中海。

韩愈(公元768年—公元824年)也对城市商业持有肯定态度。"外国之货日至,珠香象犀,玳瑁奇物,溢于中国,不可胜用。"[①]肯定对外贸易思想,认为国家间的商品互通有无,可以满足国人的使用,繁荣城市发展。韩愈认识到对外贸易可以促进国家的经济流通,尽管看到"盗寇贼杀"现象的存在,但不能否定外来商品的作用,这与当时认为对外贸易扰乱国内安宁的思想截然相反。

三、城市官商垄断理论:轻重之术

城市经济增长,意味着城市物质财富的增加,城市在某种程度上是

---

① (唐)韩愈撰:《韩昌黎文集》,马其昶校注,马茂元整理,上海古籍出版社1986年版,第284页。

"国"的象征，城市经济增长代表国家经济增长。现代经济学理论告诉我们，一个国家的财富主要有四个方面：消费、投资、政府购买、净出口。按照产业分类，国家财富应该是第一产业、第二产业、第三产业的总和。先秦时期，阐述经济增长实现国富目标的当属《管子》①一书。《管子》一书并非管仲所著，而是托名于管仲的一部论文集。②《管子》为西汉时期刘向所编订，刘向定著作86篇，到了宋代后，散失10篇，余76篇。分为"经言"（9篇）、"外言"（9篇）、"内言"（7篇）、"短语"（17篇）、"区言"（5篇）、"杂篇"（10篇）、"管子解"（4篇）、"轻重"（16篇）。《管子》书有三个特点：第一，以治国为目标。以宏观角度作为出发点，站在国家角度讨论经济问题。第二，百科全书式的内容涵盖。农本社会的经济问题，几乎全部涉及。第三，专篇叙述商品流通和货币问题。这里只阐述其治国目标，主要通过"务本"而实现"国富"。

农本社会中，农业的基础地位毋庸置疑。《管子》所重视的财富生产，虽然其范围更广，涉及了农、林、畜、果菜、水利工程、女织等六个方面，但主要还是指农业五谷生产。"凡有地牧民者，务在四时，守在仓廪。国多财则远者来，地辟举则民留处。"③指明了物质财富生产的重要性，接下来《管子》又讨论国家（城市）经济增长时的轻重理论。

（一）轻重理论的渊源

轻重理论为中国古代重要学术流派之一④，但中国后世思想家对此介绍很少⑤，而《管子》则对轻重理论阐述得最为详细。轻重理论并非来

---

①　《管子》是战国中期出现的一本伟大经济巨著。转自胡寄窗：《中国经济思想史》（上），上海财经大学出版社1998年版，第288页。轻重学派在当时一定是存在的，个不过在伦理观念支配的条件下不为人所重视罢了。见胡寄窗：《中国经济思想史》（上），上海财经大学出版社1998年版，第319页。

②　巫宝三：《先秦经济思想史》，中国社会科学出版社1996年版，第551页。

③　李山：《管子》，中华书局2009年版，第2页。

④　胡寄窗：《中国经济思想史》（上），上海财经大学出版社1998年版，第318页。

⑤　司马谈论六家时涉及了儒家、墨家、道家、法家、名家、阴阳家，但未涉及轻重之言。司马迁在《史记·管晏列传》提到了有轻重篇，但未加重视。西汉以后谈轻重理论，大都与货币问题相联系。于是轻重论成了中国货币学的专有理论，这是莫大的曲解。见胡寄窗：《中国经济思想史》（上），上海财经大学出版社1998年版，第319页。

自管子,孙叔敖及单旗都提到轻重之说。《管子》书中也提到"自理国伏羲以来未有不以轻重而能成其王者也。""燧人以来,未有不以轻重为天下也"①《管子》书中,又分别介绍到了几个轻重学派的代表:奢、请士、泰等,从侧面说明了当时轻重学派的存在。

(二)轻重理论

"轻重论由三个部分组成:轻重之势、轻重之学和轻重之术"②。轻重之势是关于封建国家在社会经济活动中取得举足轻重的地位,主张经济上的中央集权和经济领域推行封建专制主义的问题;轻重之学是关于商品货币流通的轻重变化的一些原理和规律性认识;轻重之术是关于实施轻重论的手段或方法的问题。这三者相互联系,形成轻重论的整个学说体系。③

1.国家宏观政策:轻重之势

在继承先秦法家"势"的思想,提出"轻重之势"。《管子》主张封建国家在政治上要实行专政,只有实行君主专制的中央集权,才能支配封建国家的经济增长,实现国家的强大。"圣人理之以徐疾,守之以决塞,夺之以轻重,行之以仁义,故与天壤同数,此王者之大辔也。"④采用轻重之势来管理经济发展,才能利于统治。

轻重之势者论述了如果在经济领域丧失轻重论的后果:(1)"国策流已"。在经济上不坚持中央集权,导致不能有效控制整个国民经济,"君不守以策,则民且守于上,此国策流已。"⑤(2)国家贫困。"民人所食,人有若干步亩之数矣,计本量委则足矣;然而有饥饿不食者,何也? 谷有所藏也。人君铸钱立币,民庶之通施也,人有若干百千之数矣;然而人事不及,用不足者,何也? 利有所藏也。"⑥国家经济遭到破坏,城市经济停滞,人民困苦不堪,不利于国家稳定。(3)国家贫而诸侯益。"天子以客行,

---

① 《管子·轻重篇》。黎翔凤撰:《管子校注》,梁运华整理,中华书局 2015 年版。
② 赵靖:《中国古代经济思想史讲话》,人民出版社 1986 年版,第 241 页。
③ 赵靖:《中国经济思想通史》(第 1 卷),北京大学出版社 2002 年版,第 558—559 页。
④ 《管子·山至数》。黎翔凤撰:《管子校注》,梁运华整理,中华书局 2015 年版。
⑤ 《管子·乘马数》。黎翔凤撰:《管子校注》,梁运华整理,中华书局 2015 年版。
⑥ 《管子·国蓄》。黎翔凤撰:《管子校注》,梁运华整理,中华书局 2015 年版。

令以时出,艺谷之人亡,诸侯受而官之,连朋而聚与,高下万物以合其勇。内则大夫自还而不尽忠,外则诸侯连朋合与,熟谷之人则去亡,故天子失其权也。"①国家经济停滞,诸侯因此受益,大臣不履行其职责,诸侯会兴风作浪,结果是天子失势。

为此,也从上述三个方向治理国家的宏观经济:

(1)采用经济手段控制富商大贾。富商大贾拥有资本,了解市场的需求和国家的物质消费,当富商大贾与对方诸侯相结合,这会危机中央集权的统治。另外,农本经济主要依靠农业、手工业,但商业作为流通环节的重要承担者,具备非常大的经济耦合作用,富商大贾控制了商业的流通环节,成为农本经济的主要破坏者。尤其利用其资本,囤积居奇、操控市场价格,"物适贱,则半力而无予,民事不偿其本;物适贵,则十倍而不可得,民失其用"。② 当市场混乱之时,"蓄贾游市,乘民之不给,百倍其本"。③ 这种扰乱市场秩序的行为,其危害之大,"贫者失其财""农夫失其五谷"④。对待商贾大户不能采用行政手段,只有依靠经济手段,采用"重本抑末"和鼓励官营。运用本末政策,既可增加农业产出又能形成轻商观念,刺激商人弃商从农。同时建立官营商业与私商竞争。

(2)对待地方诸侯采用削藩政策。《管子》一书是西汉刘向编撰、筛选,因此成书时间超过百年,很多西汉时期的治国策略也有所显现,对待诸侯的轻重之术,主张"削弱"。在先秦时期,如何才能削弱他国强大本国?"物无主,事无接,远近无以相因,则四夷不得而朝矣"⑤,在主张"毋予人以壤"的同时还要主张"毋予人以财"⑥。财、人、地,是国家的三个重要组成部分,把三者集中于"主"手中,就能最大限度地积累国家实力。这些思想具有明显的"先秦法家"的痕迹。

159

---

① 《管子·山至数》。黎翔鳳撰:《管子校注》,梁运华整理,中华书局 2015 年版。
② 《管子·国蓄》。黎翔鳳撰:《管子校注》,梁运华整理,中华书局 2015 年版。
③ 《管子·国蓄》。黎翔鳳撰:《管子校注》,梁运华整理,中华书局 2015 年版。
④ 《管子·轻重甲》。黎翔鳳撰:《管子校注》,梁运华整理,中华书局 2015 年版。
⑤ 《管子·轻重甲》。黎翔鳳撰:《管子校注》,梁运华整理,中华书局 2015 年版。
⑥ 《管子·山至数》。黎翔鳳撰:《管子校注》,梁运华整理,中华书局 2015 年版。

（3）对待人民主张"民重则君轻，民轻则君重"①。中国封建社会中的主要矛盾是地主同农民的矛盾，封建国家对广大人民（农民占绝大多数）的轻重之势问题，是这种矛盾的直接体现，因而它在轻重之势的三个组成部分中占最基本、最主要的地位。② 对于人民的轻重之势，主要从两方面实行：（1）调通民利。"不能调通民利，不可以语制为大治"③。何为"民利"，这就要引导农民以农业为本业从事生产，强调男耕女织的生产方式，通过扩大农业生产来获利。何为"调通"，统治者需要基于商品流通的视角考虑农业和商业的关系。农业与商业存在"与民争利"的情况，既要打压商业又需依靠商业。（2）"为笼以守民"。以民守业，让地固民，与管仲的"四民分业定居"主张相似。轻重论主张"不通于轻重，不可为笼以守民"④。"为笼守民"是目的，以轻重为手段。封建国家在经济领域中要取得支配作用的地位和威势，把对百姓的予、夺、贫、富的主动权全部掌握在自己手中⑤。采用行业、地域的方式固定农业、农民。这样，就可以采取主动权，控制国家。

2. 经济理论对策：轻重之学

对商品和市场、对商业经营和流通进行研究，这属于"轻重之学"。"轻重之学"是基于商品货币流通的价格、货币、供给、需求等变化，找寻其中内在的规律性。正如前面介绍，国家要经营商业。同私商竞争，就要了解商业活动中的经济现象，而轻重之学正好符合这个内容。主要包含三个方面的内容：货币与粮食、货币粮食与其他商品、商品价格与供求关系⑥。在先秦诸子中，《管子》是唯一把货币作为一个单独问题提出来论证的⑦。其论述的重点是货币作为流通的媒介，其交换作用和流通作用随着商品经济的发展越加明显。货币在《管子》书中共有珠玉、黄金、刀

---

① 《管子·揆度》。黎翔凤撰：《管子校注》，梁运华整理，中华书局 2015 年版。
② 赵靖：《中国经济思想通史》（第 1 卷），北京大学出版社 2002 年版，第 565 页。
③ 《管子·国蓄》。黎翔凤撰：《管子校注》，梁运华整理，中华书局 2015 年版。
④ 《管子·国蓄》。黎翔凤撰：《管子校注》，梁运华整理，中华书局 2015 年版。
⑤ 赵靖：《中国经济思想通史》（第 1 卷），北京大学出版社 2002 年版，第 567 页。
⑥ 赵靖：《中国经济思想通史》（第 1 卷），北京大学出版社 2002 年版，第 568—574 页。
⑦ 巫宝三：《先秦经济思想史》，中国社会科学出版社 1996 年版，第 578 页。

布。这三类的货币也有区别"故先王度用于其重,因以珠玉为上币,黄金为中币,刀布为下币。故先王善高于中币,制下上之用,而天下足矣"。①

(1)货币与粮食的关系。粮食是社会的根本,是城市最重要的生活资料;货币作为流通手段,为广大民众所接受。两者的地位是"五谷食米,民之司命也;黄金刀币,民之通施也"②。货币和粮食的关系,涉及两者之间的交换比例,"粟重黄金轻,黄金重而粟轻"③。粟的数量和价格由市场中的供求关系决定。流通中的粮食数量少,市场的需求就旺盛,粟的价格就会上升,当流通中的货币超出了实际的价格,就会造成购买力下降,粟重黄金轻。轻与重,只是相对价格而言。这种比价,又被看作完全是由多、寡、聚、散即供求状况决定的;粮食及货币自身的价值,都不在考虑范围之内④。

(2)货币、粮食同其他商品的关系。货币与其他商品的关系为"币重而万物轻,币轻而万物重"⑤。采用货币来衡量商品的价格,把货币的交换功能扩到万物。粮食与其他商品的价格也存在着"谷重而万物轻,谷轻而万物重"。采用谷物来衡量其他商品,体现了粮食的重要性,粮食作为国民经济基本生活资料,处于支配性地位,与其他物品存在着此消彼长的关系。

(3)关于商品价格和供求关系。《管子·国蓄篇》指出"轻重之大利,以重射轻,以贱泄平"。《管子》指出,任何商品的市场运动规律都是"轻则见泄""重则见射"⑥。"轻"与"重"是指价格的相对低与高,国家通过掌握的货币数量,使商品价格趋于平衡,对于不能由国家掌握的商品,可以通过竞争,市场调整到平衡。当市场上某种商品价格过高,国家通过储备物资,增加商品的数量,使价格趋于平衡;反之,当价格过低,国家进行收购,使价格回落。可见供求影响价格和价格影响供求,这两种影响,轻

161

---

① 《管子·国蓄》。黎翔凤撰:《管子校注》,梁运华整理,中华书局 2015 年版。
② 《管子·国蓄》。黎翔凤撰:《管子校注》,梁运华整理,中华书局 2015 年版。
③ 《管子·轻重甲》。黎翔凤撰:《管子校注》,梁运华整理,中华书局 2015 年版。
④ 赵靖:《中国经济思想通史》(第 1 卷),北京大学出版社 2002 年版,第 570 页。
⑤ 《管子·山至数》。黎翔凤撰:《管子校注》,梁运华整理,中华书局 2015 年版。
⑥ 胡寄窗:《中国经济思想史》(上),上海财经大学出版社 1998 年版,第 331 页。

重论者都有论述。

3.政策实践:轻重之术

掌握轻重之势和轻重之学后,就掌握基本的原则和规律,而涉及具体运用时就该阐述轻重之术,轻重之术是为取得和保持轻重之势服务的。因此,轻重之术的运用就遍及轻重之势的各个方面。① 分为在国家内部和国际间两方面运用。

(1)国家内部的运用。要满足"委施于民之所不足,操事于民之所有余。夫民有余则轻之,故人君敛之以轻。民不足则重之,故人君散之以重。敛积之以轻,散行之以重。故君必有什倍之利,而财之横可得而平也。"②国家借助轻重理论,在商品贱价时候聚之、在贵价时散之,一进一出之间可以获利,借此达到平衡物价的作用。然而,人民产生"不足"或"有余"的情况取决于农业生产的丰歉和国家赋税的使用。《管子》的基本目的是要求封建国家运用经济手段调整社会经济生活。使用轻重之术管理国家,其目的在于调节万物(包括谷物)之盈与不足,平定物价,并在这个基础上充实封建国家的财政。③

(2)国际间的运用。主要目地是维持"天下轻,我重"④的局面,既守住本国的重要物质又能"泄"到别国的重要物质。这种方式的运用与16世纪后的欧洲的重商主义行径比较相似,先秦时期,各个国家相互竞争,人口、土地、粮食、铁矿等资源都会成为交易的对象。为了保证本国的优势,采用轻重之术,实现"天下之宝,为我所用"。

轻重论是基于市场经济认识和社会生活规律的把握,本身是官商垄断理论。在破除奴隶领主贵族势力上、在巩固和形成新的封建生产方式和形成中央集权的体系中,起到了很大的作用。在农本社会时,这种官商垄断的作用就下降。

---

① 赵靖:《中国经济思想通史》(第1卷),北京大学出版社2002年版,第574页。

② 《管子·国蓄篇》。黎翔凤撰:《管子校注》,梁运华整理,中华书局2015年版。

③ 胡寄窗:《中国经济思想史》(上),上海财经大学出版社1998年版,第332—333页。

④ 《管子·轻重乙》。黎翔凤撰:《管子校注》,梁运华整理,中华书局2015年版。

秦至唐阶段，国家统一和基础设施的建立，使城市的空间范围扩大，城市产业受到国家宏观经济政策的影响，彰显出政治主导性特征，"政策拉动式"成为城市产业发展的主要特征。城市的等级与城市的空间范围相关，城市农业作为基础产业，仍然存在城市之内，但从业人口比例下降，"重农思想"使其在城市农业和城市经济具有优先发展的地位。官营手工业的作用日益显著，从产业组织看，官营手工业发展壮大，从业人员比例提高。对于关系国家安全的军工产品、农具产品、基础设施营建等种类的手工行业统一管理。"政策拉动式"以国家行政干预为标准，采用垄断原料、征用劳动力、垄断销售作为特点，导致城市人口（官营手工业者和流动人口）的增加，促进了私人手工业者的发展。西汉时期手工业等11个部门的分类表明了以满足城市人口粮食生活需要和穿衣需要为前提，市场的需要带动了城市手工业行业的发展。

"重本轻末"思想成为指导理论。随着城市基础产业的发展，产生了很多新兴产业如教育业、宗教业、造船业等。这类产业依靠所提供的"技能"服务社会，丰富了城市经济。政府从设置官卡、征收重税、降低政治地位等方面对商人进行排挤和打压，但商业一直在持续向前发展。主要有以下几个原因：(1)商品交易市场的存在。农业产品为交易提供了市场供给，农业经济的发展，为商业提供了物质基础。在重农思想和政策的影响下，生产关系向全国扩散，粮食亩产率提高、耕地面积的扩大的等带动了农业发展，手工业产品为交易提供了市场需求。(2)城乡二元市场的存在。在全国性市场没有产生前，区域性的市场构成商品交易的半径，城市内的居住人口尽管可以通过赋税等方式获取基础生活物资，但城市与乡村割裂的二元市场仍然存在，需要商人"互通有无"。(3)商业政策的鼓励。自由发展和政府管制思想一直并存，依靠外部政治条件的变化、军事战争的需要和割据分裂的现实，对商业的政策时常出现自由发展（鼓励）的措施，以桑弘羊的城市产业专营思想为代表，也出现官僚经商的现象。(4)国民经济发展的需要。为了发展国家经济，鼓励（或重视）商业的思想一直存在。刘晏的城市商业经营思想，为城市工商业的发展提供了政策借鉴，漕运、平仓和盐法政策的实施，松弛了对手工业的束缚、沟通了城市之间的联系。

163

第三章　城市产业细化思想："市场"条件下的专业化行为

　　整个古代城市的发展历程可以分为两个阶段：先秦到唐代，是封闭式都城制度时期；宋到明清，是开放式都城制度时期。施坚雅把唐中叶中国城市性质的变化称为"中世纪城市革命"，并归纳了五种特征：(1)放松了每县一市，市在县内的规定。(2)官方组织衰落并瓦解。(3)坊市制度瓦解消灭。(4)城市迅速扩大，城区工商业经济发展迅猛。(5)出现了具有重要经济功能的小城镇。①

　　宋元时期，是城市产业活跃的阶段。南宋时期，经济重心的转移已经完成。城市产业在两个方向展示出令人瞩目的高度；第一，城市内部坊市布局的瓦解打破了城市产业布局的地域限制，逐渐显出"规模经济"的集聚效应。第二，城市外部由手工业、商业和对外贸易业等自发形成的"市镇"成为城市发展的新方向。生产技术的提高、交通范围的扩大与对外贸易的兴盛，成为城市经济发展的主要因素，带动自然经济条件下的"规模经济"的发展。

　　产业专业化成为城市经济发展的主要动力，治所成为发展经济的集聚地，这是中国古代城市经济发展的一个特点。城市产业发展思想体现出不同的时代特征：第一，城市等级思想逐渐细化，建制城市出现。以经济内在需求为表现的市镇成为城市发展的新表现。第二，城市产业主体产生后，组成不同的行业组织。第三，专业化生产诞生，技术进步和对外贸易业的发展促进了城市产业组织的扩大，导致城市内部坊市的瓦解和

---

　　① ［美］施坚雅：《中国（封建社会）晚期城市研究》，王旭译，吉林教育出版社 1991 年版，第 23—32 页。

城市外部市镇经济的繁荣。第四,市场经营的变化。社会外部环境逐渐向有利于商品生产的方向转变,国家经营的行为逐渐向市场经济行为让步。"尽管如此,在8世纪中期,即使在那些严格执行这样规定(在治所内对交易活动实行控制)的地区,市场经营仍然让位于私人经济行为。"①

第一节　城市建制体系确立与城市产业发展

宋元时期,建制城市体系诞生,产生专门管理城市发展的机构。市政建制即城市行政建制,亦即城市行政区划与管理制度,以城市拥有明确的行政线、市域范围和职能完善的城市行政管理机构为标志。②

一、城市治理机构的设置：厢吏

为了更有效地控制城市居民,从战国时期开始,就诞生将城市内部划分为若干封闭区的规划。汉朝时期,把这种封闭区域称为"里",汉以后则称为"坊","里"与"坊"成为城市居民生产和生活的基本单位。汉朝城市的"里"四周修围墙,围墙下修建门,内部修有纵横穿插的街道,居民的住宅临街修建。"里"不设置其他商业、手工业作坊,只是单纯的居住区,作息时间受到严格的控制。"里"之外,设"市",经济和娱乐活动都在"市"内进行。隋唐时期,"市"的交易时间限制在白天,交易范围也仅限在市内。坊区仍然修有围墙,坊门日落击鼓关闭、日出击鼓打开。唐后期,随着经济活动的加强,坊市格局已在某些城市不能适应经济发展而日渐松弛。宋朝时期,疆域减少,城市人口激增,导致市场需求提升,市场的交易行为逐渐多样化、常态化。如开封城市在粮食方面的消费,每年达到数百万石,公元1008年达到700万石。③ 肉类的供应也是"民间所宰猪,

165

---

① ［日］斯波义信:《商业在唐宋变革中的作用》,张天虹译,《文史哲》2009年第3期,第13—22页。

② 韩光辉、林玉军、王长松:《宋辽金元建制城市的出现与城市体系的形成》,《历史研究》2007年第4期,第42—62页。

③ 何一民:《中国城市史纲》,四川大学出版社1994年版,第142页。

徐从此(南薰门)入京,每日到晚,每群万数"①。商业的需求和发展,使城市经济空前活跃,开封的商业活动突破"坊市"的时间与地域限制,从早到晚"直至三更",甚至有些商铺"通宵不绝"。公元965年,宋太祖正式颁布诏令,开封府三鼓以后的夜市不禁,百姓可在三更前在外行走。公元1018年,夜间的应天府的坊门已不关闭,1083年,开封城门也不再按时关闭。

坊市制度的崩溃,使城市管理面临新的问题,为了适应城市发展的新形势,宋王朝开始了新型的城市管理模式——厢制。厢原是唐时期划分驻军的军制,宋王朝以此为借鉴,管理城市。开封的厢制经过三次调整后,形成17厢133坊,内城4厢45坊,新城4厢74坊,外城9厢14坊。厢制确立后推行全国,绍兴54厢,下设93坊2市。荆南府设左右厢8坊。南宋时期,临安(杭州)设立厢制,共有9厢。除临安以外,主要的州、府、军的治所设立厢,目的是随着居民的增加,对住民进行部署和管理。《宝庆四明志》第三卷介绍,城内分为四厢:东南厢、东北厢、西南厢、西北厢。《嘉定镇江志》记载,城内分为五厢。厢制的建立,标志着以街道为单位的城市行政模式代替了小区封闭型的管理模式、从封闭管理向开放管理转变,是城市经济进步的表现。我们应该认识:厢的制度,是作为都市人口的增加、都市地域的扩大的结果而产生的东西。②

《宋会要辑稿》中,留下唯一一份记载首都开封城内具体户数、厢吏设置的史料。现将史料摘抄如下:"新城(开封的外城)外置九厢,每(厢)五百户以上,置所由四人、街子三人、行官四人、厢典一名;(每厢)五百户以下,置所由三人、街子二人、行官四人、厢典一名,内都所由于军巡差虞候充,其余并招。所由新、旧城里八厢;左军(厢)第一厢管二十八坊,人户约八千九百五十户,元街子、所由、行官、书手、厢典共三十二人,今减八人,差厢典、书手、都所由各一人,所由五人,街子二人,行官十四人。第二厢管十六坊,人户约万五千九百户,元共三十四人,今减八人,顶箱典、书

---

① 《东京梦华录·朱雀门外接卷》卷2。(宋)孟元老撰,邓之诚注:《东京梦华录》,中华书局1982年版。

② [日]加藤繁:《中国经济史考证》,吴杰译,中华书局2012年版,第261页。

手、都所由各一人,所由五人,街子四人,行官十四人。城南左军厢管七坊,人户约八千二百户,元共二十人,今减四人,定厢典、书手、都所由各一人,所由二人,街子二人,行官九人。城东三军厢管九坊,人户约二万六千八百户,元共二十九人,今减十人,定厢典、书手、都所由各一人,所由四人,街子四人,行官八人。城北左军厢管九坊,人户约四千户,元共二十六人,今减十人,定厢典、书手、(都)所由各一人,所由三人,街子三人,行官七人。右军(厢)第一厢管八坊,人户约七千户,元共二十一人,今减九人,定厢典、书手、都所由各一人,所由二人,街子二人,行官六人。第二厢南坊,人户约七百户,元共九人,今减三人,定厢典、书手、都所由各一人,所由三人,街子一人,行官二人。城南右军厢管十三坊,人户约九千八百户,元共二十四人,今减九人,定厢典、书手、都所由各一人,所由三人,街子六人,行官八人。城西左军厢管二十六坊,人户约八千五百户,元共三十一人,今减六人,定厢典、书手、都所由各一人,所由五人,街子六人,行官十一人。城北右军厢管十一坊,人户都所约七千九百户,元共二十八人,今减十五人,定厢典、书手、都所由各一人,所由二人,街子二人,行官六人。"这是宋代城市唯一载有具体厢坊统辖户数的史料,也是中国中世纪以前城市户数的唯一史料。① 按照史料记载,各厢、坊、户数、官吏数量见表 3-1,共有 128 坊,约 97750 户,官吏数量为 172 人。各厢坊、官吏之间并没有严格按照户数多寡配置,如户数最多的城东三军厢是户数最少右军第二厢的 38 倍,而官吏数量仅仅是右军第二厢的 3 倍。

表 3-1　开封城厢坊、户数、官吏数量

厢名	左军第一厢	左军第二厢	城南左军厢	城东三军厢	城北左军厢	右军第一厢	右军第二厢	城南右军厢	城西左军厢	城北右军厢
坊数	28	16	7	9	9	8	1	13	26	11
户数	8950	15900	8200	26800	4000	7000	700	9800	8500	7900
官吏	24	26	16	19	16	12	6	15	25	13

---

① 陈振:《宋史》,上海人民出版社 2003 年版,第 108 页。

伴随厢制的发展,厢吏随之出现。厢制建立以前,城市内部的居住主要是"坊市制",至道元年(公元995年),下诏改京城内外坊名,厢制正式出现。① 厢比坊的面积大,为了管理的方便,设置厢吏②。随着城市规模的扩大和人口的增多,厢制管理制度也更加完善,成为城市与县郭之间的管理体制。北宋时期很多大城市都设置厢制,如北京大名府、楚州、太原等。南宋时期,设置厢制的城市更多。南宋时期,开放性的城市格局已经在全国确立,这标志着中国城市格局从封闭转变为开放,新城市面貌格局正式确立。总之,城市厢制是伴随城市发展和城市社区管理专门化过程逐渐出现的,是一个新事物,在宋代三百年中仅东京和临安两都城形成这种建制。③

二、城市市政建制体系的确立与职能

(一)市政建制体系的设置

中国古代城市市政建设始于12世纪中叶,发展完善于13世纪后至14世纪前半期即元帝国统一中国、实行有效封建统治的时期。④ 市政建制体系的建立与元帝国的统治区域有关,《元史·地理志》记载元帝国"北逾阴山,西极流沙,东尽辽东,南越海表……立中书省一,行中书省十有一:曰岭北,曰辽阳,曰河南,曰陕西,曰四川,曰甘肃,曰云南,曰江浙,曰江西,曰湖广,曰征东,分镇藩服,路一百八十五,府三十三,州三百五十九,军四,安抚司十五,县一千一百二十七"⑤。行省制度是元代的地方治理的最高机构,行省之下分为路、府、州、县。随着统治区域的扩大,

---

① "诏改京城内外坊名,旧城内左第一厢二十坊,第二厢十六坊,右第一厢八坊,第二厢二坊;新城内城东厢九坊,城西厢二十六坊,城南厢二十坊,城北厢二十坊。"见(清)徐松辑录:《宋会要辑稿·方域》一之十二,中华书局1975年版,第1919页。

② "置京城新城外八厢,真宗以为都城之外,居民颇多,旧例惟赤县尉主其事,至是特置厢吏,命京府统之。"见(清)徐松辑录:《宋会要辑稿·兵》三之一,中华书局1975年版,第6802页。

③ 韩光辉、林玉军、王长松:《宋辽金元建制城市的出现与城市体系的形成》,《历史研究》2007年第4期,第42—62页。

④ 韩光辉:《元代中国的建制城市》,《地理学报》1995年第4期,第325—334页。

⑤ 《元史》卷58《地理志》,(明)宋濂等:《元史》,中华书局1976年版,第1345页。

为了保证城市治理的效率,设置了建制城市的管理机构:警巡院和录事司。

(二)市政建制体系的市政职能

警巡院的制度来自辽代,金代设置东、西、南、北、上等五京警巡院。元世祖中统四年(公元1263年)设置上都市警巡院和大都警巡院。主要的职责是"领警示坊事""分领京师城市民事"[①]和"领民事及供需"[②]。录事司设置于中统六年(公元1260年),其职能是"以掌城中户民之事"[③],"若城市民少,则不置司,规之倚郭县。在两京,则为警训院"[④]。元代设置录事司的标准是根据人口来划分,2000户作为标准。"所管城市军民在2000户以上者,设录事、司侯、判官各一员;2000户以下者,不置判官。"[⑤]《元史·地理志》记载先后有123个城市设置录事司,表明至少有123个城市。总之,录事司和警巡院一样,系元代独立的城市市政建制。举凡置有警巡院和录事司的城市实质上就是中国古代的建制城市。[⑥]

169

三、城乡分治政策与区域产业分工

马克思认为,在所有的社会分工中最有意义的是城市和乡村的分离,因为"一切发达的、以商品交换为媒介的分工的基础,都是城乡的分离。可以说,社会的全部经济史,都可概括为这种对立的运动"[⑦]。城乡分治体现城市经济的产业分工,城市农业已经不适合在城市内大规模的存在,通过城乡分治区分各自产业,明确产业主体在不同地域内所起的作用。

---

① 《元一统志》卷1,大都路。(元)孛兰肹等著,赵万里校辑:《元一统志》,中华书局1966年版。

② 《元史》卷90,百官志。(明)宋濂等:《元史》,中华书局1976年版。

③ 《元史》卷91,百官志。(明)宋濂等:《元史》,中华书局1976年版。

④ 《元史》卷91,百官志。(明)宋濂等:《元史》,中华书局1976年版。

⑤ 《元史》卷91,百官志。(明)宋濂等:《元史》,中华书局1976年版。

⑥ 韩光辉:《元代中国的建制城市》,《地理学报》1995年第4期,第325—334页。

⑦ [德]卡尔·马克思:《资本论》(第1卷),中共中央马恩列斯著作编译局译,人民出版社1975年版,第390页。

（一）城乡分治政策的产生

城乡分治根据陈振（2003）的定义，是指城（镇）内的事务，由府、州直接管理，但地界仍属附郭县；县城内、镇内由县、镇直接管理，地界也仍属有关的乡。城乡分治最早是景德四年（1007 年）从首都开封开始的。①分治以前，包括都城在内的府、道等城市以及城以外的乡村，由所在的县（称作"附郭县"）统一管理。遂出现了"前世赤县治京师，不以城内外为限制"②。城乡分治以城墙、城门为界，是宋代的基本形式，只有极少数城市将城外的近郊列为城区，不由附郭县管理。③

（二）城乡分治下的区域产业分工

为了与城乡分治互相匹配，政府设立"坊郭户"的户籍制度，并划分成十等级。关于"坊郭户"的最早记录，所见"天禧三年（1019 年）十二月，命都官员外朗苗镇狱知河南府薛田，同均定本府坊郭居民等"。④1044 年，欧阳修所说："往时因为臣僚起请，将天下州、县城郭人口，分为十等科差"⑤，对城镇内外居民，根据是否有常产划分为主户和客户；客户主要是城市贫民，主户主要是城市工商业者。各州、县的经济发展程度不一样，划分主客户的标准也不同。经济发达的区域，主户根据"常产"划分十个等户，分别承担不等的赋税科配；经济落后地区，虽将客户划分成十个等户，但对下户的划分各地区不一致，富裕的城镇将九、十等户划为下户，也有些城镇把七、八、九、十划分为下户，下户可以免除科配。王安石的募役法——对城市劳动力和城市居民的劳役释放⑥。（1）根据资产的多寡，分为十等分，各级所属等户纳劳役。乡户四等以下、坊

① 陈振：《宋史》，上海人民出版社 2003 年版，第 103 页。
② 尹洙：《河南先生文集》卷 4《题祥符县尉厅壁》。原文无撰写时间，尹洙是仁宗天圣二年进士，景佑元年至三年在京任馆阁校勘。后贬为地方官。转引自陈振：《宋史》，上海人民出版社 2003 年版，第 103 页。
③ 陈振：《宋史》，上海人民出版社 2003 年版，第 105 页。
④ 《宋会要辑稿》食货十二之二、三。见（清）徐松辑录：《宋会要辑稿》，中华书局 1957年版，第 5008 页。
⑤ 《欧阳文忠公文集》卷 116《乞免浮客及下等人户差科札子》，转自包伟民：《宋代城市税制再议》，《文史哲》2011 年第 3 期，第 148—162 页。
⑥ 《文献通考卷十二·职役考一》。见（元）马端临：《文献通考》，中华书局 1986 年版。

郭自六等以下免除劳役。（2）鼓励城郭中等户（女户、寺观、品官之家），出助役钱。（3）城郭每五年，乡村每三年重新评定户等。仁宗庆历八年（1048 年），宋朝主客户统计为 10723695，英宗治平三年（1066 年）主客户共 12917221 户。

按照"常产"划分的"坊郭户"制度，把城市农业推到乡村地区，而城市工商业则顺理成章在城市中生产经营。"十等户"的方式，蕴含着税收优惠，把工商业者推向城市或者市镇，也开启了产业按照地域划分的序幕。

第二节　"市场推进式"产业发展思想的演化

"推进"指"推动、推向前进、推入"的含义，也有举荐之义，《后汉书·宋弘传》中记载"弘推进贤士冯翊、桓梁三十余人，或相及为公卿者"。"市场推进式"是指产业经济的发展依靠市场信息，交易主体依据自身利益考虑，调整经济活动的发展方式，具体来讲，就是以满足市场需求发展城市经济。

171

一、城市资源利用的新转变

（一）燃料危机的出现与煤炭的开采

煤炭没有出现前，木材作为主要的燃料在生产和生活中被广泛应用，但由于长期砍伐、人口急速增加、建筑消耗等原因，造成森林资源的大幅减少。沈括看到这一情形，认为木材的减少造成燃料危机。"今齐鲁间松林尽矣，浙至太行、京西、江南，松山大半皆童矣。"[1]煤炭资源的出现，在生产和生活中解决了当时的燃料危机[2]，资源性城市逐渐出现。北宋时期煤炭大都集中在河东（今山西）、河北、京东（今徐州一带）等地[3]。地方政府征收交易税，真宗大中祥符二年（公元 1009 年）诏书称

---

① 沈括：《梦溪笔谈》卷二四，文物出版社，《元刊梦溪笔谈》影印本。
② 赵德馨、葛金芳：《中国经济通史》（第五卷），湖南人民出版社 2002 年版，第 280—289 页。
③ 赵德馨、葛金芳：《中国经济通史》（第五卷），湖南人民出版社 2002 年版，第 285 页。

"如闻并州民鬻石炭者,每驮抽税十斤,自今除之"①。

煤炭采掘业的兴起,对宋元时期的冶炼业具有非常重要的意义,不但缓解了薪柴短缺的局面,更提高了炉温和冶炼的效率和质量,推动铸造、冶炼业的发展变革。煤炭燃料的使用,极大地促进铁、钢的冶炼,把生、熟铁混合起来通过加热、锤击来炼制钢铁的办法,要到唐宋之际才推广开来,成为普遍的制钢方法。②

(二)自然资源的分布对城市产业布局的影响

金、银、铜、铁、铅等资源分布具有明显的不均性,呈现东方诸路多、西方诸路少的特点。这也使得手工业的分布较多集中在东方诸路。手工业因受农业和资源的限制呈现不均等发展。在麻、木棉、甘蔗、茶树等经济作物发达的区域,手工业为纺织、木棉、制糖、制茶等提供原材料促进本地城市经济的繁荣。资源分布不均产生地域的差异性,也为专业化生产提供了前期条件。劳动地域分工是由于拥有不同经济的地方结合起来的结果,分工反映出这些地方之间的经济连续,乃是经济专门化不同的地域在经济上互相补充的过程。③

《文献通考》记录了北宋时期的矿冶资源的全国分布,自然禀赋不同导致产业分工的不均,在资源禀赋比较丰富的地区如江南地区,拥有了先发优势。

表 3-2　北宋矿冶资源分布地区

矿冶名称	分布地区
金	登、莱、商、饶、汀、南等 11 冶
银	登、虢、秦、凤、商、陇、衢、饶、信、郴、衡、漳等 84 冶
铜	饶、信、虔、漳、汀、邵阳、应等 46 冶

① 《宋会要辑稿》食货一五之一七。见(清)徐松辑录:《宋会要辑稿》,中华书局 1957 年版,第 5063 页。

② 杨宽:《我国历史上铁农机的改革和使用》,《历史研究》1980 年第 5 期,第 89—98 页。

③ 萨乌什金著,毛汉英、张成宣、朱德祥、王国清等译:《经济地理学》,商务印书馆 1987 年版,第 316 页。

续表

矿冶名称	分布地区
铁	登、来、徐、兖、凤翔、泉、建、英等 77 冶
铅	越、衢、信、汀、英、连等 30 冶
锡	商、虢、虔、道、贺等 16 冶
丹砂	商、宜 2 冶
水印	秦、凤、商等 5 冶。

资料来源：(元)马端临：《文献通考》，中华书局 1986 年版，第 258—260 页。

矿业资料的全国布局，为城市各行业的发展提供资源禀赋。从表 3-3 可以看出，资源的分布对城市产业发展的影响。

表 3-3　宋元时期工业地域分布

产　业	产　地	
	宋　代	元　代
冶矿及金属品	金矿：山东、陕西等地 铁矿：河北、山西、河南 煤矿：河北、山东、山西、山西 铜矿：韶、潭、信、饶、建、汀、温、池等州	黄金：云南、江浙、湖广、河南等省。 白银：云南、江西、湖广、江浙等地、 铁：湖广、江浙、江西、云南、陕西、四川等地 铅锡：江浙的铅山、台州、处州、建宁、延平、邵武。湖广的韶州、桂阳、潭州等地
纺织	汴京、洛阳、真定、青州、益州、梓州、润州、湖州、四川、江浙等地	麻纺织：河东 棉纺织：松江、浙东、江东、江西、湖广、福建等地
制瓷	汴京、定州、汝州、耀州、均州、越州、处州、临安、建瓯、吉州、景德镇	蒲州、潞安州、霍州、清水、景德镇、龙泉等地
造纸	四川、越州、河北、饶州、抚州、湖北等地	绍兴、铅山、清江、上虞、英山
制盐	两淮、两浙、福建、两广、长芦、山东、四川	两淮、两浙、福建、两广、山东、长芦、辽宁、河东、四川
制茶	荆湖南路、荆湖北路、利州路、成都府路、江南东路、江南西路、淮南路、两浙路、福建路	湖州、庆元路、建宁、广南、湖北、成都、常州、平江
造船	明州、泉州、广州、杭州、建康、苏州、扬州、温州、廉州、钦州、潭州	宁波、广州、扬州、湖南、赣州、泉州、平滦、南昌、福州

资料来源：王天伟：《中国产业发展史纲》，社会科学文献出版社 2012 年版，第 119—122 页。

173

二、城市交通营建思想的延伸

中国式的市场网是由每一个地区的集散升高到上一层的集散地，再往上升高到更高一层的集散点，这种一层一层的升高，遂建立网络，然后全国的物资经过这种网络而流转于各地，构成通盘的供求关系。① 中国的交通道路网与市场网是重叠的，这个道路网是线状的网②。市场网虽会因内乱而破坏，但只是破裂成几个小型的网，等帝国统一的时候，这些小型的网又可以整合成大的网③。中央和地方间，有彼此的制衡关系，资源经全国性的交通网络成金字塔状自上而下分布，人才体系配合经济网络开始全国性的流动，都是借助交通设施提升流通效率。

（一）城市交通体系确立

交通网络的形成与城镇规模相匹配。宋朝时期，伴随行政统治体系的完善，形成都城、路城（府、州）、县城、镇、集市（市）的城市网络体系。随着城市商业、手工业的发展，专业化城市逐渐形成，政府设置了监制，在军事要地设置军制。④ 元代时期，形成行省制度，逐步演化成八级行政城市等级：首都、省会、路城、府城、州城、县城、镇、市。

（1）首级城市——国都。国都是全国城市的核心和中心城市，人口规模宏大。南宋临安（杭州），《武林旧事》记载，有户三十万。《宋史·地理志》"开封府，崇宁间（公元 1102—公元 1106）有户二十六万一千一百一十七。"每户按照五口人算，规模超过一百二十万。这种城市人口规模，在世界上都少见，直到近代 19 世纪后的伦敦，人口才过百万。（2）次级城市——府（州）城。作为区域性的中心，次级城市规模不等、数量较多、人口规模较多。总体来看，这类城市居民能达到数万至十余万户，相当于现代的中等城市（20 万—50 万人口不等）。⑤ （3）三级城市——县

---

① 许倬云：《中国古代文化的特质》，新星出版社 2006 年版，第 29 页。

② 许倬云：《中国古代文化的特质》，新星出版社 2006 年版，第 29 页。

③ 许倬云：《中国古代文化的特质》，新星出版社 2006 年版，第 30 页。

④ 监、军视规模而定，大可以与州府等级，小可以与县等级。

⑤ 顾朝林：《中国城镇体系——历史·现状·展望》，商务印书馆 1996 年版，第 89 页。

174

城。自战国后期以来,县制城市是我国比较稳定的行政单位。县城的设立与废置,与军事战争和经济发展有关。作为数量最大、吸纳人口最多的行政中心,县城一般居民在 1000—5000 户,总规模在 5000—20000 人。(4)四级城市——市镇。市镇的发展主要集中在宋代,规模与人口相关,大市镇约有数千户,中等市镇约 1000—2000 户。小镇的规模在 1000 户以下。宋代在官路旁边或驿路上,每隔一定的距离(十里或五里)即设有"堠子"(里程碑)告知到州、府之间以及到都城距离。"堠,土堡也,又封土为坛,以记里也。五里只堠,十里双堠。"①日本僧人圆仁在《入唐求法巡礼行记》中记载"唐国行五里立一候(堠)子,行十里立二候(堠)子"。可见"堠子"自唐设立,负责记录里程。

(二)长江流域的市镇数量与产业发展

宋代时期,城市经济发展延伸到市镇。传统市镇是小农户为了自身发展的需要,将剩余产品交换,购买自己所需要的其他生活用品。后来,传统市镇逐渐演变为粮食与手工业品的收购点和交易点,负责供应附近的州、县。宋代则出现了另外一种市镇——非传统性市镇或新型市镇②。人口增多而耕地减少,为了维持日常生活,农户需要依靠副业收入来换取生活必需品,这种新型的市镇成为副业的收购点和粮食的转卖点。两类市镇都是从农户手中收购东西,只是收购品种不同,所以两类市镇都必须面对农村,设在广大的农村中,为农户服务。③

北魏时期,出于军事上的考虑,设置一些军镇。唐、五代十国时期,军队驻扎的地方也称为"镇",一些交通便利的镇随着商品交易而口渐兴盛。伴随交通运输条件的改变,宋朝时期,小城镇的发展出现了高潮,大多数新兴的城镇都出现在交通要道、沿海或沿河口岸以及大城市的四周,如杭州附近出现了 15 个镇市,建康附近出现了 14 个镇市。

以水陆交通枢纽为中心,宋朝构建了道、府、县治所在地的城市、镇市

---

① 《康熙字典》,中华书局 1981 年版。

② 本书采用赵冈的定义。见赵冈:《中国城市发展史论集》,新星出版社 2006 年版,第 173 页。

③ 赵冈:《中国城市史论集》,新星出版社 2006 年版,第 173 页。

和草市的多层次的区域性市场网络。以汴京为中心的北方市场、以苏杭为中心的东南市场、以成都府和元兴府为中心的蜀川区域性市场、以太原等地为中心的西北市场。北方市场以汴京为中心,依靠黄河、汴水、广济河等水陆设施,解决汴京的百万人口的粮食和生活需要。苏杭为中心的东南市场网络是宋朝最重要的区域网络;东南市场网络以两浙和江东为中心。以上述区域性的市场网络为中心,构成了全国性的市场网络。市镇则成为最具活力的场所,从表3-4可以看出江南部分地区的市镇数量。

表3-4　江南部分地区镇市、市数量

地区	镇市数量(个)	市数量(个)	资料来源
杭州	11	25	《咸淳临安志》卷二十
建康府	15	25	《景定建康志》卷一六
常州		13	《毗陵志》卷三
秀州	7	11	《至元嘉禾志》卷三
常熟	6	8	《至元琴川志》卷三

资料来源:作者整理而得。

宋朝时期的镇市分布南多北少。北宋神宗时期,全国有近1800个镇,约1300多个分布在南方,尤以梓州路的镇最多,达351个,占总数的19.5%。[①] 镇市的商业活跃,甚至有些镇市超过了县城。如著名的秀州华亭县青龙镇,密州板桥镇等。镇市的繁荣也与经济中心联系在一起,经济功能性已经出现。而到了南宋时期,虽然疆域减少,但仍保存了1280个镇,估计还有4000多个集市。[②]

草市和镇市的繁荣体现在了商税收入上,一些重要的镇市要比州城的商税要多(见表3-5)。凤州商税10836贯,而其所辖的固镇商税则有24816贯,莱州商税为6241贯,但海仓镇却为12921贯,沙市为9801贯,

---

① 何一民:《中国城市史纲》,四川大学出版社1994年版,第140页。
② 李春棠:《宋代小市场的勃兴及其主要历史价值》,《湖南师院学报》1983年第1期,第76—82页。

而江陵府仅为 8438 贯。

表 3-5 宋代部分镇市与州城商税表

镇市	镇市商税数量（贯）	所属州城	所属州城商税数量（贯）
蕲口镇	26540	蕲州	21141
固镇	24816	凤州	18360
丁字河镇	18119	滨州	8877
池口镇	13386	池州	4805
海仓镇	12921	莱州	6241
沙市	9801	江陵府	8468
固始镇	9200	光州	4925
安邑镇	8757	解州	7704
宁海镇	12073	滨州	8877

资料来源：杨德泉：《杨德泉文集》，三秦出版社 1994 年版。作者整理而得。

（三）全国性市场的确立

长江流域市场的建立与城市数量的增多，促进城市空间范围的扩大，带动全国性市场的确立。从北宋时期的城镇空间分布可以看出县、市镇的密度。

表 3-6 北宋城市空间密度分布

府道军	地域面积（平方公里）	县城数量（个）	市镇数量（个）	县城密度（平方公里）	市镇密度（平方公里）	县市比例（市镇/县）
梓州路	67140	49	357	1370. 204082	188. 0672269	7. 285714286
成都府路	50740	58	163	874. 8275862	311. 2883436	2. 810344828
河北东路	60230	53	31	1136. 415094	1942. 903226	0. 58490566
京畿路	16990	17	128	999. 4117647	132. 734375	7. 529411765
利州路	80700	39	31	2069. 230769	2603. 225806	0. 794871795
河北西路	59890	53	52	1130	1151. 730769	0. 981132075
京西北路	82830	58	83	1428. 103448	997. 9518072	1. 431034483
京东西路	54500	43	45	1267. 44186	1211. 111111	1. 046511628
淮南西路	96790	32	113	3024. 6875	856. 5486726	3. 53125

府道军	地域面积（平方公里）	县城数量（个）	市镇数量（个）	县城密度（平方公里）	市镇密度（平方公里）	县市比例（市镇/县）
两浙路	122770	79	75	1554.050633	1636.933333	0.949367089
江南东路	81740	48	54	1702.916667	1513.703704	1.125
永兴军	141390	80	90	1767.375	1571	1.125
淮南东路	83270	37	62	2250.540541	1343.064516	1.675675676
夔州路	97320	30	77	3244	1263.896104	2.566666667
京东东路	96700	37	49	2613.513514	1973.469388	1.324324324
京西东路	110800	30	66	3693.333333	1678.787879	2.2
秦凤路	140540	38	78	3698.421053	1801.794872	2.052631579
江南西路	131510	47	52	2798.085106	2529.038462	1.106382979
河东路	128900	75	18	1718.666667	7161.111111	0.24
广南西路	185300	64	56	2895.3125	3308.928571	0.875
荆湖北路	152810	47	44	3251.276596	3472.954545	0.936170213
广南东路	165950	40	36	4148.75	4609.722222	0.9
福建路	120600	45	23	2680	5243.478261	0.511111111
荆湖南路	134300	34	23	3950	5839.130435	0.676470588
全国	2463000	1135	1895	2170.044053	1299.736148	1.669603524

资料来源:面积来自胡道修:《宋代人口的分布与变迁》,《宋辽金史论丛》第二辑,中华书局 1991 年版,第 105 页。县镇数量参考于云瀚:《北宋城市密度分析》,《学术研究》1998 年第 11 期。

城市、镇市、市的交叉分布,形成蛛网形的市场网,把农村和城市紧密联合在一起,使农户的生活发生很大的变化。"予见佃户携米或一斗,或五七三四升,至其肆,易香烛、纸马、油、盐、酱、醋、粉、麦面、椒、姜、药饵之属不一,皆以米准之。整日得米数十石,每一百石运至杭、至南浔、至姑苏粜钱,复买物货,归售水乡佃户如此。"①西南部的成都府和兴元府,尽管对外联系困难但对内联系紧密。这种区域联系受到农业和手工业布局不平衡的影响,镇市、草市的地域性十分明显。聚集于河谷一带,靠近成都府为一百六十三个、梓州路三百五十一个、利州路之地有一百二十个镇

---

① 方回:《晓古今者》卷一八《附论搬固计井田百亩岁入岁出》,转引自漆侠:《宋代经济史》,上海人民出版社 1987 年版,第 941 页。

市,而在戎州、泸州边界地区,则无草市。西北市场是以太原、永兴军和秦州为中心,这些地区在汉唐时期,一直都是重要的区域中心,尽管随着经济中心的南迁,本地缺乏产品的输出,慢慢地褪去了"陆海"的光环,但由于地理位置的重要性,一直同西北各民族进行贸易往来。宋朝是我国古代城市经济高峰,但并非所有城市的经济功能都高,在某些城市,聚集了大量的非生产类人口,城市生产的功能远远落后于消费功能,城市消费的意义大于生产的意义,这点也非常明显。

交通网络的建立,扩大了城市的空间范围,促进了全国性市场的确立,为商品的流通和对外贸易提供了保证。南宋临安已形成三级市场圈沟通与周边及全国各地的联系,完成作为经济中心的辐射与吸纳功能,城市的批发—零售网络有效地组织商品的销售,完整的市场体系满足了百万人口的消费需求。[①] 宋元时期,城镇体系也较之隋唐有了较大的发展,区域性城市的作用增强,商业性城市、专业性城市显现;城市等级与人口规模的关系逐渐清晰,县级城市网络形成,大、中、小城市规模分布日趋合理。

179

（四）城市交通思想

经济发展引发城市空间外拓。后周世宗柴荣(公元 921 年—公元959 年),为了解决"坊市之中、邸店有限"的困难,扩建外城,形成"工商外至,络绎无穷"的现状。王钦若(公元 962 年—公元 1025 年),字定国,临江军新喻(今江西新余)人,主修《册府元龟》,成为我国研究古代社会一本重要典籍。王钦若看到京师的城市面积制约了经济发展,主张扩大城市、营建罗城:"京师度地……夏有暑湿之苦,居常多烟火之忧,将便公私须广都邑,宜令所司于京城四面,别筑罗城。"[②]城市人口增多使房屋增加,而京师规模有限,导致"工商业外至"不利于经济发展,加之生产与生活"多烟火之忧",遂扩建京城,修建罗城。

王钦若主张自由营建。(1)政府划分公共设施用地,"候官中擘,画

---

① 〔日〕斯波义信:《宋代江南经济史研究》,方健、何忠礼译,江苏人民出版社 2001 年版,第 336—345 页。

② (宋)王钦若等编修:《册府元龟》,卷一四《帝王部·都邑》,世宗二年四月诏。

定街巷、军营、仓场诸司公廨院务①",上述军营、街道、仓场、诸司公廨院等公共设施,由国家规划设计,其他设施则"即任百姓营造"②。这种自由营建方式,充分调动城市居民的积极性。(2)主张营建时不违农时。王钦若认为应在回避农时修建新城,保证城市农业的发展,"先立标帜……如或土功未毕,则迤逦次年"③。

张洎(公元934年—997年),字偕仁,衢州全椒人。"洎尤好建议,每上言,未及行,必称疾"④。公元995年,指出了汴河(通济渠)的重要地位,"为天下之枢,可以临制四海","唯汴水横亘中国,首承大河,漕引江湖,利尽南海,半天下之财赋并山泽之百货,悉由此路而进"⑤。张洎认识到交通对城市经济发展的重要,认为汴河(通济渠)可以带动全国一半物品的流动,"半天下之财赋并山泽之百货""临制四海"。张洎从国家经济和发展的角度论述交通设施的重要,承认物品流通对经济发展的重要。

张方平(公元1007年—公元1091年),字安道,南京人。"国家漕运,以河渠为主。国初浚河渠三道,通京城漕运,自后定立上供年额:汴河斛斗六百万石。"⑥张方平站在都城漕运的角度,指出了汴河的重要性,认为国家漕运以河运为主,而河运则以汴河为首。

叶适(公元1150年—公元1223年)字正则,温州永嘉人,主张城市公共设施的建设要公营和私营相结合的思想主张。"封疆道路,城郭沟池,其修补浚治之功,此民之力所能自为也。如使官亦为之,则费而难给矣。……民以为不能者,官自为之可也。"⑦叶适主张用私营方式解决道路、城池等基础设施,这一思想违背公共物品的非竞争性和非排他性,把公共物品的成本转移给民营,必然无法实现。

---

① (宋)王钦若等编修:《册府元龟》,卷一四《帝王部·都邑》,世宗二年四月诏。
② (宋)王钦若等编修:《册府元龟》,卷一四《帝王部·都邑》,世宗二年四月诏。
③ (宋)王钦若等编修:《册府元龟》,卷一四《帝王部·都邑》,世宗二年四月诏。
④ 《宋史》(张洎传),中华学术院1972年版,第3136页。
⑤ 转引自王天伟《中国产业发展史纲》,社会科学文献出版社2012年版,第175页。
⑥ 转引自王天伟《中国产业发展史纲》,社会科学文献出版社2012年版,第175页。
⑦ 《水心文集》卷十,东嘉开河记。见(宋)叶适著,刘公纯、王孝鱼、李哲夫注释:《叶适集》,中华书局2010年版。

三、城市规划思想：禁止侵街

宋元时期,城市发展有个显著特点:城市经济推动城市管理制度的确立,表现在城市内部交通规则的确立、整治城内侵街行为和制定城内防火规定。

(一)城市交通规则:贱避贵,少避长,重避轻,去避来

后周时期,东京(都城)推行了新街道制度,街、坊发生变化。街道两侧产生了大量的居民,两边有见街开门的房屋,内侧有大量在坊区居住居民。人口增加导致了街道拥堵,为了解决这一问题,通过"立碑刻字"设置交通规范。

"长兴二年八月赦:准《仪制令》,道路街巷,贱避贵,少避长,重避轻,去避来,有此四事,承前每于道途立碑刻字,令路人皆得闻见。宜令三京诸道州府各遍下管内县镇,准旧例于道路明置碑,雕刻四件事文字,兼于要会坊门及诸桥柱刻碑,晓谕路人。委谕路人。委本县所有司共切巡察,有敢犯者,科违赦之罪。"[1]交碑是为了理顺道路街巷经络,提高道路街巷的使用效率。受到礼制的影响,把身份、地位、重量、出行方向等作为标准,树立了城市道路街巷四准则:贱避贵,少避长,重避轻,去避来。

城市交通规则,以等级作为标准;"贱避贵"以物质的多寡衡量,物质多为贵、少为贱;以行政等级为划分,平民为贱、官吏为贵,上级为贵、下级为贱。"少避长"以年龄作为标准,年轻者避让年长者。这两种划分标准,把礼仪制度纳入城市交通规则,摒弃经济要素流通作为依据。"重避轻"则是以物品体积作为衡量,体积轻者占据街道的时间短,有利于物品的流动,减缓交通拥挤。"去避来"则缺少礼仪支撑,来与去都是正常的流动,这一规则会降低街道的使用效率。

(二)禁止侵街建屋

城市居民生活的丰富,很多酒楼、茶肆等店铺出现侵街行为,堵塞交通。为此,北宋政府设立专门的行政部门"街司",负责管制街道交通,管理

---

[1]　(宋)王溥:《五代会要》,中华书局1998年版,第312—313页。

街道。宋太宗至道元年(995 年),下令张洎更换坊名。公元 1002 年,因为街巷狭窄,宋真宗命令谢德权开阔街道,谢德权开始拆除贵要的邸店(商铺)。真宗下诏制止,谢德权请求说:"今沮事皆权豪耳,吝屋室僦资耳,非有它也,臣死不敢奉召。"说明侵街行为的普遍性,权贵为造邸店而收取租费。谢德权得到了真宗的支持,规定了街道的宽度,登记在册,作为定制,不准侵占街巷。"(咸宁五年)京城衢巷隘狭……乃诏开封府街司,约远近置籍立表,令民自今无复侵占。"①此后宋朝政府就侵街又发诏令,严禁侵街。"(景佑元年,1034 年)诏京旧城内侵街民舍在表柱外者,街毁撤之。"②元朝时期,政府对侵街也采取了严厉的制裁,甚至不惜拆屋毁宅断罪。"中统四年(1263 年)七月内,钦奉圣旨:在京权豪势要回回汉儿军站民匠僧道诸色人等,起盖房舍,修筑垣墙,因而侵占官街,乞禁约事,准奏:今后再不得似前侵占,如违即便将侵街垣墙房屋拆毁,仍将犯人断罪。钦此。"③

(三)拓宽街道以防火

绍兴二年(1132 年),临安发生大火,发生了重大损失,为了避免类似的事情发生,下令扩宽街道用以防火。

(绍兴)二年(1132 年)十二月十二日,尚书省言:临安府近来累经遗火,至焚烧官司舍屋,间有存在,皆是瓦屋。今措置朝天门以南除诸军营寨外,应官司舍屋旧用茅草搭盖者,限十日改造瓦屋,限满差官点检。诏依。尚书省出榜晓谕。④ (绍兴)二年(1132 年)十二月三十日,诏:行在榷货务火禁并行在省仓、草料场火禁,并依皇城法。⑤ (绍兴)三年(1133 年)十二月九日,诏:临安府官司已改造瓦屋,开通瓦巷,各有专降指挥。今后如有违犯之人,依条根治,命官降一官,民户徒一年,当职官奉行灭裂,亦从降官行遣。⑥

---

① 《续资治通鉴长编》卷五十一,真宗。中华书局 1986 年版。
② 《续资治通鉴长编》卷一百十五,仁宗。中华书局 1986 年版,第 6787—6791 页。
③ 《大元通制条格》卷第二十七,杂令。见方龄贵:《通制条格校注》,中华书局 2001 年版。
④ 《宋会要辑稿》刑法二。见(清)徐松辑录:《宋会要辑稿》,中华书局 1975 年版。
⑤ 《宋会要辑稿》刑法二。见(清)徐松辑录:《宋会要辑稿》,中华书局 1975 年版。
⑥ 《宋会要辑稿》刑法二。见(清)徐松辑录:《宋会要辑稿》,中华书局 1975 年版。

(四)城市内部规划:突破坊市制度约束

明宗长兴二年(公元 930 年),左右军巡使关于洛阳城内规划奏曰(《五代会要》卷 26):宜令御史台、两街使、河南府,依已前街坊田地,分劈画出大街及逐坊界分,各立坊门,兼挂名额。先定街巷阔狭尺丈后,其坊内空闲,及见种田苗,并充菜园等田地,亦据本主自要量力修盖外,并许诸色人收买,修盖舍屋地宅。如是临街堪盖店处田地,每一间破明间七橼,其每间地价,亦委河南府估价准前收买。除堪盖店外,其余连店田地,每亩宜定价钱七千,以次近外,每亩五千,更其次三千。未有人买处,且勒仍旧。

这一规划的内容包括有:(1)依照以前的街坊整理,设立坊间,兼挂名额,但并非恢复坊制,设立坊墙。(2)房内土地,依据各自的经济实力修盖房屋。(3)无主土地,则由政府出售给个人,修盖房屋。(4)临街的土地可以盖店铺。(5)土地由政府定价,根据不同地段出售不同的价格,每亩 7000 钱、5000 钱、3000 钱不等。(6)未出售土地,则限制使用。从上面的内容可以知道,城市规划中,并没有按照坊、市处理,而是彻底地打破坊制和市制,按照街道划分。

183

第三节 城市传统产业的新发展与新兴产业的组织革新

一、城市传统产业的新发展

(一)城市农业虽被挤占,但仍然存在城市产业之中

城市内部的空地中,农业活动一直存在。"先定街巷阔狭尺丈后,其坊内空闲,及见种田苗,并充菜园等田地。"[①]而在府、道等城市中,城市农业普遍存在,"宜令御史台、两街使、河南府,依已前街坊田地"[②],城市农

---

① 《五代会要》卷 26。(宋)王溥:《五代会要》,中华书局 1998 年版。
② 《五代会要》卷 26。(宋)王溥:《五代会要》,中华书局 1998 年版。

业作为基础产业一直存在于整个古代社会,成为古代城市经济发展的一个特征。

古代的思想家一直强调农业的重要作用,这与当时的社会发展密不可分,脱离农业的发展,城市手工业和商业的发展将失去市场和基础,这也是马克思、恩格斯判断国民经济发展的依据。手工业和商业的发展则取决于农业劳动生产率的发展程度,从宋代的城市手工业布局的不平衡性可以看出这一内在特征;城市农业是城市手工业和商业的基础,城市手工业和商业既是城市经济繁荣的代表又会促进城市农业的发展。马克思指出"一个民族的生产发展的水平,最明显地表现在该民族分工的发展程度上。任何新的生产力都会引起分工的进一步发展,因为它不仅仅是现有生产力的量的增加(例如开垦新的土地)"。① 因此,在古代城市产业发展思想中,城市农业始终放在优先发展的地位。"中国文化真正的城市化不在于城市的数量,而是从这时起城市和城市居民在社会中起主导作用。与旧贵族不同,新的士绅很大程度上在城镇生活,他们与其说是乡村地主不如说更像在外地主。因为所有的官员和富商都在城镇生活,所以领导集体中大部分人都在城市地区。因而高层次文化自然也就高度程式化,发展出来的兴趣和态度看来更有城市居民而不是农村居民的特征。"②宋以前,农业经营者的剩余产品并非主要用来交换,宋以后,农业经营者的余粮开始广泛用于交换。"江湖连接,无地不通,一舟出门,万里惟意,糜有碍隔。民计每岁种食之外,余米尽以贸易。"③

宋时期,出现了按照城市等级和官吏层级划分职田的主张,把城市分为都城(藩府)级、州府级、县城级,城市等级与职田数量成正相关,城市等级越高,职田数量越多(见表3-7)。

---

① 《马克思恩格斯全集》第3卷,人民出版社1965年版,第24页。
② [美]费正清、赖肖尔:《中国传统与变革》,陈仲丹、潘兴明、庞朝阳译,江苏人民出版社2012年版,第141页。
③ 《叶适集》卷一《上宁宗皇帝札子》,中华书局1961年版,第1册第2页。

表 3-7 城市等级与职田数量

城市等级	职田数量（顷）
两京、大藩府	40
次藩镇	35
团练州	30
中、上刺史州	20
下州、军、监	15
小州、上县	10
中县	8
下县	7

资料来源:《宋史·食货志》。

把城市按等级划分,具有一定的积极意义,但对同一层级,不同官吏之间的划分尚不明确,容易导致官吏利用职权侵占田地的行为。庆历年间(公元 1041 年—公元 1048 年),政府把官吏层级放入城市等级当中,重新分配职田的数量。具体见表 3-8,把城市等级划分为藩镇、节镇、州三级;官吏分为长史、通判、判官、幕职官四级,职田数量与城市等级和官吏层级密切相关。

185

表 3-8 城市等级、官吏等级与职田数量

城市等级	官吏等级	职田数量（顷）
大藩镇	长史	20
	通判	8
	判官	5
	幕职官	4
节镇	长史	15
	通判	7
	判官	4
	幕职官	3 顷 50 亩
防、团以下州	长史	10
	通判	6
	判官	3 顷 50 亩

续表

城市等级	官吏等级	职田数量（顷）
	幕职官	3
其余州	长史	7
	通判	同下州
	判官	同下州
	幕职官	同下州
县	县令（万户以上）	6
	县令（五千户以上）	5
	县令（五千户以下）	4
	簿、尉（万户以上）	3
	簿、尉（五千以上）	2顷50亩
	簿、尉（五千以下）	2
注：其余官吏，按照等级比例相应占据职田		

资料来源：《宋史·食货志》。

186

（二）专业化分工下的产业发展思想

手工业分为民营和官营。官营手工业主要是为宫廷、皇族、政府机构服务，如为皇亲婚娶所用装饰物品的后苑，共有工匠四百多人；[①]制造战争用的兵器、旗帜等，工匠共七千九百多人；[②]此外还有专门制作皇室器物的文思院、裁造院等。据初步统计，为皇室服务的手工作坊共有一百五十多，如"东西作坊"中专门制造甲胄的就分为马甲、马甲生叶、漆衣甲、铁甲、马甲造熟、皮甲、网甲、桑作等，这些作坊的兵匠和工匠，合计至少有二万三千九百多人，可见规模之大。[③] 宋神宗命令各路设置都作院，共四十一所，每所工匠四百八十人。[④] 南宋时期，明州作院有十三作，健康府有二十八作。民营的手工业作坊，尽管没有官营手工业规模庞大，但数量

---

① 《宋会要辑稿》，职官三六之七二——七三，《后苑制造所》。见（清）徐松辑录：《宋会要辑稿》，中华书局1957年版，第3101—3135页。

② 《宋会要辑稿》，职官三六之七二，《后苑制造所》。见（清）徐松辑录：《宋会要辑稿》，中华书局1957年版，第3101—3135页。

③ 朱瑞熙：《宋代社会研究》，中州书画社1983年版，第10页。

④ （宋）宋万里、罗浚纂，胡榘修：《宝庆四明志》卷七，《禁军·厢军》，中华书局1990年版。

众多。如陵州"豪民"开办的私盐井,一家有七八口至一二十井,雇佣工匠五到二十人。① 宋时期纺织技术达到高峰。丝织业的种类和质量大幅提高,仅绢就有 50 多种,绫有 27 种。② 寺院经济在元代占有重要地位,数量众多,产业丰富。至元二十八年(公元 1291 年)"宣政院上天下寺宇四万二千三百一十八区"③。

司马光是反对变法的代表人物,但对于城市经济而言,他摒弃了一直以来的"重农抑商"观念,提出了"农工商贾者,财之所自来也"的观点。"善治财者,养其所自来,而取其所有余,故用之不竭,而上下交足也。不善治财者,反之。夫农、工、商贾者,财之所自来也。农尽力,则田善收而谷有余矣。工尽巧,则器斯坚而用有余矣。商贾流通,则有无交而货有余矣。彼有余而我取之,虽多不病矣。……公家之利,舍其细而取其大,散诸近而取诸远,则商贾流通矣,农、工、商贾皆乐其业而安其富,则公家何求而不获乎?"④司马光肯定了农工商贾的城市基础产业地位,认为只要农尽力、工尽巧、商贾流通、城市居民乐安其业,城市经济就会繁荣发展。而南宋郑至道则更直截了当地指出"(士、农、工、商)此四者,皆百姓之本业。自生民以来,未有能易之者"⑤。

187

李觏(公元 1009 年—公元 1059 年),字泰伯,北宋建昌军南城(今江西南城)人。李觏重视本业生产,主张通过强本节用增加财富积累,但对城市末业采取强烈排斥的态度。作为儒家思想的代表,李觏在《富国策》之中,开宗明义地点出自己的思想主张,"治国之实,必本于财用",国家经济的发展必须依靠农业,国家财政的收入主要来自"财",而"财"的获取依靠城市农业、手工业和商业的繁荣。为此,李觏认识到城市经济对国家财政的贡献,指出,"……然《宏范》八政:'一曰食,二曰货。'孔子曰'足食,足兵,民信之矣'是治国之实,必本于财用。盖城郭宫室,非财不

---

① 文同:《丹源集》卷三四,《奏为乞差京朝官知井研县事》,四部丛刊本。
② 何一民:《中国城市史纲》,四川大学出版社 1994 年版,第 131 页。
③ 《元史》卷 16《世祖纪十三》。(明)宋濂等:《元史》,中华书局 1976 年版。
④ 《司马光奏议》卷八《论财利疏》,山西人民出版社 1986 年版,第 87 页。
⑤ 叶坦:《富国富民论》,北京出版社 1991 年版,第 196 页。

完;羞服车马,非财不具;百官群吏,非财不养;军旅征戍,非财不给;郊社宗庙,非财不事……所谓富国者非曰巧筹算,析毫末,厚取于民以媒怨也,在乎强本节用,下无乏而上则有余也"①。李觏认为要繁荣城市经济,首先要"去伪存真",才能有利于民。"司市"凡治市之货贿六畜珍异。亡者使有,利者使阜,害者使亡,靡者使微。"利,利于民,谓物实厚者:害,害于民……夫理财之道,去伪为先,民之诈为,盖其常心,蚓兹市井,饰行慝,何所不至哉"!② 李觏指出"所谓末者,工商也"③。对于城市工商居民而言,李觏指出"冗食者"更是危害,主张发展城市经济,必须对"冗食者"去伪存真,认为其败坏社会风气,荒废本业,弄巧施伪,于国于家无益。为了恢复世风,发展本业,必须对其禁止。"所谓冗者,不在四民之列者也。"④

主要分为以下几类:

1. 释、老之徒

大量的宗教门徒从事宗教活动,放弃生产,占据土地和名山大川,浪费人力、财力,必须坚决"驱之、抑之、禁之"。

2. 冗官、冗食者

官吏数量增加导致冗食者增多,"古者府吏胥徒,官有定数。今也郡县之治未免宽贷,冒名待阙,佣书雇纳,请嘱之流,动以千计。……此又不在四民之列也",⑤必须坚决"驱之、抑之、禁之"。

3. 巫医卜相之类

"古者执左道以乱政,杀,假于鬼神时卜筮以疑众,杀。……今也巫医卜相之类,肩相摩,毂相击也……此又不在四民之列者也"⑥必须坚决"驱之、抑之、禁之"。

4. 倡优百戏之类

"古者,天子、诸侯、大夫、士用乐,庶人无用乐之文。……今里巷之

① (宋)李觏:《李觏集》,中华书局1981年版,第133页。
② (宋)李觏:《李觏集》,中华书局1981年版,第86页。
③ (宋)李觏:《李觏集》,中华书局1981年版,第138页。
④ (宋)李觏:《李觏集》,中华书局1981年版,第138页。
⑤ (宋)李觏:《李觏集》,中华书局1981年版,第138—139页。
⑥ (宋)李觏:《李觏集》,中华书局1981年版,第139页。

中,鼓吹无节,歌舞相乐,倡优扰杂,角抵之戏,木棋革鞠,养玩鸟兽,其徒亡数,群手好闲,往来自恣,仰给于人。此又不在四民之列也"①必须坚决"驱之、抑之、禁之"。上述不事生产、游手好闲、仰给于人的冗食者,更是李觏所禁止的对象。

李觏认为对于工商业者采用置平准、定物价经济的手段,保护其正常利益;对于正常的城市交易,通过定物价的政策,达到聚类财的目的;对于商贾大户操纵物价、断民之命的行为,提出了置平准的政策,保证物价稳定。"汉桑都尉领大农,以诸官各自市相争,物以鼓腾跃,而天下赋输……令远方各以其物如异时商贾所转贩者为赋,置平准于京师,都受天下之委输。大农诸官,尽笼天下之货物。如此,富商大贾亡所牟大利,则反本,而万物不得腾跃。故天下之物,名曰:'平准'。"②西汉时期,桑弘羊采用商业手段抑制物价,李觏则采用"宏观调控"的方式平定城市物价,既通过对商贾征实物代替赋税,到货物短缺之地销售,在政府不出财的前提下保证财政收入、抑制商品价格。

(三)商业革命

农业和手工业的兴盛,促进了宋代商业的发展,引起了"商业革命"③。主要表现在:大城市的增加、地方上出现了"草市""镇市"和"行"、纸币的发行和对外贸易的兴盛。"商业革命"实质是城市产业组织成为经济主体。产业组织的主体是具有相对独立的经营权的个体经营者,能够按照市场交易原则制定相应的对策。官营手工业仍是城市手工业的主体,其产品不用于交易,只为政府基础设施和精英阶层服务,具有垄断性(军工产品、宫廷用品)和非营利性;私营手工业者数量众多、行业丰富,成为行业经营的主体,在盈利性、技术性及独立性角度,具备了"半企业"的性质。

宋以前,城市经济虽然达到很高的发展水平,但政府财政收入主要来

---

① (宋)李觏:《李觏集》,中华书局1981年版,第139页。
② (宋)李觏:《李觏集》,中华书局1981年版,第83页。
③ 商业革命是(美)费正清等对此时期商业经济发展的高度概括。见[美]费正清、赖肖尔:《中国传统与变革》,陈仲丹、潘兴明、庞朝阳译,江苏人民出版社2012年版,第134页。

自农业及相关产业,仍属于农业经济的范畴。这种情况在宋朝时期却发生改变,宋代的主要财源为商业与手工业,超乎汉代、明末及 18 世纪。①

税收对城市经济的影响十分显著,以往杂税科目混乱扰乱正常的工商业交易。宋朝政府受到内忧外患的影响,放松了对商业的管制,使征税走向"制度化";一是取消苛捐杂税,设专门的"商税则例"。"关市之税,凡布帛、什器、香料、香药、宝货、羊、豕,民间典卖庄田、店宅、马、牛、驴、骡、驼及商人贩茶、盐、皆算。"②规定纳税和不纳税商品的种类及具体的税率,"除商旅货币外,其贩夫贩妇细碎交易,皆不得收其算"。③ 税率按照不同的商品类型分为百分之二和百分之三,但对逃税的行为实行重罚,没收货物的三分之一。④ 二是设立税务机构实施征税常态化。"杭州有县者九,独钱塘、仁和附郭,名曰赤县,而赤县所管镇市者一十有五。"⑤在都城、州城、县城的市场内,设立专门的征税机构。在大的市、镇也设立征税的机构,由大的州县统领负责。北宋《元丰九域志》列了 1884 个镇,其中 500 多个镇上设置了官办税务;1300 多个没有设置。⑥

崔融(公元 653 年—公元 706 年)字安成,唐代齐州全节(今济南市章丘市)人,他主张废除对商人征税,"且如天下诸津,舟船所聚,旁通巴、汉,前指闽、越,七泽十薮,三江五湖,控引河洛,兼包淮、海,弘舸巨舰,千舳万艘。此津才过,彼铺复止,非唯国家税钱,更遭主司僦略。船有大小,载有少多,量物而税,触途淹久。统论一日之中,未过十分之一,因此壅滞,必致吁嗟。一朝失利,则万商废业,万商废业,则人不聊生。"⑦认为官卡林立限制了商业的流通,政府对商人实施重税,导致"万商废业,人不聊生"。

---

① [法]谢和耐:《中国社会史》,黄建华、黄迅余译,江苏人民出版社 2008 年版,第 273 页。

② 《宋会要辑稿》食货 70。见(清)徐松辑录:《宋会要辑稿》,中华书局 1975 年版。

③ 《宋会要辑稿》食货 26。见(清)徐松辑录:《宋会要辑稿》,中华书局 1975 年版。

④ 《宋会要辑稿》食货 42。见(清)徐松辑录:《宋会要辑稿》,中华书局 1975 年版。

⑤ 《梦粱录》卷一三《两赤县市镇》。(宋)吴自牧:《梦粱录》,浙江人民出版社 1984 年版。

⑥ 李春棠:《宋代小市场的勃兴及其主要历史价值》,《湖南师院学报》1983 年第 1 期,第 76—82 页。

⑦ 《旧唐书》卷九十四《崔融传》,中华书局 1974 年版,第 2998 页。

卢世荣(？—公元 1285 年)原名懋,大名人,曾任江西榷茶运使,以商人身份主持元朝财政经济大权。元王朝比以往历代都更加重视商业的发展,既因游牧民族本身更富有商业精神又缘于商人资本在社会中的力量逐渐庞大。卢世荣站在赋税角度,提出"免大都地税""免上都醋税"[①]的思想,城市经济发展导致土地增值,"免大都地税""免上都醋税"的政策,对大都和上都而言,减免了相关行业的赋税,有利于促进城市商业的发展。

苏轼(公元 1036 年—公元 1101 年)号东坡,眉州眉山人。苏轼的商业流通思想,肯定了赊买和预购在商品交换中的合理性,"夫商贾之事,曲折难行。其买也先期而与钱,其卖也后期而取值。多方相济,委曲相通,倍称之息,由此而得。"[②]苏轼则是明确提到这个问题的思想家。[③] 预购与赊买是商品经济活动中的正常交易行为,苏轼肯定了其在交换活动中的地位,是对以往商业思想的一种补充。

王安石(公元 1021 年—公元 1086 年)字介甫,临川人。王安石的城市产业发展思想主要体现在市易法,市易法是在魏继宗的建议下建立的。熙宁五年(1072 年)开始实行,魏继宗认识到由于商贾大户对市场的垄断,东京汴京的物价波动剧烈,使正常的交易活动受到阻碍,"外之商旅,无所牟利,而不愿行于途,内之小民,日愈朘削而不聊生",建议设立常平市易司,以平物价。王安石采取这一建议,于熙宁五年三月二十六日在汴京成立市易务,以一百万贯钱作为本钱,通过市场手段平定物价。市价稳定后,变法派把这一经验推及全国,在京城改市易务为都市易司,同时在通远军、杭州、成都、秦州、永兴军、扬州、广州等二十一州军成立市易务,继续采用经济手段调控城市物价。

(四)城市服务业的新发展

宋代城市经济繁荣,表现在以下几方面:

---

① 《元史·食货二》。(明)宋濂等:《元史》,中华书局 1976 年版。
② (宋)苏轼:《苏东坡集·奏议集卷一》,广陵书社 2012 年版。
③ 赵晓雷:《中国经济思想史》,东北财经大学出版社 2010 年版,第 92 页。

1. 夜市繁华

夜市的出现,适应了城市居民的生活需要,促进了城市服务业的繁荣,如酒楼、妓坊、瓦子等。"大抵诸酒肆瓦市,不以风雨寒暑,白昼通夜,骈阗如此"①。临安城内的夜市更加多彩,酒楼、瓦子、妓坊等一应俱全,还出现了沿街叫卖香茶异果,穿着奇特的"仙股"。临安城还出现了许多算命看相的术士,最多时达三百余人。②

2. 城市奢华生活

政府官吏、新生士绅、商贾巨富等精英阶层大多居住在城内,形成了较大的消费群体。士绅阶级的财富往往来源于商业,通过科举考试方式提高在政治上的地位,导致新兴士绅对土地财产的依赖要少于旧有贵族。士绅作为一个阶级直接地靠其知识成就而只间接地靠其财富和产业获得全国性的政治影响。③ 奢华之风表现在服饰突破约束、妇女地位下降、饮食的丰富、住宅建筑突破限制。(1)宋代的服饰继承了等级制的特点。尽管政府对上至皇帝下至百姓、乞丐的服饰在款式、颜色、装饰物等方面都做了严格的规定,但现实中官僚超越等级,庶民中的富有者追求华丽衣服,而平民百姓等也不满足单调的白色衣服。"京师士庶,迩来渐事奢靡,衣服玩器,多镶金为饰,虽屡加条约,终不禁止。"④(2)妇女地位的下降,纳妾之风盛行。小足据说能产生强烈的性联系和美的感觉,使女子细腰、小足,以媚男子。这种落后习俗在宋元时期被整个社会所接受,直到20世纪初。(3)饮食丰盛。北宋时期,已有南食、川饭等几大派别;南宋时期,形成了烹、炸、煮、炖等十几种技法。宋代的官僚、商贾、士绅等对饮食的标准要求高,甚至达到考究的地步,不但食品考究而且还有舞女伴唱。上至丞相下至百姓,都对饮食十分喜爱,推动了城市美食的形成。(4)宋政府对不同阶层的人的住宅建筑具有严格规定。要求"官民营房

---

① (宋)孟元老撰,邓之诚注:《东京梦华录》卷2,中华书局1982年版。

② 何一民:《中国城市史纲》,四川大学出版社1994年版,第147页。

③ 〔美〕费正清、赖肖尔:《中国传统与变革》,陈仲丹、潘兴明、庞朝阳译,江苏人民出版社2012年版,第142页。

④ (宋)李焘:《续资治通鉴长编》,中华书局1979年版。

屋,一遵制度,务从简朴",但在现实中官吏、士绅、商人却突破限制。李用和、李玮父子的宅院宽敞奢华,宅内东尚有百亩隙地,疏通为池。宰相王黼的宅院:"穷尽华奢,垒奇石为山,高十余丈,便坐二十余处,种种不同。"[1]南宋时期,大批官员、地主、富商在临安等城建造宅邸,形成南方园林建筑的风格。

(五)对外贸易的政策与外贸产业

政府鼓励对外贸易。榷场是北宋与辽国、西夏等国进行贸易的边境地点所在。宋辽之间,太宗先后在镇州(今河北正定)、易州(河北易县)、雄州(河北雄县)、霸州(河北霸州)、沧州(河北沧州)建立榷场,但随着宋攻燕京(今北京)而暂时关闭。随后也在雄州、霸州等地重建榷场,也因战争原因,不久后又关闭。公元1004年,宋辽签订"澶渊之盟"后,在1005年,重新开了有"河北四榷场"之称的雄州、霸州、安肃军(河北徐水)、广信军(河北徐水西)榷场。宋夏之间,宋真宗在延州(今陕西延安)和保安军(陕西志丹)设立了"陕西二榷场",又在秦州(今甘肃天水)设立榷场。"河北四榷场"的建立,使得宋朝向辽输出香料、茶叶、绢帛、漆器等,宋朝每"岁获(利)四十余万"[2]。北宋与西夏之间的榷场,主要购买马匹。秦州成为马匹交易地点,"自是番部马至者众,官军仰给焉"[3],甚至连北宋的军马都是依仗榷场交易而来。

政府加强对海外贸易的管理:(1)设置管理机构负责海外贸易。在广州和泉州设置市舶司,负责管理各港口的对外贸易,在杭州、明州、秀州等城市设置市船务。元朝时期在泉州、庆元(今宁波)、上海、澉浦四地设置市舶司,此后又陆续增设了广州、温州、杭州等地。海外贸易中通过"稍增其价"的方式达到"以资经费","岭南平后,交趾岁入贡,通关市,并海商人遂浮舶贩易外国物,阇婆、三佛齐、渤泥、占城诸国亦岁至朝贡;由是犀象、香药、珍异充溢府库。逊请于京置榷易署,稍增其价,听商入金帛市之,恣其贩鬻,岁可获钱五十万缗,以济经费。太宗允之,一岁中果得三

---

① (宋)徐梦莘:《三朝北盟会编》卷31,上海古籍出版社1987年版。
② 《宋史》(食货志·下八),中华学术院1972年版,第1820—1821页。
③ 《宋史》卷198《兵志十二》,中华学术院1972年版。

十万缗。自是岁有增羡,至五十万。"① 尽管没有统一的征税标准,但一岁可入五十万缗,足可见当时贸易之盛。(2)明确贸易职责。"掌返货海舶征榷贸易之事,以来远人,通远物。"② (3)设置市舶法条。市舶法的修建过程长、法令不一、十分混乱,导致从事海外贸易中的商贾"莫知适从,奸吏舞文,远人被害"。③ 这就是说,有宋一代,并没有制定出统一完整的市舶条法④。法条所涉及的主要内容保护有;船舶出海贸易的凭证和海外贸易经营的许可证"公凭",在日本的古籍中完全保留下了一份。⑤ 这份"公凭"记录了当时的"人、船、物、货"及出海的各项事宜,对进口货物征税和禁止交易的货物种类⑥,以及征税的税率。从对外贸易交易物品来看,出口的物品主要有丝织品、绢、绫、钱等,而进口的货物主要是香料、车渠、珍珠、苏木等物品。

二、城市新兴行业的管理思想

(一)印刷业、出版业

印刷业和出版业是互补产业。印刷经历了从雕版印刷向活字印刷转变的过程。五代时期,雕版印刷已经在民间广为流传,并在成都、江宁、浙江、河州等地兴盛。雕版印刷业俨然已是一个新兴的手工业部门了。⑦宋以后,印刷业继承了官办和民办两种形式。官办印刷业设立在都城和各州府郡县内,由转运使、州学、县学等官吏负责主持;活字印刷在庆历(公元1041年—公元1048年)年间,由毕昇(公元970年—公元1051年)发明。"庆历中,有布衣毕昇又为活板。其用法用胶泥刻字,薄如钱

---

① 《宋史》(张逊),中华学术院1972年版,第3141页。
② 陈高华、吴泰:《宋元时期的海外贸易》,天津人民出版社1981年版,第67页。
③ 见(清)徐松辑录:《宋会要辑稿》职官四四之六,中华书局1957年版。
④ 陈高华、吴泰:《宋元时期的海外贸易》,天津人民出版社1981年版,第72页。
⑤ 参考陈高华、吴泰:《宋元时期的海外贸易》,天津人民出版社1981年版,第75—78页。
⑥ 《宋会要辑稿》职官四四之二。"太平兴国七年(982)规定禁榷物八种,即玳瑁牙、犀、宾铁、鼍皮、珊瑚、玛瑙、乳香。后来又加上紫矿和镔石"。《宋会要辑稿》职官四四之一七。南宋时又加入"牛皮筋骨堪造军器之物"。见(清)徐松辑录:《宋会要辑稿》,中华书局1975年版。
⑦ 赵德馨、葛金芳:《中国经济通史》(第五卷),湖南人民出版社2002年版,第368页。

唇,每字为一印,火烧令坚。"①宋代纸张产量的激增和雕版印刷术的勃兴,是我国古代书籍演进和文化传播史上的一次伟大革命。其于经济、文化、社会乃至世界文明的巨大影响,为中外学者所公认。②宋元时期,有浙、闽、蜀三大印刷中心,产品各有特色,"今天小印书以杭州为上,蜀本次之,福建最小。京师(指汴京)比岁印板殆不减杭州,但纸不佳。蜀与福建多以柔书木刻之,取其易成而速售,故不能工"③。纸用途的提高,带动了印刷行业的发展,促进了市场的竞争,而杭州纸因其质量深受欢迎。"……故凡编类条目撮载纲要之书……今充栋汗牛矣。建阳书肆,方日辑月刊,时异而岁不同,以冀速售。"④

造纸技术的提高,带动造纸业的发展。第一,产地分散,几乎遍及各路,两浙、福建、川蜀等地成为造纸中心。第二,技术精湛,采用竹纤维的技术,使得纸张"其色如蜡",质量上乘。两浙地区率先采用以竹茎为原料的新技术,标志着造纸史上新纪元的到来。⑤造纸技术实现了从选料、沤制、抄纸、捣制和回收的再循环,促进了造纸业的发展。在回收利用上,把故纸回槽、掺到新纸浆中再生产的技术,称为"还魂纸"。崇宁二年诏"送开封府造纸妖,遇大寒置历给散在京并府界无衣赤露之人,每年如此"⑥。"以取到旧会毁摸截凿,付会子局重造"⑦。上述城市依靠造纸能够维持本地经济的发展。

印刷术也在提高。沈括的《梦溪笔谈》记活字印刷术;"版印书籍,唐人尚未盛为之。自冯瀛王(冯道)始印五经,以后典籍,皆为版本。庆历中,有布衣毕升,又为活版。其法用胶泥刻字,薄如钱唇,每字为一印,火烧令坚。先设一铁板,其上以松脂、蜡和纸灰之类冒之。欲印,则以一铁

---

① 张富祥评注:《梦溪笔谈》,中华书局 2009 年版,第 198 页。

② 赵德馨、葛金芳:《中国经济通史》(第五卷),湖南人民出版社 2002 年版,第 368 页。

③ (元)马端临:《文献通考》卷一七四,中华书局 1986 年版。

④ (宋)岳珂撰:《愧郯录》卷九《场屋编类之书》,中华书局 1985 年版。

⑤ 赵德馨、葛金芳:《中国经济通史》(第五卷),湖南人民出版社 2002 年版,第 357 页。

⑥ (清)徐松辑录:《宋会要辑稿·食货》五十九之七,中华书局 1957 年版。

⑦ (元)马端临:《文献通考》卷9,中华书局 1986 年版。

范置铁板上,乃密布字印,满铁范为一板,持就火炀之"。①

纸的用途广泛,出现了纸衣、纸枕、纸牌等纸制品,还有学士院纸、右漕纸、茶饮纸等政府专用纸,统称管纸。为了教育民众,中央和地方政府印刷和出版了大量的学校课本、日历、医术等书籍,刺激了城市印刷和出版业的经济发展。市场需求激增,需求旺盛而供给少导致利润的提高。袁逸在考察明代之前的书籍交易的利润时,利润最高达 233%,最低达70%。② 因需求庞大,官办手工作坊无法满足市场需求,政府还以赋税的形式向生产纸的地区分配"任务";如惠州每年固定上供纸张达 144.8 万张,专供中书省、枢密院、三司等机关消费;洪州岁供纸也有八十多万张之多。甚至当时出现专门论述纸的著作,苏易简(公元 957 年—公元 995年)在公元 986 年出版了《文房四普》,其中有关于《纸普》的介绍,记述了纸的名称、制作过程、特点用途等。

(二)书院

书院是唐朝末期的一种教育组织形式,形成于五代时期,盛行于宋代。开元六年(公元 718 年)政府设置丽正修书院,开元十三年(公元 725年)改为集贤殿书院。这种书院不是教育机构,而是管理机构。宋朝有三次大的教育改革,促进城市教育业的发展。第一次是"庆历新政"。范仲淹提出只有接受学校教育的人才能参加科举考试。政府下令州县立学、兴办学校。这项措施,极大促进了各地区的学校教育,逐渐把考试制度标准化。第二次是"熙宁兴学"。王安石,主张恢复地方学校和创立武学、律学、医学等专科学校。这项措施,推动各地学校教育和专科学校的建立。第三次是"崇宁兴学"。蔡京主张恢复各项专科学校,改科举考试为学校取士。主要内容是推行王安石的教育改革制度,在全国设立中央和地方学校,建立太学、州(道、府)学、县学的学校体系。在一系列鼓励措施下,书院得到广泛发展,出现了一大批著名书院,如白鹿洞书院、岳麓书院、石鼓书院、嵩阳书院等。有学者统计,宋代书院共有 203 个,北宋占

---

① 张秀民:《中国印刷史》,上海人民出版社 1989 年版,第 47 页。
② 袁逸:《明代以前书籍交易及书价考》,《浙江学刊》1992 年第 6 期。

24%，南宋占75%；长江流域占74.76%，珠江流域占21.53%，黄河流域占3.52%，其中民办占50%以上。① 元朝时期，也在中央和地方诸路、府、州、军、县等设立学校。元代时期，书院共有408所，分散在全国七个行省，其中江浙167所、江西80所、中书省55所，湖广42所，河南37所，陕西9所，四川9所。②

书院作为产业组织，只有考虑收入和支出才能维持下去。从书院的持续形式，可以看出宋以后的产业组织依靠城市发展的新趋势。

1. 书院的收入主要来自政府和私人两个渠道

"以养士不可无田，无田是无书院也。……院无田则士难久集，院随以废，如讲道何哉。"③(1)政府主要以赐给土地、拨款或参与修建的方式对学院进行资助。土地拨赐的数量非常庞大，建康府的明道书院，政府拨赐田产四千九百八亩三角三十步④。书院通过政府赐给的土地招募耕种，俗称"学田"，这项收入成为学院的固定收入。政府还不定期地以拨钱、送米等方式资助书院。"郡博士刘君余庆慨然躬任兹事袁爱以学宫岁用赢并湖增筑……縻钱二百万，米百万石。"政府还直接参与书院的营建，《建明道书院》记载："景定四年(1263年)，姚公希得任内重建门楼、厅廊、墙壁……总费一万一千一百二十余缗，米三十石。"政府资助虽然数额巨大，但毕竟只有少数书院才能获此殊荣，况且政府资助具有偶然性难以形成长效机制。(2)为了维持正常运转，书院主要通过向贵族、商贾收集书籍或募集经费的私人渠道得以发展。

2. 书院的支出包括士、管理人员以及日常维护、祭祀的费用

"自可得三千以供养"，学生的日常俸钱等可以支付"士"的开支，另外也给予贫苦学子资助。从书院的收入和支出来看，书院独立于传统产业之外，成为城市产业的组成部分。

---

①　曹松叶：《宋元明清书院概况》。转自郭齐家：《中国古代学校》，商务印书馆1998年版，第131页。

②　曹松叶：《宋元明清书院概况》。转自郭齐家：《中国古代学校》，商务印书馆1998年版，第138—139页。

③　李才栋、熊庆年：《白鹿洞书院碑记集》，江西教育出版社1995年版，第62—63页。

④　(宋)周应合：《景定建康志》卷二十九《建明道书院》，文渊阁《四库全书》。

(三)城市造船业发展

造船业在我国发展较早,先秦时期就已经产生,并长期处于世界领先的地位。宋代商品经济的发展带动航运的繁荣,为造船业的发展提供了条件。

1. 造船基地呈现规模集中的态势

造船主要集中在两浙的明州、温州、台州;江西的吉州、虔州;福建的漳州、泉州、兴化;两湖的楚州、潭州和江陵地区。上述城市造船技术精湛,产业集中,尤其体现在远洋船舶的建造,规模大的可乘五六百人,小的可乘百人。"海商之舰,大小不等。大者五千料,可载五六百人。中等二千料至一千料,亦可载二三百人。余者谓之钻风,大小八橹或六橹,每船可载百人。"①从船的设计等级和功能上看,体现了十分高超的技术。"舟如巨室,帆若垂天之云,舵长数丈。一舟数百人,中积一年粮,豢豕酿酒其中。"②

2. 造船数量庞大

随着航运的发展和对外贸易的兴盛,扩大了对船只的需求。公元10世纪末,仅宋代的官营造船厂每年要造3337艘船。③ 南宋浙东明州、台州、温州单是登记在册的船只就达19287艘。④ 全国的船只当在17万艘以上。⑤ 造船业的发达和航运业的兴盛,不仅带动了本地城市经济的发展,还带动了大河沿岸城市和市镇的繁荣。《梦溪笔谈》卷十二记载:"发运司岁贡京师米以六百万石为额。淮南一百三十万石,江南东路九十九万一千一百石,江南西路一百二十万八千九百石,荆湖南路六十五万石,荆湖北路三十五万石,两浙路一百五十万石。通余羡岁入六百二十万石"。

卢世荣的行业垄断经营思想。卢世荣主张"设市舶转运司于杭、泉二州,官自具船、给本,选人入蕃,贸易诸货"。⑥ 在交通便利的杭州、泉州设置转运使,由政府出资本和船具,"其所获之息,以十分为率,官取其

---

① (宋)吴自牧:《梦梁录》卷一二《江海船舰》,浙江人民出版社1984年版。

② (宋)周去非:《岭外代答》卷六,《木兰舟》条,中国书局标点本1993年版,第216—217页。

③ 见(元)马端临:《文献通考》卷二五《国用考三》,中华书局1986年版。

④ 梅应发、刘锡著:《开庆四明续志》卷六,中华书局1990年版。

⑤ 赵德馨、葛金芳:《中国经济通史》(第五卷),湖南人民出版社2002年版,第354页。

⑥ (明)宋濂等:《元史·食货二》,中华书局1976年版。

七,所易人得三"①。政府通过垄断海外交通工具的方式控制对外贸易业,获利后,七三分成,政府占七。体现了在国家垄断下仍不忽视它所代表的商人阶级的技能与利益的主导思想。②

(四)房屋租赁业的诞生

土地作为城市资源的重要组成,城市人口的激增导致城市空地的减少,宅居的增多和行政机构的庞大,导致城市土地供给紧张,城市土地价格上升,"城中寸土寸金"③,带动了城市房租行业的产生和发展,"绍兴既讲和,务与民休息,禁网疏阔,富家巨室竞造房廊,赁金日增"④。

(五)城市产业组织的升级:规模经济

规模的扩大,导致产品供给数量的增加,提高了利润空间。远距离交易成本大,单个生产商都偏爱商品需求大、供给方便的区域,生产者有动力将产品或服务的生产限制在数量有限的几个地区,这些地区一般也是其他生产商选择的地区。因此,行业的集中,一旦建立起来,就会自我保持下去。⑤ 产业组织(企业)是市场交易的主体,个体经营者为了获得更大的利润,共同出资,结成同盟,与其他同盟互相竞争,这种组织已具有现代意义的企业性质。"……大商则聚小家所有,小舟亦附大舰而同营;展转贩粜,以规厚利。"⑥

行会的发展从行业开始,西汉时期大的商业行会如盐、铁、酒、谷类等受到国家行政严格控制,而家畜、布帛、木料等生产生活的行业受市场需求的影响逐渐兴旺。从商品的分类看:有食品行业,如米、粟、饼、鱼等;服装类行业,如细布、皮革等;农具类行业,如锄、犁、耒耜等;文教行业,如书、笔等;交通行业,如牛、马、车、船等;日常类行业,如木、竹、席等。上述行业以人们的生产生活需要为基础,主要集中在粮食和衣服的生产。

---

① (明)宋濂等:《元史·食货二》,中华书局 1976 年版。
② 胡寄窗:《中国经济思想史》(下),上海财经大学出版社 1998 年版,第 258 页。
③ (宋)潜说友:《咸淳临安志》卷 97《记遗篇》,浙江古籍出版社 2012 年版。
④ (宋)赵彦卫:《云麓漫钞》,古典文学出版社 1957 年版。
⑤ 〔美〕保罗·克鲁格曼:《地理和贸易》,张兆杰译,北京大学出版社 2000 年版,第 95 页。
⑥ 《叶适集》卷一《上宁宗皇帝札子》,中华书局 1961 年版,第 1 册第 2 页。

1200年以前,中国的主要经济内容是耕作和纺织,除了粮食生产以外,服装的生产是最为重要的生产活动,蚕丝桑麻的饲养和种植在中国的国民经济中,地位异乎寻常。① 随着城市经济的发展,行业的种类增多,有药材业、奴婢买卖业、奢侈品业和殡葬类业,共同组成城市经济。南北朝时期后至隋唐时期商品行业增多,据史籍记载,常有一百二十行、二百二十行或三百六十行之说。②

随着城市经济的发展和人口数量的增加,在手工业和商业内出现了行会组织。在唐宋时代,同业商人组织,叫作"行",而"行"这一个词,同时又指同业商店的街区而言。③ 同业商店集合在一起,形成街区,既是市场发展的结果,也是商人垄断商业的表现。……他们正在形成像组织的组织,也正如上所述,是在唐代末年后市的制度崩溃以后的事情。④ 行会组织有行首、行人等职务,负责协调行业内的竞争和管理。按照行业的性质划分为两类:一是生产性作坊,如"工匠、修内司、八作司、广固作、书艺局、文绣院、法酒库、内酒坊"等⑤。二是服务性作坊,如酒楼、茶楼、浴堂等。上述行业大量地充斥在城市当中,繁荣城市经济。

宋以前,城市的商业被限制在固定区域,同一行业在同一区域,形成"行"。宋时期,打破"行"的限制,不同行业可以杂居,行业杂居是城市经济发展的重要体现。固定经营区域,不便于城市居民的需求,而杂居则可以满足多方面的日常需要,城市的经济性得以体现。"行"的组织严密,数量也在增加,隋朝时期丰都是有一百行、唐代西京有二百二十行、北宋开封据不完全统计至少一百六十行⑥、南宋临安有四百四十

① 任洪生:《霸权之间:世界体系与亚欧大陆腹地的发展》,北京大学出版社2006年版,第61页。
② 王天伟:《中国产业发展史纲》,社会科学文献出版社2012年版,第141页。
③ [日]加藤繁:《中国经济史考证》上,吴杰译,中华书局2012年版,第352页。
④ [日]加藤繁:《中国经济史考证》上,吴杰译,中华书局2012年版,第383页。
⑤ (宋)孟元老撰,邓之诚注:《东京梦华录》卷四,中华书局1982年版。
⑥ (宋)李焘:《续通鉴长编》卷二六二,熙宁八年四月癸未,中华书局1980年版。

行①。元丰八年,在同一都市交纳免行钱的各行商店数有六千四百余座,所纳免行钱的数额,达到四万三千三百余缗。② 宋代的行与前朝相比,其内容实质更为丰富。宋代把卖者或买者按照固定地点和固定时间交易的场所称为行。同业的店铺摆脱了"市"的限制,而以街道为地域标志,这种同业店铺的街区并非只允许同业,对非同业的店铺也不加限制,《周礼注疏》卷 15 记载:"此肆长谓一肆立一长,使之检校一肆之事,若今行头者也。"

行会组织的产生在古代商品经济繁荣之际,是自然经济发展的需要,不同于西方的行会组织,西方的行会组织从一开始就以个体经营者(企业)的姿态存在。中国的行业组织作为企业的前期表现形式,在产生之初就受到了政府力量的强大限制,没有完全独立经营企业的权力。

三、鼓励私营个体参与官营垄断产业

(一)鼓励从事矿冶业的经营

经济的发展,增加了对铁制产品的需求,官营工业产品不进入市场而刺激民营发展,导致私铸盛行。出于监管成本大、市场需求旺盛、税收收入和解决私铸等考虑,"并许百姓逐便自铸造"。③

冶铜业中,普遍采用雇佣劳动、专业化经营的方式,带动了产量的提高。官营的由官府掌握,在铜矿坑冶处设置监、冶、场、务等机构,召集坑户,支给本钱;坑户自雇工匠从事开采,产品交由官府,采得矿山送到官炉中冶铁,已有采矿、碓磨、淘洗、上炉四道工序,产品交给官府,不得私有。④ "信州铅山之铜……官中为置炉烹炼,每一斤支钱二百五十。彼时百物俱溅,坑户所得有赢,故常募集十余万人昼夜开凿。"⑤

---

① (宋)李焘:《续通鉴长编》卷三五九,元丰八年九月乙未,中华书局 1980 年版。

② [日]加藤繁:《中国经济史考证》上,吴杰译,中华书局 2012 年版,第 352 页。

③ 《宋史》(食货志·下三)中华学术院 1972 年版,第 1768 页。

④ 白寿彝:《中国通史》(第七卷),上海人民出版社 1999 年版,第 4497 页。

⑤ 转自白寿彝:《中国通史》(第七卷),上海人民出版社 1999 年版,第 4497 页。

王安石对城市产业的发展秉承"区别对待"的原则和"榷法不宜过多"①的自由放任政策：对茶叶行业，通过政府征收茶税的形式，鼓励"民自贩运"②；对金银采矿行业，过去以劳役为赋税，改为现在以实物抵销矿税。过去以垄断经营的方式，改为现在"许坑户自便买卖"③，政府收二成，"冶户"占八成；对铜器业，改变政府铜禁政策，允许民间自由经营；对酒业采取"实封投状"的包销制。④ 政府允许部分行业民办经营，但对某些行业如酒业的管制仍十分严格。国家对酒坊进行严格的监管，限制生产规模和私酿行为，建隆二年（公元961年）下诏："应百姓私曲十五斤者死，酿酒入城者三斗不死，不及者等第罪之。"⑤次年（公元962年）又下诏："凡私造者，城市二十斤以上、乡村至三十斤处死。"⑥王安石的自由放任政策，从市场需求出发，松弛了政府对上述行业发展的限制，激发了产业组织的活力，促进了城市经济的繁荣。

（二）专业化分工思想：宜其才、攻其业

生产活动分为多个环节，使程序分工更为精细，形成专业化。因资源获取方式的便利和生产规模的庞大，在劳动密集型的官营手工业中，最先产生了专业化。丝织业中，唐朝时期的少府有25个制作过程。织衽之作包括布、绢、衽、纱、绫、罗、锦、绮、绸、褐十个作；组绶之作包括组、绶、涤、绳、缨五个作；绸线之作包括绸、线、弦、网四个作；炼染之作包括青、降、黄、白、皂、紫。宫内共有纺织巧儿365人，内作使绫匠83人，掖庭绫匠150人，内作巧儿42人。⑦ 私营手工业受到资本的限制，没有形成专业化格局，一般而言，经营者只能熟悉整个生产环节中的某一个工序，而不能熟知整个环节。这种生产精细分工与专业化分工有很大的区别，专业化

---

① 《熙宁奏对日录》。(宋)王安石：《王安石全集》，王水照主编，复旦大学出版社2016年版。
② 见(清)徐松辑录：《宋会要辑稿·食货·茶法门》，中华书局1957年版。
③ 见(元)马端临：《文献通考·征榷考五》，中华书局1986年版。
④ 胡寄窗：《中国经济思想史》下，上海财经大学出版社1998年版，第85页。
⑤ 见(清)徐松辑录：《宋会要辑稿·食货》，中华书局1957年版。
⑥ 《续资治通鉴长编》（卷三），中华书局1986年版。
⑦ 季如迅：《中国手工业简史》，当代出版社1998年版，第158—206页。

的劳动分工把生产者固定在某一生产工序上,而只负责流水式的某一个环节。

丝织业分为种桑、养蚕、缫丝、纺织、印染等环节,各环节细分成若干经营实体。"知婺州金华县,县治城中民以丝织为生,号城衣被天下,故尤富"。[1] "禹锡高祖谓之涛四翁,开染肆。尝有紫草来,四翁及出钱四百万市之。数日,有驵者至,视之曰:此伪草也。四翁曰,如何?……驵者曰:毋忧,某当为翁遍诸小染家分之。"[2]

王安石论述了专业化分工是分工深化的结果。专业和才能(技术)紧密结合,不可分割,二者合为一体,共同促成经济的发展。[3] 王安石认为先王时期对城市士、农、工、商四民的产业分类,是为了"使各专其业而不见异物,惧异物之足以害其业"[4],为了更好地发挥专业才能,"以朝夕专其业于天下国家之事"[5],只有宜其才才能专攻其业。"夫取之既已不详,使之既已不当,处之既已不久,任之又不专,而一二之以法束缚之,故虽贤者在位,能者在职,与不肖而无能者殆无以异。"[6]王安石也指出形成专业化的途径,"非特不能成人之才,又从而困苦毁坏之,使不得成长"[7]。专业化是城市产业发展的重要动力,王安石以城市四民的"士"作为代表,论述其发挥专业才能为国效力的重要性和途径,在当时具有非常重要的前瞻性。

第四节　城市产业发展流通媒介——货币思想

货币是城市农业、商业和手工业的交易媒介。货币思想开始于战国时期。先秦时期,各国控制货币铸造,形状大小不一、币值混乱。秦统一

---

① 刘敞:《先考益州府君行状》,公是集(卷五一),中华书局1985年版。
② (宋)施德操:《北窗灸课录》卷上,上海古籍出版社2007年版。
③ 陈勇勤:《中国传统经济思想经典文选》,中国人民大学出版社2012年版,第55页。
④ (宋)王安石:《上仁宗皇帝言事书》,《临川先生文集》,中华书局1959年版。
⑤ (宋)王安石:《上仁宗皇帝言事书》,《临川先生文集》,中华书局1959年版。
⑥ (宋)王安石:《上仁宗皇帝言事书》,《临川先生文集》,中华书局1959年版。
⑦ (宋)王安石:《上仁宗皇帝言事书》,《临川先生文集》,中华书局1959年版。

后,统一货币,货币铸造权归国家所有。

一、货币思想的理论渊源

先秦时期的货币思想最早源于单旗讨论是否铸大钱。周景王时期,要铸大钱,单穆以子母相权论加以阻止,但周景王不听,仍铸"宝货"大钱,行及城郭,导致通货膨胀。单旗从轻重角度反对铸造大钱成为我国记载最早的货币思想①。《管子》一书涉及货币思想,主要表现在对货币的交易职能的认识,认为货币是流通交易的手段,"黄金刀币也,民之通施也"②,"黄金刀布者,民之通货也"③。货币只能在"市"中流通,而固定的"市"处于城市。《管子》的作者们认识到货币数量体现商品数量,而商品的数量体现城市经济的总量,"万乘之国必有万金之贾,千乘之国必有千金之贾者,利有所并也……万室之邑必有万钟之藏,藏繦千万;千室之邑必有千钟之藏,藏繦百万。"④从流通角度,《管子》认识到货币与商品的关系,商品的价格越高,商品的数量就会越多,这样才能在交易中获得更大的利益。国就是城,城市的富裕程度与货币数量成比例,货币能衡量国家的富裕与城市的经济发展,则拥有货币铸造权就显得非常重要。

二、货币铸造权与货币发行思想

货币思想在中国古代经济思想史上占据十分重要的地位,很多思想家从理论和现实、从发行和抑制等角度分析,产生十分辉煌的理论。然而货币毕竟是充当一般等价物的商品,也具有商品的某些特性,当货币发行的数量超过了实际流通中需要的货币数量,就会带来货币的贬值;而货币发行的数量少于实际流通中需要的货币数量,就会带来货币的升值。货币的数量在某种程度上是城市繁荣的表现,而铸币权的问题是城市经济繁荣思想的第一个问题。

---

① 曹建国、张玖青注说:《国语》,河南大学出版社2008年版,第147页。
② 《管子·国蓄篇》。黎翔凤撰:《管子校注》,梁运华整理,中华书局2015年版。
③ 《管子·轻重乙篇》。黎翔凤撰:《管子校注》,梁运华整理,中华书局2015年版。
④ (汉)班固撰:《汉书》,张传玺主编,三秦出版社2003年版,第479页。

(一)从"听民私铸"到垄断铸币权

汉初,经过连年战争,经济遭到了严重破坏,为了应付货币短缺的局面,高祖使私人铸币合法化。这可能是由于秦末天下大乱,铜钱短缺,因此必须赶快铸钱以使货物流通①,也带来了古代社会一个悬而未决的货币私铸问题。

针对汉初实行的"听民私铸",桑弘羊主张统一铸币权。桑弘羊看到货币的作用以及由"私铸"所引发的城市经济混乱的现状,主张统一货币铸造权。"故统一,则民不二也;币由上,则下不疑也。"②统一铸币权:第一,要垄断币材。汉时的币材通常由铜组成,桑弘羊实行"铜专卖"政策,目的是垄断货币的原料,达到垄断铸币的目的。第二,在全国主要城市成立"盐官、铁官"等机构,由国家统一管理。但随着铜开采技术的提高,政府已经很难控制私人获取铜,货币"私铸"和"官铸"的问题一直存在。

私铸导致"币轻万物重"。张林(?—公元 302 年)冀州常山国真定(今石家庄正定县)人,指出"今非但谷贵也,百物皆贵,此钱贱故尔"③。私铸盛行,城市间的经济贸易就会对货币进行抵制。"梁初,唯京师及三吴、荆、郢、江、湘、梁、益用钱。其余州郡,则杂以谷帛交易。交、广之域,全以金银为货。"④在战争期间,各个地区都争相私铸,"有雍州青赤、梁州生厚、紧钱、吉钱……冀州之北,钱皆不行,交贸者皆以绢布"⑤。颜竣(?—公元 459 年)则从三个方面反对私铸:币值重量不等、币制紊乱、反动铸造小钱。政府采纳了这一建议,"官钱每出,民间即模效之,而大小厚薄,皆不及也"⑥。张方平(公元 1007 年—公元 1091 年)主张国家垄断货币发行权。货币是"人君之大权,御世之神物",不能"与民共之者也",

---

① [英]崔瑞德、[英]鲁惟一:《剑桥中国秦汉史》,杨品泉、张书生、陈高华、谢亮生、一山译,中国社会科学出版社 1992 年版,第 625 页。

② 《盐铁论·错币篇》。陈桐生译注:《盐铁论》,中华书局 2015 年版。

③ 《晋书·食货志》。(唐)房玄龄等撰:《晋书》,中华书局 1974 年版。

④ 《隋书·食货志》。(唐)魏征、令狐德棻等撰:《隋书》,中华书局 1973 年版。

⑤ 《隋书·食货志》。(唐)魏征、令狐德棻等撰:《隋书》,中华书局 1973 年版。

⑥ 《宋书·颜竣传》。(梁)沈约撰:《宋书》,中华书局 1997 年版。

"为国者必亲操其柄,官自冶铸,民盗铸者抵罪,罪至死,不得共其利也"①。张方平看到货币的作用,认为国家经济发展离不开货币,政府应采用严格的法律制度垄断货币发行。

魏晋时期,关于货币铸造又有了建议开放的思想。沈庆之(公元386年—公元465年)建议开铸,"宜听民铸钱,郡县开置钱署。"主张建立统一标准币,政府每铸币一万则抽税三千。虽然政府从铸币上抽税获利,却没有考虑到放开私铸的结果。由于缺乏标准,造成了各城市之间相互铸币,"又民用钱,郡县不同;或用轻钱,百加相干;或用重钱,平称不受"②。这种情况最终的结果是"则市肆易用,钱文大乱"③。

(二)从管制货币数量到流通渠道政策

货币数量与城市经济密切相关。"是时百姓废业,屯及城堡,无以自给。"④针对币值不等,阻碍经济发展的情况,政府采用货币管制政策:(1)发行新币。建立统一的货币重量、样式、图样,保证币值的稳定。"背面肉好,皆有周郭,文曰'五铢',而重如其文"⑤。(2)借用图案相近的货币减少发行的成本。"诏四面诸关,各付百钱为样。从关外来,堪样相似,然后得过。样不同者,即坏以为铜,入官。"⑥(3)于市立样。"不中样者,不入于市。"⑦为了保证币值的稳定,在市场上立样,禁止异样者入市。

王恽(公元1227年—公元1304年)讨论了中统钞的发行经验。他主张政府在府、路、州、县设立常平仓,在发行钞币的过程中与常平仓相结合,在丰歉之年发挥作用。"行用钞库工墨钞息增余见等钞,分标州郡,作常平粟本","续用逐年所得钱数,源源不已,则三年之间,百万石之粟,可不劳而办,是常有一年之蓄矣。"⑧

---

① 《续资治通鉴长编·神宗熙宁九年》,中华书局1986年版,第6787—6791页。
② (汉)班固撰:《汉书》,张传玺主编,三秦出版社2003年版,第482页。
③ (汉)班固撰:《汉书》,张传玺主编,三秦出版社2003年版,第480页。
④ 《隋书·食货志》。(唐)魏征、令狐德棻等撰:《隋书》,中华书局1973年版。
⑤ 《隋书·食货志》。(唐)魏征、令狐德棻等撰:《隋书》,中华书局1973年版。
⑥ 《隋书·食货志》。(唐)魏征、令狐德棻等撰:《隋书》,中华书局1973年版。
⑦ 《隋书·食货志》。(唐)魏征、令狐德棻等撰:《隋书》,中华书局1973年版。
⑧ 《秋涧先生大全集·论钞息复立常平仓事》。(元)王恽:《秋涧集》,四部丛刊本。

沈括(公元1031年—公元1095年)的“钱利于流”思想。从货币流通的角度,沈括认为货币流通速度越快,需要的货币数量就越少;货币流通越慢,需要的货币数量就越多。货币的周转次数与流通中的货币数量成比例。“十室之邑有钱十万,而聚于一人之家,虽百岁,故十万也;贸而迁之,使人飨十万之利,遍于十室,则利百万矣。迁而不已,钱不可胜计。今至小而邑,常平之蓄不减万缗,使流转于天下,何患钱之不多也。”①

李淏(公元1152年—公元1209年)提出国家管理楮币的四项原则:(1)伪造楮币者杀。(2)提出了城市新兴行业。建议把制作会子的工匠二百人设置为终生职业,集中居住在营房内,便于管理。(3)对制作楮币的纸张进行垄断经营,“重其防禁,无使售易”②。(4)“暂止印造,或出内府钱收换桩管以救低折之害”③。李淏主要通过控制发行技术环节来管理楮币,没有什么特殊见解,④但其主张把制作会子的工匠二百人设置为终生职业的思想,成为当时新兴产业思想的代表。

三、信用制度的产生与发展过程

货币产生后,产生借贷行为。中国古代的信用制度经过了由实物借贷到货币借贷,由商业信用到金融信用的由低到高的发展过程。⑤

(一)从实物借贷到货币借贷

借贷分为两类:政府借贷和盈利借贷;政府借贷主要依靠信用担保,没有文字凭证。《周礼·地官司徒》中介绍了政府设置专门负责放贷的机构——泉府。泉府放贷的目的是维持社会秩序,分为收利息的“贷”(用于生产与生活经营)和不收利息的“赊”(主要用于祭祀和丧纪)。春秋时期,受到生产力的限制,普遍采用实物借贷的方式,“行贷而食”,“请

---

① 沈括:《梦溪笔谈》之《钱荒对策》。张富祥评注:《梦溪笔谈》,中华书局2009年版。
② 《水心文集》卷十九。(宋)叶适著,刘公纯、王孝鱼、李哲夫注释:《叶适集》,中华书局2010年版。
③ 《水心文集》卷十九。(宋)叶适著,刘公纯、王孝鱼、李哲夫注释:《叶适集》,中华书局2010年版。
④ 胡寄窗:《中国经济思想史》(下),上海财经大学出版社1998年版,第188页。
⑤ 王天伟:《中国产业发展史纲》,社会科学文献出版社2012年版,第160页。

于平公,出公粟出贷,使大夫借贷"①。"庄周家贫,故往贷粟于监河侯。"②粟是当时主要的食用品,以借实物而非货币,表明当时实物借贷比较普遍,也说明了"钱轻粟重"。随着信用制度的发展,《秦律十八种》公布了关于借贷的法律条文;百姓有责,按期偿还,到期不能偿还者,债权人不能对债务人扣押人质抵债。而欠政府借贷无法到期偿还的,要服役一天作为补偿。③ 此外,政府还会赦免部分债务,以维持秩序。文帝二年(公元前178年)诏"贷种食未入,入未备者,皆赦免之"④。

当货币的作用显现后,从实物借贷到货币借贷就成为一种趋势。货币借贷的好处是易于计算利息。王莽时期,施行五均赊贷,利息为10%—36%。⑤ 导致高利贷行业人员的增加,"今富商大贾,多放钱贷,中家子弟,为之保役,趋走与臣仆等勤,收税与封君比入。"可见利润之高,参与人数之多,已经蔚然成风。魏晋南北朝时期,寺院成为放贷的主体。

(二)从商业信用到金融信用

隋唐时期,国家信用提高,出现了政府专门发放贷款的公廨钱。"先是京官及诸州,并给公廨钱,回易生利,以给公用。"⑥在长安西市产生了中国最早的金融市场。有供抵押借款的"质库",有国家经营放款的"公廨",有收受存款或提供保管便利的柜场、寄附铺和各种商店,有从事兑换业务、金银买卖的金店,还有办理汇兑业务的商人组织,现代金融业务的雏形已经出现。⑦ 宋朝时期,金融资本出现。开元三年(公元970年),政府设施"便钱务"机构,专门负责便钱业务,各州商人持券取款,当日兑现结休。雍熙三年(公元986年)设置交引会,专门执行发行、兑付金、银、钱币的业务。至道三年(公元997年),每年的汇款进入达到170万

① (春秋)左丘明:《左传》,李梦生注释,凤凰出版社2008年版,第676—677页。
② 《庄子·外物》。(清)郭庆藩:《庄子集释》,中华书局2006年版。
③ 参见《云梦秦简》之《秦律十八种》,上海古籍出版社1993年版。
④ (汉)班固撰:《汉书》,张传玺主编,三秦出版社2003年版,第39页。
⑤ 参见王天伟:《中国产业发展史纲》,社会科学文献出版社2012年版,第161页。
⑥ 《隋书·食货志》。(唐)魏征、令狐德棻等撰:《隋书》,中华书局1973年版。
⑦ 王天伟:《中国产业发展史纲》,社会科学文献出版社2012年版,第163页。

贯,天禧末年(公元 1021 年)达到 290 万贯。[①]

这一时期,经济中心转移已经完成。人口南迁给南方的经济提供充足的劳动力;交通的营建,促进全国性市场的形成;煤炭资源的使用,促进冶炼业的提升;城市产业在组织结构上深化,国家采用相对宽容的产业发展政策,产生了专业化城市。城市经济呈现出两个特点:一是"坊市"制度的瓦解,城市经济突破布局限制。二是市镇兴起,专业化城市出现。

政府鼓励新兴行业政策。农业退到城墙以外,手工业和商业继续发展,造船业、造纸业与印刷出版业以及娱乐休闲业等发展迅速,形成"市场推进式"的产业发展思想。具体原因为:(1)人口增多,扩大了市场需求。南迁后,带来大量的资本和劳动力,城市人口密度提高,在吃、住、行等方面产生巨大的市场需求,成为城市产业发展的动力所在。(2)技术进步。技术的提高、专业化的生产方式的采用、个体经营者的产生,使规模经济(行业组织)向企业的形式迈进,政府对技术的鼓励导致新兴技术能够很快地在产业组织中应用。(3)国内市场的形成,对外贸易的拉动。水陆交通设施的营建,桥梁、浮桥的推广,形成国内统一市场。对外贸易发展的兴盛,交易产品和种类的丰富,带动专门化城市(市镇)的发展。(4)减税减卡,政府扩大支持。城市工商业的发展,离不开政府政策的影响。政府实施减免税赋的政策,促进商业和手工业的流通,同时产生免除商人赋税的思想。政府设置专门的部门(警巡院等)管理城市居民,并在全国设置相应的录事司等部门管理,建制城市的出现表明了古代城市治理的完善。

---

① 参见王天伟:《中国产业发展史纲》,社会科学文献出版社 2012 年版,第 164 页。

第四章 城市产业深化思想:企业的市场行为与早期工业化

明清时期,随着农业生产技术的提高,国内市场的扩大和交通运输的发展,使长途大宗交易增多。白银成为交易中介,城市金融业随之出现并在交易中的作用日益增强,城市市民阶层产生。

第一节 城市空间密度的提升

一、城市数量的增加

社会生产力的提高,纺织业、制造业、造船业的兴盛,使城市经济结构发生转移,导致城市人口增多和规模扩大。

大中型城市达到 30 多个:应天(南京)、顺天(北京)、镇江、苏州、淮安、松江、扬州、杭州、嘉兴、福州、建宁、武昌、荆州、南昌、吉安、临江、清江、广州、开封、济南、济宁、德州、临清、桂林、太原、蒲州、成都、重庆、泸州、泉州、宁波。明朝后期,形成了一些中小城市,主要有芜湖、池州、保定、上海、大同、衡阳等;也出现一大批规模较大、人口众多的镇市,如景德镇、汉口镇、佛山镇、濮阳镇、双林镇、石门镇等。这些城市遍布全国上下、大江南北,但主要集中在交通便利的东部沿海和沿河地区。《明史》[①]记

---

① 《明史·地理志》记载:"终明之世,为直隶者二:曰京师、曰南京。为布政使司者十三:曰山东、曰山西、曰河南、曰陕西、曰四川、曰湖广、曰浙江、曰江西、曰福建、曰广东、曰广西、曰云南、曰贵州。其统计之府百有四十,州百九十有三,县千一百三十有八。"(清)张廷玉:《明史》,中华书局 1974 年版。

载,共有府级城市 140 个,州级城市 193 个,县级城市 1138 个,与宋代的府 30,州 254,县 1234 相比,数量上呈现下降趋势。但实际上可以看出明朝州级城市要高于宋代,州府城市总量 333 个高于宋代的 284 个。

明清时期,城市的规模、密度、发展水平,都大大超过前代。嘉庆道光时期,内阁学士那斯洪阿统计当时的城市数目:"查奉天府及各处省会十八,府一百八十有一,直隶州六十有八,直隶厅一十有二,州一百四十有七,县一千三百九十有四"。① 从表 4-1 可以看出,城市与市镇成为明清时期城市的主要构成。

表 4-1　明代及清晚期州县及市镇数量

地区	明代及清前期			晚清时期		
	州县数	市镇数	平均每州县市镇数	州县数	市镇数	平均每州县市镇数
湖北	61	700	11.5	67	1918	28.6
湖南	63	384	6.1	67	433	6.5
江西	79	672	8.5	78	1305	16.7
江苏	59	1112	18.8	54	1351	25
浙江	66	605	9.2	45	734	16.3
四川	13	135	10.4	80	2655	33.2
安徽	31	708	22.8	23	671	29.2
广东	72	1270	17.6	71	1969	27.7
福建	15	205	13.7	11	225	20.5
直隶	52	527	10.1	59	826	14
山东	64	1126	17.6	56	1555	27.8
陕西	21	228	11.3	37	351	9.5

资料来源:任放:《明清长江中游市镇经济研究》,武汉大学出版社 2003 年版,第 99—100 页。

二、城市交通轴线的确立与市镇的发展

基础设施是城市经济发展的必备条件,交通运输是城市商业发展和

---

① 转引自戴均良:《中国城市发展史》,黑龙江人民出版社 1992 年版,第 259 页。

繁荣的依靠。这一时期,出现了商人阶层描述城市交通的著作——《天下水陆路程》(又名《水陆路程便览》《水陆路程》),由徽州商人黄汴编撰,最早刊行于隆庆四年(1570年)。黄汴根据自己经商的经历,历时27年,描绘了全国各地水陆两路的线路、里程以及沿途各路所经过的驿站、州县、乡村。他在序论中写道:"余家徽郡,万山之中,不便通行,不谙图籍,土狭人稠,业为多商。汴弱冠,虽父兄自洪都(南昌)至长沙,览洞庭之胜,泛大江,溯淮、扬,薄戾燕都。是年,河冰彻底,乃就陆行,自兖州至徐州,归心迫切,前路渺茫。苦于询,乃惕然兴感。恐天下之人,如余之厄于歧路者多也。后侨居吴会,与二京十三省暨边方商贾贸易,得程图数家,于是穷其闻见,考其异同,反复校勘,积二十七年始成帙。"[1]商人描述交通路线,为我们提供了佐证。

(一)长江中下游专业市镇[2]的发展

明朝全国共有大中城镇100个,小城镇2000多个,农村集镇4000—6000个。[3] 在这些城镇和集镇中,产生了专业市镇,人口主要来自本地的农业人口、流动人口以及农业转变过程中形成的雇工。这里的专业市镇,是指以生产或销售某一类商品或某几类商品为主的市镇[4]。江南地区,商品化的发展使劳动力紧缺,为了解决劳动力短缺,江南的一些土地拥有者除了使用佃农外,还雇佣了大量的雇工。清代中期,农业中大量存在雇佣农工的现象,"无田可耕则力佃人田,无资充佃则力佣自治"[5]。

明清时期,长江中下游的市镇分为流通类市镇和生产类市镇。长江流域市场建立后,成为古代市镇数量发展迅速的地区。从表4-2可以看出,明清时期江南地区的市镇比例要高于其他地区。

---

① (明)黄汴:《天下水陆路程》,山西人民出版社1992年版。
② 刘石吉编制了"江南市镇统计表"详细介绍了我国1500—1800年市镇的数量。具体参见刘石吉:《明清时代江南市镇研究》,中国社会科学出版社1987年版,第142—157页。
③ 戴均良:《中国城市发展史》,黑龙江人民出版社1992年版,第259页。
④ 任放:《明清长江中游市镇经济研究》,武汉大学出版社2003年版,第165页。
⑤ (清)清高宗装订:《明臣奏议》卷45,中华书局1985年版。

表 4-2　明清时期江南地区的市镇数目

时期 *	苏州府	松江府	常州府	太仓州	镇江府	江宁府	杭州府	嘉兴府	湖州府
1368—1398 年	30								
1465—1487 年			22					21	
1506—1521 年	45	44							
1522—1566 年									
1573—1619 年					18			44	28
1621—1628 年									
1662—1722 年		79	66					29	
1736—1795 年	100						88		25
1796—1820 年		113				21			
1821—1850 年	100		105						

资料来源：刘石吉：《太平天国乱后江南市镇的发展》，《思与言》第 16 卷第 2 期，1978 年，第 139—144 页。注 * 时期是按每一皇帝之年号，无资料的时期在此省略。转引自梁庚尧、刘淑芬主编：《城市与乡村》，中国大百科全书出版社 2005 年版，第 252 页。

市镇作为城市手工业、商业的汇集地，随着交通的扩大，贸易范围逐渐扩大，市镇人口的数量和密度也逐渐提高。

表 4-3　清代中叶长江中游各府州市镇人口密度

省	府州	人口	面积	市镇数	市镇贸易范围（平方公里）	市镇人口	市镇人口密度（人／每平方公里）
湖北	武昌府	6509669	16500	101	163	64452	394
	汉阳府	3577216	14400	104	138	34396	248
	黄州府	3435548	16800	91	184	37753	204
	安陆府	3325215	13200	163	80	20400	251
	德安府	1987553	12000	183	65	10861	165
	荆州府	3020874	14400	162	88	18647	209
	襄阳府	1829006	18600	145	128	12614	98
	郧阳府	587141	25800	93	277	6313	22
	宜昌府	733625	20100	44	456	16673	36
	施南府	919981	18300	93	196	9892	50
	荆门直隶州	808208	9300	126	3	6414	86
	总计	26734036	179400	1305	137	20486	149

省	府州	人口	面积	市镇数	市镇贸易范围（平方公里）	市镇人口	市镇人口密度（人／每平方公里）
湖南	长沙府	4290086	37200	129	288	33256	115
	岳州府	1709497	10500	52	201	32875	162
	宝庆府	1624155	20700	22	940	73825	78
	衡州府	2321431	15600	52	300	44643	148
	常德府	1219755	12000	19	631	64198	101
	辰州府	898954	13500	13	1038	69150	66
	沅州府	537396	7200	5	1440	107479	74
	永州府	1629946	19800	57	347	28596	82
	永顺府	643095	11400	2	5700	321548	56
	澧州直隶州	1033980	15300	23	665	44956	67
	桂阳直隶州	773353	6900	14	492	55240	112
	靖州直隶州	608467	8700	1	8700	608467	69
	郴州直隶州	997021	10500	16	656	62314	94
	乾州直隶州	35604	1500				
	凤凰直隶州	74755	2100	2	1050	37378	35
	永绥直隶州	25396					
	晃州直隶州	57165	1500	5	300	11433	38
	总计	18480056	194400	412	471	44855	95
南昌	南昌府	4623058	17100	141	121	32788	270
	饶州府	1773171	12600	55	229	32239	140
	广信府	1445352	12000	43	279	33613	120
	南康府	1276725	4800	44	109	29016	265
	九江府	1064165	5100	19	268	56009	208
	建昌府	1455997	8100	24	337	60667	179

续表

省	府州	人口	面积	市镇数	市镇贸易范围（平方公里）	市镇人口	市镇人口密度（人／每平方公里）
南昌	抚州府	1531498	10800	128	84	11965	141
	临江府	1270842	3900	92	42	13814	325
	瑞州府	1018367	4500	36	125	28288	226
	袁州府	768056	8700	59	147	13018	88
	吉安府	2969883	13800	85	162	34940	215
	赣州府	2414820	22800	215	106	11232	105
	南安府	618993	7500	31	241	19968	82
	宁都直隶州	824226	6900	21	328	39249	119
	总计	3055153	138600	993	139	23218	166

资料来源：任放：《明清长江中游市镇经济研究》，武汉大学出版社 2003 年版，第 112—113 页。

215

各种专业市镇中，主要根据从事商品种类不同而划分为以下几种类型：陶瓷类、造纸类、纺织类、粮食和木材贸易类。具体见表 4-4。

表 4-4　明清时期长江中下游专业市镇

市镇名称（陶瓷业）	造纸业市镇名称	纺织业市镇	市镇名称（茶叶）	粮食贸易市镇	木材贸易市镇
景德镇	碑头市	肥田墟	东坪	兴隆市	汉口镇
湖田市	墨山	新城市	硒洲	龙溪口市	御路口市
永靖镇	塔子	大别市	乔口镇	榆树湾市	阎家河市
嘉兴镇	纸坊	灶头镇	黄沙坪	托口市	沙镇
上埠	所城墟	泚江市	长寿	洪江	托口镇
白水	长铺墟	石嘴市	晋坑	所城墟	大桥墟
源头	横江墟	鸦江墟	浯口	新墟	毛俊市
冲章	竹管洞	清水铺	津洋市	竹管市	富民墟
源青	大桥	鹿角镇	汉口镇	楠木市	白水镇

市镇名称（陶瓷业）	造纸业市镇名称	纺织业市镇	市镇名称（茶叶）	粮食贸易市镇	木材贸易市镇
背坑	卢家洲	江垭	羊楼洞	津市镇	张家湾
窑头市	高村	杉木桥	新店	汉口镇	津市镇
永和镇	高槽	赵家铺	吴城镇	泥嘴	瓜源口
沩山	谢陂	新安镇	河口镇	新店	徐家埠
青泥湾	吴城镇	合口		黄金堤市	高家埠
姜湾	上饶坂	富民墟		金口镇	樟树镇
冷水坑	陈坊市	竹管市		吴城镇	上清镇
王仙	湖坊市	土桥墟		泸溪	姜里村
大小林桥	石塘镇	洪观墟		小河	五都墟
临湘镇	河口镇	龙平镇		樟树镇	
峰窑市	姜里村	武穴镇		迎春门外墟	
鹿角窑街		车湾镇		宾阳门外墟	
窑里街		童庄			
系镇		会同集			
蒲潭		固厚集			
纳水溪场		军山镇			

资料来源:任放:《明清长江中游市镇经济研究》,武汉大学出版社 2003 年版,第 167—230 页。作者整理而得。

(二)城市轴线体系的确立

明清时期大运河和长江成为两大交通道,并以此为轴线发展成长江城市轴线和运河城市轴线。

长江轴线作为中国重要的粮食生产和棉、麻、茶、桑等经济作物的出产地,产生了江宁、芜湖、汉口等城市,形成了规模大小不一的市镇,构建了中国东西走向的城市轴。以运河为中心的城市轴,北连北京,南接杭州,形成了中国南北走向的城市轴,以杭州、苏州、南京等城市为代表并产生数量众多的市镇。此外,西北地区的甘肃嘉峪关、喀什、伊犁等地;四川

216

成都地区和云南的河口、思茅等地；广西的龙州，以及西藏的亚东、江孜等，共 13 个城市也衍生出城市轴。明清时期的城市发展还呈现出了以江南地区为核心，逐渐向外扩散的形态。城市工业的发展，并非单纯的府城工业向外转移，而是在比较优势的基础上形成的合理的地域分工。①

第二节　"引致需求式"产业思想的转型

城市等级体系最终确立，保证城市传统产业沿着"农本"的路径继续前行。各地区的自然资源与技术优势相结合显示出向市场靠拢的迹象，表现出"引致需求式"的产业发展特色。"引致需求"是阿弗里德·马歇尔在《经济学原理》中首次提出的经济概念，是指由对生产要素参与生产的产品派生出来的需求，又称"派生需求"。明清时期的产业发展思想中也出现了这种派生需求的特征，产业主体对市场信息的嗅觉来自对生产要素"间接"需求。

一、资源禀赋利用与会计稽查思想

产业发展呈现出区域性的特征。矿冶业、纺织业、造船业中官营手工业逐渐衰落而私营手工业规模扩大。从表 4-5 可以看出，明清时期的自然资源比以往宋元时期（表 3-3）种类更丰富、分布区域更广阔、产业更具体。

表 4-5　明清时期产业分布

产业	明代	清代
冶矿及金属品	铁：湖广、福建、山西、浙江、河南、广东、贵州、云南、四川 铜：山西、四川、湖广、江西、云南 锡：湖广、河南、广东、广西、云南 铅：广西、江西、湖南、贵州 煤矿：山西、河南 铁器：陕西、佛山	铁：广东、山西、陕西、四川、湖南 铜：云南东川、易门、顺宁 白银：云南、广东 铅：郴州、常宁、宜章、桂阳

---

① 李伯重、周生春：《江南的城市工业与地方文化（960—1850）》，清华大学出版社 2004 年版，第 64 页。

产业	明代	清代
纺织	丝织业:浙江、北京、江宁、苏州、杭州 棉织业:苏州、松江、太仓、常州、江宁、通州、嘉兴、湖州	棉织业:无锡、苏州、松江、河北及广南地区 麻纺织业:雷州、福州、通州、杭州、宜黄
制瓷	瓷器:景德镇、建阳、宜兴、处州、横峰、南海、泽州 砖瓦:北京、南京、苏州、临清	瓷器:景德镇、建阳、宜兴、处州、横峰、南海、泽州
造纸	浙江、福建、安徽、江西、湖南	铅山、汉中、容县、衢州
制盐	长芦、奉天、山东、两淮、浙江、福建、广东、四川、云南、河东、陕甘	长芦、奉天、山东、两淮、浙江、福建、广东、四川、云南、河东、陕甘
制茶	杭州、天台、东阳、绍兴、长兴、武夷、宝庆、五华、苏州、宜兴、休宁、霍山	武夷山、普洱、于潜
造船	龙江、太仓、清江、仪征、临清、登州、直沽、金州、广州、潮州、福州、泉州、漳州、明州	福州、泉州、漳州、台湾
印刷	金陵、苏州、建阳、杭州、北京、徽州	南京、苏州、杭州
酿酒	会稽、关中、太原、易州	江苏、福建、四川
制糖	泉州、漳州、广东	广东、福建、广西、四川、台湾、

资料来源:王天伟:《中国产业发展史纲》,社会科学文献出版社2012年版,第122—123页。

木材作为主要的资源,从覆盖率和面积上呈现下降趋势,表明上述地区对这一资料的消耗逐渐增加,见表4-6。

表4-6　岭南森林面积(1753—1853年)

时间	森林面积(公顷)			森林覆盖率		
	广东	广西	岭南	广东	广西	岭南
1753	9000000	6500000	15500000	45	35	40
1773	8200000	6020000	14220000	41	32	37
1793	7440000	5660000	13100000	37	30	34
1813	6560000	5340000	11800000	33	28	30
1833	5760000	4940000	10700000	29	26	28
1853	4880000	4700000	9580000	24	25	24

资料来源:[美]彭慕兰:《大分流:欧洲、中国及现代世界经济的发展》,史建云译,江苏人民出版社2003年版,281页。

城市产业的发展因市场的建立而繁荣,资源禀赋地区呈现出"规模优势"。各城市的产业分布见《铅山》的描绘:"其货自四方来者;东南福建则延平之铁,大田之生布。崇安之闽笋,福州之黑白砂糖,建宁之扇,漳海之荔枝、龙眼;海外之胡椒、苏木;广东之锡,之红铜,之漆器、之铜器。西北则广信之菜油,浙江之湖丝、绫绸,鄱阳干鱼、纸钱灰;湖广之罗田布、沙湖鱼;嘉兴西塘布;苏州青、松江青、南京青、瓜州青、红、绿布;松江大梭布、中小梭布;湖广孝感布、临江布、信阳布,定陶布;福建生布、安海生布,吉阳布、粗麻布、韦坊生布、漆布、大刷竞、小刷竞、葛布、金溪生布、棉纱、净花、籽花、棉带、褐子衣、布被面、黄丝、丝线、纱罗、各色丝布、杭绢、绵捆、彭刘缎、衢绢、福绢。此皆商船往来货物之重者。"铅山是山西的一个较为闭塞的城市,但能汇集全国各地的产品,可见当时交通网的发达和国内市场对各地区城市资源发展的促进。

市场的扩大,行业的丰富,引发了产业主体对市场信息的关注。"会计"思想的产生表明在国家和产业主体中要基于市场变化后,从财政支出和收益角度思考预算。邱浚(公元 1420 年—公元 1495 年),字仲深,广东琼山(今海南琼山)人。少年好学,少年时期正处于明朝的全盛时期,于 1454 年考中进士,长期从事编撰工作,曾参加《英宗实录》《续通鉴纲目》《宪宗实录》的编撰工作,后进礼部右侍郎,掌管祭酒事,后进礼部尚书,晚年兼文渊阁大学士,参机政务。他对《论语》《孟子》《大学》等儒家经典推崇备至,强调以"治国平天下"为本。《明史·邱浚传》说他"尤熟国家典故,以经济自负"。丘浚是南宋郑伯谦以后又一个非常重视会计的思想家。[1] 他主张设立会计稽查制度,"凡天下秋粮、夏税、户口、盐钞……一一开具"[2]主要出于不设立稽查制度的弊端:"一年之内所出之数比所入之数或有余或不足或均适"[3]。是否盈余,不建立会计制度则无法"了然在目"。建立会计则会"国计不亏而岁用有余矣"[4]。

① 胡寄窗:《中国经济思想史》(下),上海财经大学出版社 1998 年版,第 363 页。
② (明)丘浚:《大学衍义补》卷二三,中州古籍出版社 1995 年版。
③ (明)丘浚:《大学衍义补》卷二三,中州古籍出版社 1995 年版。
④ (明)丘浚:《大学衍义补》卷二三,中州古籍出版社 1995 年版。

二、传统城市产业思想的新扩展

城市等级体系在明清时期的发展已经更为完善,形成了都城、省城、府(道、州)城、县城的城市等级网络。在外来贸易的冲击下,城市产业发展呈现出新变化:传统农业中"利己因素"的出现;城市居民产生了"九等"与"十四民"思想;对外贸易中逐渐产生"听民贸易"思想。

(一)传统产业发展新特征:利己思想显现

重农是古代城市产业发展的特征之一。明清时期,城市农业思想呈现出既受到传统重本抑末又受到市民阶层"利己思潮"影响的特征。

朱元璋(公元 1328 年—公元 1398 年)即明太祖,名重八,又名兴宗,后改名元璋,字国瑞,濠州钟离(今安徽凤阳)人。朱元璋的农业思想内容广泛,很多思想政策严格执行且颇有力度,为明初经济的恢复起到显著效果。

1. 整顿吏治,防止欺压贫民

通过查清农户产业而"均赋税、均其力"。"今天下郡县,民户以百一十户为里,里有长。然一里之内,贫富异等,牧民之官苟非其人,则赋役不均,而贫弱者受害。尔户部其以朕意谕各府州县官,凡赋役必验民之丁粮多寡,产业厚薄,以均其力。……有不奉行役民而致贫富不均者,罪之。"①

2. 减免赋税,轻徭薄赋

把"不急之务",作为是否征税赋役的标准。"民力有限,而徭役无穷。……自今凡有兴作不获已者,暂借其力;至于不急之务,浮泛之役,皆罢之。"②在这一标准下,又不定期减免地方徭役赋税。洪武九(公元 1377)年,朱元璋减免河南、福建、江西、浙江、湖广和扬州、淮安、安庆、池州、徽州等五府税粮,"今天下已定,正当与吾民同乐其乐,奈何土木之工屡兴,烦劳愈甚,内郡多被艰辛,而外郡疲于转运"③,于是免收上述地区

---

① 《明太祖实录》卷一六三,中华书局 1989 年版。
② 《明太祖实录》卷三十,中华书局 1989 年版。
③ 《明太祖实录》卷一〇五,中华书局 1989 年版。

的粮税。洪武十三(公元 1380)年,下诏减免苏、松、嘉、湖四府赋粮。

3. 筑城建殿,不违农时

朱元璋为了不违农时而禁止筑城建殿。洪武十年(公元 1378)五月,在回复登州官府筑城的批文中,"凡兴作不违农时,则民得尽力于田亩。……且筑城本以卫民,若反以病民,非为政之道也。其令农隙为之"①。

4. 放赎奴婢,增加劳动力

朱元璋先后在洪武元年、洪武五年、洪武十九年、洪武三十年赦免、放赎奴婢,通过立法规定了奴婢的使用数量。公侯家不过二十人,一品不过十二人,二品不过十人,三品不过八人。②

5. 奖励垦荒,发展农业

实行屯田,增加土地数量。屯田包括军屯、商屯和民屯;军屯就是各地军队耕种的田地,这种军屯手段在明朝未建立之前就开始采用,这样可以补充军饷和减轻人民负担,建国后,则继续推广。

朱元璋的一系列重农措施取得了明显的成就。从耕地面积看,到了洪武二十六年,全国土田面积增加到 8507623 顷。③ 洪武二十八(公元 1395)年统计,多处兴修水利,其中开塘堰达 40987 处,浚河 4162 处,堤岸 5048 处④。

表 4-7 洪武年间垦田数量

时　　间	垦田数量(顷)
洪武元年	770
洪武二年	898
洪武三年	2135
洪武四年	106622

① 《明太祖实录》卷一一二,中华书局 1989 年版。
② 龙文彬:《明会要》卷五二,民政三。转引自韩大成:《明代城市研究》,中华书局 2009 年版,第 4 页。
③ 韩大成:《明代城市研究》,中华书局 2009 年版,第 9 页。
④ (清)张廷玉:《明史·河渠志·直省水利》,中华书局 1974 年版。

续表

时　间	垦田数量（顷）
洪武六年	353980
洪武七年	921124
洪武八年	62308
洪武九年	27564
洪武十年	1513
洪武十二年	273104
洪武十三年	53931
洪武十六年	1265
垦田总量	1805216

资料来源：《明太祖实录》，中华书局1989年版，作者整理而得。

　　邱浚的农业思想突破了农业和畜牧业的范围，把稼穑、树艺、牧畜三业相结合，从家庭生产的角度讨论产业发展。"民之所以为生者，田宅而已。有田有宅，则有生生之具。所谓生生之具：稼穑、树艺、牧畜三者而矣。"①为城市居民提供生产和生活服务的农业发展思想，并非自邱浚开始，但邱浚却把这一思想具体化，既可以繁荣城市经济，又能富民富国。"三者既具，则有衣食之资，用度之费"②。邱浚还论述了城市资源思想，山林是城市发展的重要资源，然而过度滥伐导致山林稀少，"不知何人，始于何时……伐木取材，折枝为薪，烧柴为炭，致使木植日稀"③。

　　王源（公元1648年—1710年），字昆绳，直隶大兴（今北京大兴）人。王源的城市农业思想，把城市粮食收入与城市等级相对应，突出县城服务郡城、郡城服务州藩（城）、州藩（城）服务都城的关系。在王源看来，城市主要分为四个层级，都城、州藩、郡城、县城。四级城市之间的关系可以通过粮食赋税数量得以体现，体现城市存储粮食的功能。

---

①　（明）丘浚：《大学衍义补·固邦本·制民之产》，中州古籍出版社1995年版。
②　（明）丘浚：《大学衍义补·固邦本·制民之产》，中州古籍出版社1995年版。
③　（明）丘浚：《大学衍义补·驭夷狄·守边固圉之略上》，中州古籍出版社1995年版。

表4-8　城市等级与粮食收入、存储、上缴

城市等级	岁入粮食（石）	存储粮食（石）	上缴粮食（石）
县城（中县）	十二万	三万	四万
郡城	二十万	五万	十五万
州藩	七八十万	四十万	二三十万
都城	六七百万	四五百万	

资料来源：王源：《平书·制田》。

从表4-8可以看出，都城、州藩、郡城、县城（中县）的比例为1∶30∶150∶750。县级城市成为粮食的最初来源地。

唐甄（公元1630年—公元1704年），字铸万，四川达州（今达县）人。唐甄提出自由放任的城市农业思想。（1）城市农业不仅指种植业，还包括养殖业、畜牧业等，"陇西牧羊，河北育豕，淮南饲鹜，湖滨缲丝，吴乡之民，编蓑织席，皆至微之业也"[1]。（2）总结粮食的产出在于劳动力和土地两种生产要素的合理组合。"海内之财，无土不产，无人不生。"[2]（3）指出资本在农业生产中的重要作用，认识到资本的流通性对经济的作用，"然而日息月转，不可胜算，此皆操一金之资，可致百金之利者也"[3]。（4）认识到市场在农业生产中的重要作用，"里有千金之家……与之为市者众矣。……石麦斛米，佃农贷之；匹布尺帛，邻里党戚贷之"[4]。

（二）城市居民细分思想：从"九等九职"到"十四民"

邱浚在《周礼》八种职业的基础上，提出九等九职的城市居民思想。"是以一世之民，不为三农，则为园圃，不为虞衡，则为籔牧，否则为百工，为商贾，为宾妇，为臣妾，皆有常职以为之生"[5]而当今城市之中，只闲民

---

①　（清）唐甄：《潜书·富民》，四川人民出版社1984年版，第310页。
②　（清）唐甄：《潜书·富民》，四川人民出版社1984年版，第311页。
③　（清）唐甄：《潜书·富民》，四川人民出版社1984年版，第310页。
④　（清）唐甄：《潜书·富民》，四川人民出版社1984年版，第311页。
⑤　（明）丘浚：《大学衍义补·固邦本·制民之产》，中州古籍出版社1995年版。

一职无固定职业,"惟夫闲民则无常职,而于八者之间"①。闲民分布城市内外"若内若外"②,其数量维持在"无一人而失其职,无一物而缺其用,无一家而无其产"③,达到"人不游手以务外,不左道以惑众,不群聚以劫掠"④的状态,实现"民安则国安"。

恽敬(公元1757年—公元1817年),字子居,江苏阳湖(今常州)人。对于城市居民的划分,在邱浚九职九等的理论上,参考韩愈的六民论,提出了十四民的理论,认为十四民并非产生于后世,而是在三代时期(夏商周)"三代之时,十四民者皆有之,非起于后世也"⑤。十四民产生后,士农工商四民的比例日渐增多,而其他十民日渐减少。恽敬从税赋的角度分析出城市居民的数量比例,指出各行业的均衡关系,在士农工商僧道六民的基础上,贵、富、操兵者、践役者、践役者之子、牙者(侩者)、仆(台)、行为不正之人⑥。根据行业划分来看,很显然十四民并非自三代时产生,如牙者(侩者)就是为促进商品交易而形成。恽敬测算出各行业的人口比重,对城市居民从产业角度进行细分和定位,具体见表4-9。

224

表4-9　城市(县)十四民比例

行业	比例	行业	比例	行业	比例	行业	比例
士	无	僧	无	操兵者	数百人	仆(台)	无
农	无	道	无	践役者	数百人	行为不正之人	无
工	无	贵	数十人	践役者之子	数十人		
商	无	富	数十人	牙者(侩者)	无		

资料来源:恽敬:《三代因革论五》。

---

① (明)丘浚:《大学衍义补·固邦本·制民之产》,中州古籍出版社1995年版。
② (明)丘浚:《大学衍义补·固邦本·制民之产》,中州古籍出版社1995年版。
③ (明)丘浚:《大学衍义补·固邦本·制民之产》,中州古籍出版社1995年版。
④ (明)丘浚:《大学衍义补·固邦本·制民之产》,中州古籍出版社1995年版。
⑤ (清)恽敬:《三代因革论》,中华书局1993年版。
⑥ 原文:妇人揄袂,蹑利屣,男子傅粉白、习歌舞。(清)恽敬:《三代因革论》,中华书局1993年版。

以农工商三民的生产，维持十四民的消费，"农工商三民为之，十四民享之"①，导致"而几几乎不得生"②。城市经济在于减少十一民的数量、增加四民的比例，"圣人为天下，四民日增其数，十民日减其数，故农工商三民之力给十一民而天下治"③。日减之民归于三民之业，使生产类人口增加而闲民减少，促进经济发展。

（三）政府贸易制度的固化与"听民贸易"的兴起

清朝建立了一套制度，控制对外贸易。由广东商人组织公行，为中外贸易划定市价，经过政府同意，取得对外贸易的专利权，即所谓的"十三行"。"十三行"的主要任务分为三项：（1）担保和确定权。主要对外贸易需得到行商的担保，交易市价也由商行确定。（2）中介交易。外国贸易的进出口税，也要商行作为中介交易。（3）中间人。商行成为政府和外商的中间人。商行还设置了商馆制度，关税制度等。这些制度对于外国商人和本国一般商人等，多有限制和束缚，获得最大利益的，却是清政府和海关官吏以及垄断商人。④

蓝鼎元（公元 1680 年—公元 1733 年）字玉霖，别字任庵，福建漳浦人。18 世纪 20 年代的蓝鼎元才是第一次从贸易经济角度坚持开放南洋贸易。⑤ 蓝鼎元主张"大开禁网，听民贸易"。通过采用对外贸易"以海外之有余，补内地之不足……是以沿海居民操作小巧技艺以及女工针绣，皆于洋船行销，岁收入番岛银洋货物百十万入我中土，所关为不细矣"⑥。从理论上指出对外贸易有利于国家财政收入活跃沿海居民手工业。

（四）对城市内部侵街的管理

明清时期，延续宋元时期的"禁止侵占街道"政策。侵街现象自宋出现后，明清时期，出现了强制性惩罚措施，对影响街道市容也做了规定，这些规定起到维护公共秩序的作用。"侵占街道，凡侵占街巷道路而起盖

① （清）恽敬：《三代因革论》，中华书局 1993 年版。
② （清）恽敬：《三代因革论》，中华书局 1993 年版。
③ （清）恽辉：《三代因革论》，中华书局 1993 年版。
④ 童书业：《中国手工业商业发展史》，中华书局 2005 年版，第 308 页。
⑤ 胡寄窗：《中国经济思想史》（下），上海财经大学出版社 1998 年版，第 562 页。
⑥ （清）蓝鼎元：《鹿洲全集》之《论南洋事宜书》，厦门大学出版社 1995 年版。

房屋及园圃者,杖六十,各令复旧。其穿墙而出污秽之物于街巷者,苔四十。出水者,勿论"①。此外又加大保护的范围,对城市街道等公共基础设施,给予保护。"弘治十三年(公元 1500 年),奏准:京城内外街道,若有作践掘成坑坎、淤塞沟渠、盖房侵占或傍城行车、纵放牲口、损坏城脚,及大明门前御道棋盘并护门栅栏、正阳门外御桥南北本门、月城、将军楼、观音堂、关王庙等处作践损坏者,俱问罪,枷号一个月发落。"②清朝时期,对侵街的法律规定沿用明朝的法律制度③。

第三节　城市产业发展思想的理论深入：
重农抑商框架的突破

一、重农抑商框架的理论裂痕

宋以后,商品经济在城市中迅速发展,随着火药、指南针、印刷术、造纸术的出现和普及,手工业和造船业的发展使交易半径扩大,市民阶层形成,商人的社会地位不断提高,自由主义的经济思想开始活跃。一些思想活跃的思想家比如邱浚、李贽、王夫之等,将这一社会现状与传统经济思想相结合,倡导"听民自为"的经济政策。晚明自由主义经济思想的主要内容包括强调"听民自为"的自由放任的经济政策主张,以及强调"私者,人之心也"的经济人假定和"民富先于国富"的富民思想。④ 城市经济中,随着"听民自为"思想的盛行,城市经营也发生了很多变化。

---

① 怀效锋点校:《大明律》卷三十,法律出版社 1999 年版。
② (明)申时行等修:《明会典》卷二百,工部二十,中华书局 1989 年版。
③ "侵占街道,凡侵占街巷道路而起盖房屋及园圃者,杖六十,各令复旧。其穿墙而出污秽之物于街巷者,苔四十。出水者,勿论。"此条沿用前例。"条例一在京内外街道,若有作践成坑坎、淤塞沟渠、盖房侵占或傍城行车、纵放牲口、损坏城脚,及大清门前御道棋盘并护门栅栏、正阳门外御桥南北本门、月城、将军楼、观音堂、关王庙等处作践损坏者,俱问罪,枷号一个月发落"。此条例与《明会典》的区别在于,改大明门为大清门。《钦定大清律例》卷三九,工律,中华书局 1987 年版。
④ 赵晓雷:《中国经济思想史》,东北财经大学出版社 2007 年版,第 120 页。

（一）"听民自为"思想的经济主张

自由放任思想是"听民自为"经济理论的集中体现。代表人物有邱浚、李贽、王夫之、唐甄等。这一理论的最大特点是国家（政府）不要干预和限制经济活动，听任经济活动本身自由发展的需要。

先秦时期，对经济活动进行干预的思想就已经存在，秦汉时期，这一政策有了新波动。汉初，遵循道家的"无为"思想，放松了对经济活动的管制，武帝时期，桑弘羊在政策上采用政府管制而司马迁在理论上阐述了自由放任。司马迁主张"善者因之，其次利道之，其次教诲之，其次整齐之，最下者与之争"①。在理论上给出发展经济活动的顺序：第一，善因之。对于有利的经济活动要自由放任，听之任之。第二，利道之。对经济活动本身的调整，采用经济利益的方式引导经济活动。第三，教诲之。采用政府的手段，设置准则，对不符合的要教诲，使其改正。第四，整齐之，采用行政干预的手段，划定条条框框，使经济活动按照政府的意愿发展。第五，不与民夺利。政府垄断经济产业形成与民争利的局面，导致民贫。可见，司马迁对待经济活动的行为倾向于自由放任，而桑弘羊在现实中则采用了国家干预的政策。此后，有些思想家也提出政府要少干预经济活动，但没有达到"听民自为"高度。而邱浚的"自为论"则是继司马迁之后又一次把自由放任作为一种发展经济的指导思想提出的思想家。② 它（自为论）不像司马迁的善因论那样有黄老无为论作为自己的理论基础，但它对于把自己作为指导思想如何贯穿于经济活动的各个过程、各个方面，所作的分析、论述则比司马迁更具体。③

邱浚的"听民自为"论。邱浚著有《大学衍义补》表现他对"经济活动"的关注。全书共一百六十卷，其中论述经济问题的达二十三卷。"听民自为"反对由国家规定的田制及对私人占地施加种种限制，认为都是无劳之举，主张"苟民自便，何必官为"及"自民为市"④。邱浚的"听民自为"思想

227

---

① （汉）司马迁：《史记》，中华书局 2014 年版，第 751 页。
② 赵晓雷：《中国经济思想史》，东北财经大学出版社 2007 年版，第 120 页。
③ 赵靖：《中国经济思想通史》，北京大学出版社 2002 年版，第 1705 页。
④ （明）丘浚：《大学衍义补·市籴之令》，中州古籍出版社 1995 年版。

来源于"自秦汉以来，田不授井，民之产业，上不复制，听其自为而已"①。

王夫之的"民自利"论。王夫之（公元1619年—公元1692年），湖南衡阳人。晚年隐居衡阳石船山，故称船山先生。王夫之是17世纪中国著名的唯物主义哲学家，王夫之继承了北宋张载的朴素唯物主义，认为物质"气"是普遍存在的，具有永恒性，物质只有聚散、往来，而没有消灭、增减。在工商业领域，王夫之赞成自由经营，鼓励竞争，主张开放政府私营的盐业，允许商人自由买卖，反对对商人的剥削，认为国家应该对商人进行保护，废除当时处处设卡的"钞关制度"。采用市场机制对价格进行调节，是王夫之自由主义思想的一大特征。

唐甄的"听民自利"论。唐甄主张自由放任的经济活动，认为财富的产生和增殖是一个能够自然而然的过程，"海内之财，无土不产，无人不生，岁月不计而自足，贫富不谋而相资"。② 国家不应该对经济活动进行干预，而唯一能做的是听任经济活动本身的发展。

（二）"私者，人之心也"的经济人假定

李贽（公元1527年—公元1602年）指出了"谋利"的思想，主张义利结合，把富国放在首位，提出富国的含义。"史迁传货殖则羞贫贱，术平准则厌功利。利固有国者之所讳与！然则，太公之九府，管子之轻重，非欤？夫有国之用与士庶之用，孰大？有国之贫与士庶之贫，孰急？"③富国思想在中国古代一直存在，在如何富国的道路上，李贽认为要发挥城市工商业的重要作用，要把握大势，认清社会现实发展情况，"天与以致富以才，又借以致富之势。界以强忍之力，赋以趋时之识"④。此外，他又提出只有少数认清社会大势的人，才能富裕，"是亦天也，非人也。若非天之所与，则一邑之内，谁是不欲求富贵者，而独此一两人也耶"。⑤ 李贽接着为城市工商业辩护，认为工商业是"制四海安边足用之，不可废也"。征

---

① （明）丘浚：《大学衍义补·制民之产》，中州古籍出版社1995年版。
② （清）唐甄：《潜书·富民》，四川人民出版社1984年版。
③ （明）李贽：《藏书》卷一七，富国名臣总论，上海古籍出版社1962年版。
④ 《李氏文集》卷一八，明灯道古录卷上。（明）李贽：《李氏文集》，中华书局1958年版。
⑤ 《李氏文集》卷一八，明灯道古录卷上。（明）李贽：《李氏文集》，中华书局1958年版。

收重税使商人"无利自止",主张减轻商税。

明清时期,城市经济的发展引发对财富和"私"的反思。市民阶层的壮大,李贽提出"私有财产"的讨论符合城市市民对私有财产保护的心理趋势,成为市民思想的代表。李贽看来,私有财产是市民阶层经济活动的动力,认为这是正常的自然规律,"私者,人之心也",反映了市民阶层的本质。在他看来,工商业者是城市市民的重要组成,"挟数万之资,经风涛之险,受辱于关吏,忍垢于市易",更应该重视其"私有财产的保护"。李贽从商品交易的角度解释社会之间的关系,认为"天下尽市道之交也",天下的关系可以从"欲望"和"资源"去交易,涉及"理性人"的经济假设。不同阶层有不同的"货",可以"互通有无","以身为市者,自当有为市之货,固不得以圣人而为市井病。身为圣人者,自当有圣人之货,亦不得以圣人而兼市井"①。

东林学派坚持公开讲学的方式,评论时政,从市民的角度为城市工商业者辩护。因其主要的领导人都是出生在工商业家庭,对工商业的态度和作用自然能够体会得更为深刻,提出"曲体商人之意"②,体现了城市市民阶层的思想。此外,对城市工商业的认识越来越深刻,传统的轻商政策已经日渐萎缩,在上层统治者也逐渐认识到"商困则物腾贵而民困也"。③

（三）"民富先于国富"的富民思想

中国历史上,在富国还是富民的问题上,存在着截然相反的两种观点:一种主张"国富"。与之对应的是国家干预的政策,主张实行官营,把增加国家收入作为目的,主张对工商业者实施重税;另一种主张"民富"。赞成经济自由政策,反对强权专卖和"与民争利"。明清时期,"民富"占据主流。

1. 邱浚的"安富论"

经济活动中提倡"自由放任",必然在财富的生产和分配上主张安富

---

① （明）李贽:《续焚书》卷二,中华书局 2011 年版。
② （明）李应昇撰:《落落斋遗集》卷八,上海书店 1994 年影印本。
③ （明）王圻撰:《续文献通考》卷五二,齐鲁书社 1997 年版。

论。听民自为,鼓励占有土地和发展工商业经济,允许经营工商业而发财致富。邱峻公开为富民呐喊、为富民辩护,他反对抑商观点,认为"贫吾民也,富亦吾民也"①。强调富民是国家的基础,富民是贫民所依靠的来源。"富家巨室,小民之所依赖""非独小民赖之,而国家亦将赖焉",通过保护富人的利益维持贫民和国家的财富,还主张保护债券人的利益。

2. 王夫之的"土地民有"论

土地民有思想体现在王夫之的《宋论》《读通鉴论》等著作中。在《宋论》中论述中国历史上土地制度的产生、发展的三阶段:三代(夏、商、周)以前"民皆择地而治,唯力是营:其更其芜,任其去就,田无定主,而国无恒赋"②。三代时期(夏、商、周)是"画井分疆,定取民之则……民不自为经届,而上代为之"③。秦汉后则是"民自有其经届,而无烦上之区分"。④王夫之不承认土地国有认为土地私有,等于承认私有财产。

3. 唐甄的"富民"论

唐甄出身没落贵族,顺治十四年中举人,康熙十年任山西长子县知县,因与上司意见不合,只做了十个月便被革职,从此潜心学术。这种经历让他长期在城市中生活,直接面对工商业者,对其有切身感受。他的经济思想,在明清之际的人物中,具有更为典型的市民阶级经济思想的特色⑤。他继承"仓廪实而知礼节""民富而后国治"的思想,认为"治国之道无他,惟在于富,自古未有国贫而可以为富者"。"富民"论的理论基础是"认为人的欲望是生而有之,而财富是满足欲望的必要手段",特点是重视"末富"。司马迁把求富活动分为三类:本富、末富、奸富。本富指从事农业及相关农事而致富;末富指从事工商业致富;奸富指通过作奸犯科等违法犯罪而致富,司马迁肯定本富、末富,否定奸富。唐甄继续强调末富,指出致富的行业为"陇右牧羊、河北育琢、淮南饲鹜、湖滨缫丝、吴乡

---

① (明)丘浚:《大学衍义补·市籴之令》,中州古籍出版社 1995 年版。
② (清)王夫之:《宋论·卷二》,中华书局 2003 年版。
③ (清)王夫之:《宋论·卷二》,中华书局 2003 年版。
④ (清)王夫之:《宋论·卷二》,中华书局 2003 年版。
⑤ 赵靖:《中国经济思想通史》,北京大学出版社 2002 年版,第 1958 页。

之民编蒉织席"①。致富的产业涉及饲养业、畜牧业、丝织业等。此外，唐甄列举了铁冶户贾氏，其雇用了百余人的手工作坊。

4. 许恒的"治生"论

许恒（公元 1209 年—公元 1281 年），字仲平，河南河内（今河南沁阳）人，是元代著名的理学家。元世祖为漠南王时，将他罗织麾下，对其十分赏识。元世祖即位后，官至中书左丞，集贤殿大学士，成为当时声望显赫的儒家学者，著作为《许文正公遗书》。许恒虽然是元代名儒，但不拘泥于空谈，而是注重实践，并向元世祖进献提出"行汉法"的观点，认为少数民族入主中原，必先使自己的统治适合被征服地区的问题。"考之前代，北方之有中夏者，必行汉法，乃可长久。故后魏、辽、金，历年最多；他不能实用汉法，皆乱亡相继。"②这一论点，使元代确立自己的少数民族一统帝国的统治，具有了更明确、更有理论形式的指导思想③。许恒在所处时期，提出了具有城市市民思想的"治生"论，他提出"生者以利为本"④，认为求财求利是人的生性，治国只有"益下"，只有使百姓得到财利，才能理顺社会矛盾。许恒的治生，超出了司马迁的本富定义，把治生的高度提高到"治生者农、工、商、贾而已"，财富范围的扩大，治生的渠道也扩大，许恒在理论上提出城市市民阶级治生的基础。

二、冲破重农抑商思想的框架

传统的经济思想，受到"重农抑商"的影响，存在本末之分，"士、农、工、商"的顺序则直接影响了商人的社会地位，士民居首，商民居末。宋以后，城市经济发展迅速，尤其到明清时期，雇佣关系的广泛采用，在思想学界引发思考，"工商皆本"思想孕育而生，王阳明、黄宗羲、蓝鼎元等都是代表。

（一）"重农抑商"思想的演变

春秋时期，本末之争并不明显，战国时期，发生改变。墨翟把农业称

---

① （清）唐甄：《潜书·富民》，四川人民出版社 1984 年版。
② （元）许衡：《许文正公遗书·实务五事》，清乾隆五十五年怀庆堂刻本。
③ 赵靖：《中国经济思想通史》，北京大学出版社 2002 年版，第 1510 页。
④ （元）许衡：《许文正公遗书·褚币子》，清乾隆五十五年怀庆堂刻本。

为"本事""本业",商鞅吸收了这一理论,明确把"本业"界定为男耕女织为表现的农业;从他对"末业"解释为"苟能令商贾技巧之人无繁"看,"末业"已经指向工商业,也把游谈、辩说之士认为是末业的组成。商鞅在《商君书·壹言》中明确指出"能事本禁末者富"。商鞅也是最先明确提出"事本禁末"的人①。为壮大秦国经济,提高农业生产,商鞅提出重农抑商的政策,开启农本商末的产业发展顺序。此后,经东吴法家的"强本论"、韩非"重本抑末论"的推广,"重农抑商"思想成为古代社会的特征之一,开创了古代社会和城市产业发展的先后顺序。秦汉以后,在抑制商民的同时,提高"士民"的社会地位。科举取士制度的发展,使"唯有读书高"成为士人的价值取向,直到两宋后,才发生些许变化。

本末之争,由来已久。西汉末年,重本抑末成为社会正统思想,但反对的声音一直存在。最先提出异议的是东汉思想家王符,他首先反对把工商业和农业隔离对立,反对把工商业斥为"末业"的主张。王符认为工商业中有本有末,只有为大地主、大权贵服务的奢侈品业才是末业,应该抑制这类末业。唐宋时期,随着工商业的发展,重视商业的思想家逐渐增多,叶适公开攻击重本抑末思想,认为"抑末厚本,非正论也"。稍晚些袁燮则提出了"民以食、货为本"②的观点,"货"指货币和工商业,袁燮把农业、工商业提高到同一高度,都是本业。隋唐时期,随城市数量的增多和战争的影响,国家对财政需求急速增多,传统的农业收入无法应付财政的需求,放松了对"重农抑商"的束缚。主要体现在两方面:第一,外在的压力。战争的持续,需要增加国家收入,而依靠原有的农业发展无法应对军事需要,成为产生变化的外部因素。此外,带有资本的北方地主和大量游民持续南迁,冲击原有地区的生产方式。南方地区的发展具有了后发优势,带动了经济发展也提高了商人的社会地位。第二,火药、指南针、造纸术、印刷术等技术的发明,提高了生产效率。人口激增和土地有限,促进了商业的发展。士人阶层在价值取向上发生变化,在治学无法完成个人

---

① 赵靖:《中国经济思想通史》,北京大学出版社 2002 年版,第 193 页。

② 《论足食通货疏》。见《历代名臣奏议》卷六十。转引自赵靖:《中国经济思想通史》,北京大学出版社 2002 年版,第 1879 页。

抱负之际,经商成为选择。宋元时期,对治学也提出了新的要求,强调士人必须在经济生活上首先获得独立的保证,然后才有可能维持个人的尊严和人格①。许恒提出治生说,认为士人治生是学的基础和前提,"为学者治生最为先务,苟生理不足,则于为学之道无妨"②。陈确(公元1604年—公元1677年)字乾初,浙江海宁人,明末清初思想家。陈确直接地阐述"治学"和"经商"之间的关系,认为维持生计比"治学"更重要,每一个士人必须有独立的经济生活才能生存和发展,而不能"待养于人"。

(二)破茧——经商是圣学提倡

明朝中后期,在儒家内部兴起王学(也称阳明学说)。重商活动和重商意识兴起,影响到各个阶层,使社会对商人的态度发生变化,这种变化首先从"破茧"开始。商人的地位逐渐提高,"古者四民分,后世四民不分;古者士之子恒为士,后世商之子方能为士。此宋、元、明以来变迁之大较也"③。

1.王阳明为商人辩护

王阳明(公元1472年—公元1529年),名守仁,字伯安,浙江余姚人,曾筑室于阳明洞,世称阳明先生。明孝宗弘治十二年(公元1499年)进士,曾主兵部主事、庐陵知县、右副都御史等官,嘉靖六年(公元1528年)兼左都御史,第二年死于归途。王阳明是明代著名思想家,对宋元以来的道学有重要贡献,形成了与程朱理学相抗衡的阳明学说(也称王学)。王阳明提出,在"道"来看,士、农、工、商没有高低先后之分,都是社会发展需要的产业,应明确给予商人的社会地位。他反对困商,认为增加商业税收是"不得已而为之",不得多抽商人的税赋,主张把赣州、南安两地的商税合为一处,减轻商人税赋。

2.东林学派的"惠商"主张

东林学派此时也提出了"惠商"主张。赵南星在《赵文毅公文集》卷四中《秦仰西雷翁七十序》提出"士农工商,生人之本业也",把历来的

---

① 赵晓雷：《中国经济思想史》,东北财经大学出版社2007年版,第131页。
② (元)许衡：《许文正公遗书·国学事迹》,清乾隆五十五年怀庆堂刻本。
③ (清)沈尧：《落帆楼文集》卷二、四,文物出版社1987年版。

"末"提高到与士、农、工并立的位置,早于黄宗羲的"工商皆本"思想,而另一个东林人士李应昇也提出了"为商为国"的观点。东林学派主张提高商业的地位,反映出当时社会要求自由发展经济的迫切愿望。正是基于这一商为"本业"的思想,顾宪成和高攀龙等东林人士提出了减免商税、以"惠商"发展商业,严惩肆虐乡里的税棍以维护商人利益的经济主张[①]。

(三)突破——黄宗羲的"工商皆本"

黄宗羲(公元1610年—公元1695年),字太冲,号南雷,浙江余姚人,人称黎洲先生,明清之际我国最杰出的启蒙思想家。父亲黄尊素,东林党中坚人物,因弹劾宦官魏忠贤而入狱,惨死狱中。老师刘宗周也因为弹劾阉党被革职,在清军攻破杭州之日,绝食而死。黄宗羲深受影响,年轻时参加过反抗阉党斗争,此后经历大明起义和抗击清朝的斗争,抗争失败后,不肯仕清,隐居著书。一生著作丰富,《明夷待访录》《南雷文案》《明儒学案》等代表作,其经济抱负都集中在《明夷待访录》中。

"工商皆本论"是《财计三》中富民理论的著名观点。他认为"民仍不可使富也"的障碍有三:习俗未去、蛊惑不除、奢侈不革,上述三个障碍关系社会流通领域的生产、流通、消费的三个环节。黄宗羲从流通问题入手,讨论本末,提出"工商皆本"。"今夫通都只市肆,十室而九,有为佛而货者,有为巫而货者,有为倡优而货者,有为奇技淫巧而货者,皆不用于民用,一概痛绝之,亦庶乎救弊之一端也。此古圣王崇本抑末之道。世儒不察,以工商为末,妄议抑之。夫工固圣王之所来,商又使其愿出于途者,盖皆本也。"[②]

黄宗羲把工商纳入立国之本,反映了明清时期商品经济的现实,在当时不少"世儒"仍不理社会现状而一味空谈之际,尤其是思想抑制愈发强烈之时,"以工商为本"的观点犹如一道新鲜空气注入了浑浊的现实当中,唤醒了更多人的关注。传统的儒家学说已经不能解释社会变化的现

---

① 赵晓雷:《中国经济思想史》,东北财经大学出版社2007年版,第132页。

② 转引自赵靖:《中国经济思想通史》,北京大学出版社2002年版,第1878页。

实，新兴生产方式的出现，国际间贸易交流的加强，导致了城市经济的变化巨大，引发了更多人的共识。

第四节　抑末政策下城市产业的早期工业化思想

工业革命发生后，对工业化的研究成为中西经济史上的热点，而对于工业革命发生以前的研究也日益受到关注。"原始工业化"和"早期工业化"就在这样的背景下产生，成为前工业化时期的研究总称。

一、原始工业化和早期工业化的趋势

工业化是人类历史上的最伟大的经济变革，因此作为近代工业化标志的工业革命，通常也被视为"把人类历史分开的分水岭"①。照《大英百科全书》对"工业化"的解释是"一个向一种工业占支配地位的社会经济秩序的转换过程。大力发展（近代）工业，使之在国民经济中占主要地位"。工业化分为"原始工业化"和"近代工业化"；"原始工业化"在 1972 年由富兰克林·孟德尔斯（Frankin Mendeles）提出的。② 这一理论提出后，引起了广泛讨论，到如今从定义和特征上并没有得到完全一致的认识。孟德尔斯对"原始工业化"定义是"与农村经济变化相伴、按照传统方式组织起来面向市场的工业（主要是农村工业）的迅速发展。"③彼得·克里尔得特（Peter Kriedte）认为"农村人口中的很大一部分，生活完全或很大程度上依靠区域间的市场或国际市场而进行的大众化工业生产"④。此外，还有以欧洲为视角，把"原始工业化"定义为"欧洲许多地区农村家庭手工生产的重大发展。从事手工业生产的农村家庭，大多并未脱离农业生产。农村手工业常常位于城市附近，大多与纺织业有关。生产过程

235

---

① Douglas North, *Structure and Change in Economic History*, p.158.
② 王国斌：《转变的中国——历史变迁与欧洲经验的局限》，江苏出版社 2005 年版，第 33—34 页。
③ Franklin Mendeles, *Proto-Industrialization: The First Phase of the Industrialization Process*, 转自李伯重：《江南的早期工业化（1550—1850）》，中国人民大学出版社 2010 年版，第 5 页。
④ 李伯重：《江南的早期工业化（1550—1850）》，中国人民大学出版社 2010 年版，第 5 页。

的若干重要部分位于农村,并不意味着城市在农村手工业生产中未起到作用。相反,某些农村工业生产的产品,仍然在城里进行最后加工。不仅如此,城市商人还经常为农村工业生产提供资金,产品分配也总是由城市商人组织进行,并由他们把产品运到远处销售。最后,分散的手工业生产也可以发生在城市"①。

对原始工业化的主要特征尚未形成统一的认识,克里尔得特认为其特征主要表现在:所在地区的生产关系的两重性与瓦解封建关系的束缚、地区间劳动分工的扩大和国际市场的形成。皮埃尔·德荣(Pierre Deyon)则认为"原始工业化"的特征包括三个:(1)外部市场的存在。(2)家庭工业的存在。(3)高生存率的商品化农业存在。

"原始工业化"理论提出后,学术界又针对其理论不足给予修正,主要论点是既不能忽视农村工业的特点又不能忽视城市工业和其他非农村工业所发挥的重要作用,提出了"早期工业化"的定义。迪安把工业革命以前的发展称为"早期工业化"。这里的早期工业化采用李伯重的定义,"所谓早期工业化,指的是近代工业化之前的工业发展,使得工业在经济中所占的地位日益重要,甚至超过农业所占的地位。由于这种工艺发展发生在一般所说的工业化(即以工业革命为开端的近代工业化)之前,因此又被称为'工业化前的工业化',以区别于近代工业化。"②需要指出,"早期工业化"和"近代工业化"之间并没有必然联系。一个国家(或地区)没有出现近代工业化,并不意味着这个国家也没有出现过早期工业化。而一个国家(或地区)是否有过早期工业化,则又对其近代工业化的发生(不论是否在外因影响下发生的)具有非常重大的影响。③

二、抑末政策下的城市工业化思想

(一)官营工匠从"轮换制"向"以银代役"制的转变

官营工业中,有官营工匠的设置,随着经济的发展,对工匠的需求增

---

① 李伯重:《江南的早期工业化(1550—1850)》,中国人民大学出版社2010年版,第5—6页。
② 李伯重:《江南的早期工业化(1550—1850)》,中国人民大学出版社2010年版,第1页。
③ 李伯重:《江南的早期工业化(1550—1850)》,中国人民大学出版社2010年版,第10页。

加，产生了征集民间工匠的"征役制"。这种征用方式产生在魏晋南北朝时期，此后一直存在。洪武十九年（公元 1386 年）颁布诏令，采用"轮换制"。"量地远近，以分为班次，且置籍为勘合付之（工匠），至期，赍至工部听拨，免其家他役。著为令。"①工匠采用轮换制到京城服役，每次三个月。但各地工匠在本地区内都有需求市场，加上各地到京师的距离远近不一，虽然服役三个月，但实际时间往往更久，这种情况造成工匠的反抗，纷纷逃离。宣德年间（公元 1426 年—公元 1435 年），逃匠人数超过五千人，景泰元年（公元 1450 年），逃匠人数达到三万四千八百人。②《明会典》记载"轮班工匠共有六十二个行业，二十三万二千八十九名。"有接近六分之一的逃匠。逃匠人数的增加，使官营工业组织无力控制商品的质量且惩罚效果低，为此政府采用"以银代役"的方式。"成化二十一年（公元 1485 年）轮班工匠有愿出银价者，每名每月南匠出银九钱，免赴京；所司类赍勘合赴部批工。北匠出银六钱，到部随即批放。不愿者仍旧当班。"③这一规定，放松了对工匠的人身束缚，导致了官营工业的逐步萎缩和民营工业的发展壮大。

237

（二）重税下的"市民"反抗

明清时期，延续了传统的"重农抑商"政策。明朝鉴于经济的萧条，一度实行"轻税"鼓励商业发展的政策，"洪武十三年（公元 1380 年）上谕：凡婚丧用物，及舟车、丝帛之类，免税；又蔬果、饮食、畜牧诸物，免税。"④然而，永乐（公元 1403 年—公元 1424 年）以后，对商税逐年提高，采用重法重税⑤管理市场，设置太监税大肆搜刮城市市民⑥阶层，造成了城市市民阶层的反抗，市民阶层的反抗往往带有暴力性且规模小的特点。针对商税赋严重，万历二十七年（公元 1599 年），市民聚众，赶跑了前来

---

① 中华书局历史编辑室：《明实录·太祖洪武实录》卷一七七，中华书局 2016 年版。
② 童书业：《中国手工业商业发展史》，中华书局 2005 年版，第 201 页。
③ （明）申时行等修：《明会典》卷一八九，中华书局 1989 年版。
④ （清）张廷玉：《明史》食货志，中华书局 1974 年版。
⑤ 参见童书业：《中国手工业商业发展史》，中华书局 2005 年版，第 258—259 页。
⑥ 中国的城市市民阶层产生于宋以后，主要分为新兴手工业者、商人、杂职业者、都市贫民和都市富人。具体见童书业：《中国手工业商业发展史》，中华书局 2005 年版，第 259 页。

收税的太监陈奉。万历二十八年(公元 1600 年),武昌、汉阳等地市民反抗,建议撤销湖广十三州的税监、税官该以地方官征税①。此外,城市手工业者的反抗更为强烈。《明实录·神宗万历实录》卷三六一记载了因为针对手工业者的加税而引发的反抗,"不挟寸刃,不掠一物,预告乡里,防其延烧,殴死窃取之人,抛弃买免之财"。

(三)早期城市的工业化

古代城市产业在这一时期呈现出手工业生产单位的具体化、生产的市镇化向城市蔓延、"重"工业深化的特征。宋应星(公元 1587 年—公元 1666 年),字长庚,江西奉新人。宋应星主张革除对城市工商业主的各种苛捐杂税,减少或撤销税卡,简化税收程序,让工商业主能够有利可图。总之,他的安民思想是从发展农工商业、恢复社会经济与政治稳定的大局考虑的,让士农工商各得其所、各按其业,使社会由乱而治,在集中全力抗击清兵威胁,确保大明江山。②

纺织产业中,棉纺织和丝纺织是重要的组成。在明清时期的江南地区的民营棉纺织手工业组织中,有不雇用工的个体小生产作坊和雇用工的较大作坊两类组织,采用分工协作,分散经营的生产方式。这种生产方式在"本坊"的统一领导下,采用"散发丝经,给予机户,安绸匹计工资"的方式,并由"本坊"统一验明质量。"账房是商业资本,但它把丝织业生产的各种工序都组织起来,并通过发料收货这一基本形式把手工作坊、个体劳动者、家庭妇女、小生产者、各种手艺人都置于其控制之下,变成它的工资劳动者,从而形成一个庞大的工业体系。"③在绵纺织行业中,出现了商人组织——牙行,负责棉花的收购。纺与织的分离,棉纺织的商品性增加,产生了专业化。上海地区"棉纱成纤……卷之成饼,列肆卖之,名布经团"④。食品加工业中分类细化,主要分为谷物加工、酿酒、制盐、制茶

---

① 童书业:《中国手工业商业发展史》,中华书局 2005 年版,第 260 页。
② 潘吉星:《宋应星评传》,南京大学出版社 1990 年版,第 301 页。
③ 许涤新、吴承明:《中国资本主义的萌芽》,社会科学文献出版社 1985 年版,第 374—382 页。
④ 褚华:《木棉谱》,上海古籍出版社 2008 年版。

等,在城市与乡村之间分布较广。

"重工业"是相对纺织类的手工业而言。明清江南的重工业主要为工具制造业、建筑材料工业和造船业三个部门。工具业中的铁器制作业,在城市产业中十分发达。如苏州的制针业,技术精良,生产规模大,嘉靖时,日本使者到苏州采购,嘉靖十八年(1593 年)十一月一次性购买 6860本。① 此外苏州、南京、上海、无锡、绍兴等地的冶铁、钢锯、刀具等商品种类丰富。这一时期,呈现出从小作坊向大作坊、大作坊向企业过渡的态势。主要体现在,雇工数量的增加,生产机器的增加和生产的专业化。"乾隆十年奏准:江宁现设机六百张,机匠一千八百名;苏州现设机六百六十三张,机匠一千九百三十二名;杭州现设机匠六百张,机匠一千八百名。外江宁现留摇纺染匠所管高手等匠七百七十七名,苏州挑花捡所管高手等匠二百四十三名,杭州摇纺染匠挑花及所管高手等匠五百三十名。"②

清代 18 省 118 个府的 126 个县和 2 个府的地方志所记载的商品抽样的统计,商品种类共有 155 种。③ 在上述商品中,丝织业是当时最重要的产业之一,也是最重要的输出物之一。据乾隆二十四年两广总督李传尧的报告"外洋各国夷船到粤,贩运出口货物,均以丝货为重,每年贩买湖州丝并绸缎等货,自二十万余斤至三十二三万斤不等。统计所买丝货,一岁之中价值七八十万两,或百余万两,至少之年,亦买价至三十余万两之多。其货均系浙江等省商民贩运来粤,卖与各商行,转运外夷"④。"南京土布是棉布的一种,因最初出产带红色的棉纱的南京而得名。这种布分为公司布和窄布两种,前者最为名贵。广州和中国其他各地,次及东印度群岛也织造南京土布。中国织造的南京土布,在颜色和质地方面,仍然保持其超过英国布匹的地位。价格每百匹为六十至九十元不等。"⑤城市

239

---

① 傅衣凌:《明代江南市民经济试探》,上海人民出版社 1957 年版,第 52 页。
② (清)昆冈:《大清会典事例》卷一一九,上海古籍出版社 1995 年版。
③ 具体的商品种类见董书城:《中国商品经济史》,安徽教育出版社 1990 年版,第 268—270 页。
④ 童书业:《中国手工业商业发展史》,中华书局 2005 年版,第 279 页。
⑤ *The Chinese Repository*,Vol.II,No.10,1833,p.465.

工商业的发展。城中"贾店鳞比,各有名称","各行交易铺沿长四五里,贾皆争居之"。[①]

中国的城市产业发展在传统路径上发展、蔓延,这种传统路径受到政府行政力量的干预,呈现出从垄断到自由的过程。但经济的趋同性表明城市发展的动力不能单纯依靠土地等生产要素劳动密集型的投入,而是依靠专业化分工。表4-10展示了我国不同时期的投入产出比例,可以看出,土地的贡献率相对稳定,而资本的贡献十分显著。这也表明,中国古代城市经济在早期工业化当中已经有了很深厚的底蕴。

表4-10 产出和投入的增长率(每年增长百分率)

时间	人口和劳动	产出(平均增长20%)	产出(平均增长20%)	土地	资本(1)	资本(2)	资本(3)
1440—1957	0.39	0.58	0.35	0.2	0.25	0.34	0.39
1440—1930	0.37	0.41	0.32	0.25	0.22	0.33	0.37
1400—1770	0.32	0.38	0.27	0.23	0.21	0.34	0.32
1770—1850	0.59	0.82	0.31	0.30	0.26	0.26	0.59

资料来源:[美]德怀特·希尔德·珀金斯:《中国农业的发展1368—1968年》,宋海文等译,上海译文出版社1984年版,第104页。

第五节 城市金融业的发展与规制

信用体系的建立是金融业产生的前提,随着货币和信用体系发展,城市金融业在明清时期完善。洪武八年(1375年)明政府实行大明宝钞,禁白银流通,洪武二十七年(1394年)禁用铜钱,其实质继承元代的纸币流通制度。民间使用白银现象日益增多,英宗正统元年(1436年),政府放开用银,"弛用银之禁",随后放开用钱,逐渐形成"银钱共用"的货币格局。货币制度的不断变化以及流通中出现的诸多问题,自然引起了许多

---

① (清)陈梦雷、蒋廷锡:《古今图书集成·职方典》卷155,齐鲁书社2006年版。

思想家的关注。①

一、城市传统货币思想:国家垄断主义

邱浚从三个方面论述国家垄断货币铸造权的好处:其一为有利于社会稳定。"钱之为利,贱可使贵,贫可使富,蚩蚩之民,孰不厌贫贱而贪富贵哉,顾无由致之耳。"其二认为钱改变了贫与富的等级观念。其三铸币权如果"放其权而使下人得以操之",势必导致"非独起劫夺之端,而实致祸乱之渊丛"。

钱秉镫(公元 1612 年—公元 1693 年)的货币国定论观点。主张实行不兑换纸币,"夫钞止方寸之楮,加以工墨,命百则百,命千则千"②,这种货币名目国家定的判定并非是由城市经济发展需要决定,而是"盖必官司喜于收受,民心不疑"③。

黄宗羲主张国家垄断货币的铸造和发行,"京省各设专官鼓铸,有铜之山,官为开采"④,主张实行统一的货币制度:"除田土赋粟帛外,凡盐酒征榷,一切以钱为税。"⑤明确提出废银用钱,"诚废金银,使货物之衡尽归于钱"⑥。

二、城市金融业:钱铺、钱庄、票号的发展政策

(一)钱铺、钱庄、票号的产生

宋时期,诞生了城市金融业的雏形,官办的"便钱务""交引铺"等机构,初步具备了现代金融业的功能,此外还有大量"牙人"阶层的存在。然而,民间借贷虽然信用十分发达,但仍然没有产生具有完全独立功能的金融机构,直到"钱铺"的出现。当时流行的货币主要有金、银、钱,钱铺

241

①　赵晓雷:《中国经济思想史》,东北财经大学出版社 2010 年版,第 139 页。
②　(清)钱澄之:《田间文集》卷七《钱钞议》,黄山出版社 1988 年版。
③　(清)钱澄之:《田间文集》卷七《钱钞议》,黄山出版社 1988 年版。
④　(明)黄宗羲:《明夷待访录·财计二》,中华书局 2011 年版。
⑤　(明)黄宗羲:《明夷待访录·财计二》,中华书局 2011 年版。
⑥　(明)黄宗羲:《明夷待访录·财计二》,中华书局 2011 年版。

(亦称钱肆)主要承担货币兑换的业务,也就承担了三者之间的兑换业务,还充当借贷业务的功能。钱铺的出现与工商业经营结合密切,形成了集地主、官僚、高利贷者于一体的格局。规模较大的钱铺改组成为钱庄,在江西、河南、福建、安徽、广东、山西等地盛行,并形成了有代表性的组织。万历三十六年(公元 1608 年),仅河南地区的当铺就有 213 家。①"汉口一镇,共有当铺三十九家。"②上海的钱庄在清乾隆年间已成为一个有相当规模的独立行业,在公元 1776 年—公元 1796 年间承办钱业公所事务的钱庄即达到 106 家。③ 票号的形成较晚,第一家山西票号产生于清道光元年(公元 1821 年)的日昇昌票号。清前期在京城开始的钱庄、钱铺有 380 余家。

(二)城市金融业发展思想

对城市金融的政策是纳入管理。"(崇祯十六年十一月己酉)诏户、工二部、都察院,屡有旨疏通钱法,本各足国便民。近闻钱滥愈甚,小民翻成苦累。……其京城内外,所有钱桌、钱市,著厂卫五城衙门严行禁辑,仍将获过数目,一月一奏。"④政府已经认识到钱庄在疏通钱业所起到的作用,按照一月一奏的形式纳入管理之中,也把当铺和票号等当成了推行货币政策的工具。"将工部余钱若干,俱发与顺天府、五城衙门,议定官价每银一两钱若干文,仍令经纪铺户领买,按京城钱铺之多寡,每日约计每铺买钱若干串,因照官价,竞平市价。"⑤政府还从就业的角度肯定了当铺和钱庄的作用,认为当铺和钱庄可以吸引就业,倘若歇业,则造成相关人员成为失业之民。"盖各行店铺,自本者十部一二,全持借贷流通。若竞借贷不通,即成束手,以致纷纷歇业,实为可虑。且可虑者,店铺而尤不独在店铺也。即如各行账局之帮伙,统计不下万人。账局收而此万人者已

---

① 《神宗万历实录》卷四三四,中华书局 1984 年版。

② 湖北巡抚晏斯盛奏折,乾隆十年一月初十日,中国第一历史档案馆藏档案,朱批奏折1571—1573。

③ 洪葭管:《中国金融十六讲》,上海人民出版社 2009 年版,第 6 页。

④ (清)邓凯、黄宗羲等:《崇祯长编》卷一,北京古籍出版社 2002 年版。

⑤ 田懋《平钱价疏》乾隆二年,《皇朝经世文编》卷五二。(清)贺长龄、魏源辑:《皇朝经世文编》,"国立"台湾大学出版社 1989 年版。

成无业之民。各店铺中帮伙,小者树人,多者数十人;一店歇业,而此数人、数十人者,亦即成无业之民。是账局一收,而失业之民,将不可数计也。"①

(三)反对高利贷的思想和攻击当铺的思想

吕坤(公元 1536 年—公元 1617 年),字顺叔,号心吾。开封宁陵人。吕坤认为高利贷成为富人杀穷人的利器。法律有规定月息三分的利息,但现实情况下"民间息谷,春放秋还,有加五者,有加倍者。"②这种情况造成"从来设债放羊羔,一月三分律有条。色低数短忒残酷,坐讨立逼是势豪。掯你家财无尽足,当你房地那宽饶。不杀穷汉安能富,也与儿孙留下梢"③。高利贷利上加利,且毫无返本的余地。"谷花始收,当场扣取,勤动一年,依然冻馁。"④

宋应星看到高利贷的惑乱作用,指出高利贷者对家人子弟的剥削和压榨。"家人子弟出其称贷母钱,剥削耕耘蚕织之辈,新谷新丝,簿帐先期而入橐,遑恤其他。用是,蚩蚩之民,目见勤苦耕桑,而饥寒不免,以为此无益之事也。择业无可为生,始见寇而思归之。"⑤高利贷者掠夺劳动者的财富,最后迫使劳动者走上"落草为寇"的不归路,把高利贷看成惑乱的根本。

这一时期,还出现攻击当铺的思想。艾南英(公元 1583 年—公元 1646 年)字千子,江西东乡人。对当铺的攻击则是在其《天佣子全集》,认为徽商通过当铺获益,在落后地区的抚州,其放债其害甚于"流寇"。艾南英攻击当铺的龌龊技巧,指出当铺放款和还款时候,轻出重入、好入坏处。在还款时间上和银子的成色和重量上动手脚,从而获利。虽然当铺的放贷利率有法律规定,但"当铺事例;自南北直隶至十三省,凡开当铺,例从抚按告给牒事,自认周年取自(息)二分",在还款时间上,当铺做了

①　《请筹通商以安民折》咸丰三年三月二十五日,《王侍郎奏议》卷三。(清)王茂荫撰:《王侍郎奏议》,黄山出版社 1991 年版。

②　(明)吕坤:《实政录》卷五、二,中华书局 2008 年版。

③　(明)吕坤:《实政录》卷五、二,中华书局 2008 年版。

④　(明)吕坤:《实政录》卷五、二,中华书局 2008 年版。

⑤　(明)宋应星:《天工开物》之《野议》,上海古籍出版社 2008 年版。

手脚。"其放以晦日(阳历月末),即以晦日为一月;其收以朔日(月初),即以朔日为一月。"贷放时,以一日为一个月的利息。还款时,即便是初一,也要按一个月的利润还款。抚州的当铺"其放也,每一金轻三四分;其收也,每一金昂三四分"。一放一出之间,当铺做了手脚,以贵作贱、以好充次,艾南英从对当铺的盈利伎俩分析得十分透彻。

明清时期是我国城市产业的深化时期,也是产业组织的发展时期。尽管没有产生新兴产业(金融业除外),但新型企业组织应运而生,诞生了"引致需求式"的产业发展思想。随着市场的扩大,官营工业制度从"匠籍"制度的瓦解开始衰败,采用白银纳税抵消劳役的方式一经产生,宣告官营工业的衰落。城市产业发展与"抑制末业"不可避免地发生冲突,首先在思想上突破传统的"重农抑商"的束缚,"城市听民自为"思潮、"民富国复"主张及"工商皆本"思想,与"重本抑末"思想产生了理论争执,突破了传统思想的束缚。城市金融产业的发展成为一大特色,在货币发展和信用制度下,明清时期产生了以钱铺作为标志的城市金融产业。此外,海外市场的扩大国际贸易变化等条件促发了明清时期在"重"工业组织中产生了早期的"工业化"。

第五章 古代城市产业发展思想总考察

中国古代的经济发展长期处于世界领先的地位,这与城市经济的发展密不可分。城市产业是城市经济的重要组成,其发展水平代表了城市经济的发展程度。城市农业、城市手工业和城市商业是城市的基础产业,城市基础设施的营建逐渐带动城市空间范围的扩大,城市各产业也随之发展,衍生出多元化的行业格局,新兴行业和基础产业构成了古代城市经济的发展内涵。基于城市经济和城市的发展过程,本书总结出古代城市产业发展思想的总体特征。

一、城市产业形成理论上的演化格局

城市经济理论上秉承重农的特性,在自然禀赋匮乏和缺乏技术优势的地区,通过发展农业带动城市经济成为"最优"选择。抑工商思想虽然占据主流,但在制定经济政策时,都有重视商业的成分。经济的发展,促进城市精英阶层数量的增多,扩大了市场需求和"逐利"行为。尽管存在约束人性的"礼仪制度",但"经济人"的天性开始释放,当市场需求出现时,总有部分先行者利用市场契机获利。在相对封闭的社会,商人阶层通过复制盈利方式,扩大了市场供给。

城市农业作为基础产业一直贯穿于整个古代社会。先秦时期,普遍存在于城市内外的空地中,随着经济的发展和人口的增多,呈现出挤占城市农业的趋势。"重本"思想一直存在,成为古代经济发展的宏观政策。"本业"的范围从粮食扩展到种植业和养殖业,个体经营者以户为单位构成最基本的生产组织,分散性的经营方式增加了对土地的依赖。粮食的生产性质,决定了对地理环境的依靠,城市空地被不断涌入的人口、行政机构、宅居所挤占,城市农业在隋唐时期才从城市内部延伸到城墙外部。农业经营者具有靠近城市的地缘优势,率先开始了产业分化,从种植业发展到饲养业、养殖业。城市周边土地也具有了更高的市场价值,导致土地兼并率先在周边区域出现。为了应对兼并现象,一系列土地制度应运而生。市民阶层形成,商人的社会地位不断提高,自由主义的经济思想兴起。一些思想活跃的思想家比如邱浚、李贽、王夫之倡导"听民自为"的经济政策、强调"私者,人之心也"的经济人假定和"民富先于国富"的富民思想,最终形成"工商皆本论"。

城市手工业的基础地位。"百工"产生于西周以前,"工商食官"破产后,官营工业以垄断者的身份出现,政府从原料供应、劳动力、产品用途等方面把官营手工业组织纳入行政管辖。自然资源构成了官营工业的原料来源,在资源禀赋相对丰富的地域,形成了具有比较优势的城市手工业。民营工业一直处于被排挤地位,政府设置"匠籍"加以管制。隋唐时期,在工匠行业产生了"团""火"组织,这是市场条件下个体经营者自发的表现,也是规模经济发展的内在需求。雇佣制和转租制在官营手工业组织中已经出现,刘晏在城市漕运中也采用雇佣制形式,提高了效率。宋时期,官营手工业组织率先出现专业化生产,民营工业者采用轮休制分批在官营工业服役,也获得自主从事生产的自由。明清时期,出现了我国古代工业组织的重要变革,"匠籍"制度的瓦解,改为"征银代役",带动了产业组织市场化行为。

城市商业源自"工商食官"。中国古代对商业一直存在着"轻商"和"重商"两种情况。"轻商"体现在对商人政治地位的打压、收受重税和限制价格等。古代城市处于分割市场,各地的自然禀赋造成了产品的比较优势,商人起到了"互通有无"的作用,导致商业的兴盛。战国以前,并没有出现轻视商业的政策,商鞅的"耕战论"后,经韩非的"农本工商末"的理论梳理,确定了古代"轻商"的思想。这一思想一直占据古代社会的主流,但也产生了"重商"的声音。桑弘羊的"国家专营"思想是"重商"政策的典范,他通过"盐、铁、酒"等一系列专卖政策,运用商业经营的方式发展城市经济,"弛山泽之禁"允许商人经营盐业和冶铁业;均输政策当地收购当地销售,繁荣城市经济。傅玄非常肯定工商业的作用,在理论上诠释当社会发生变化后,如何坚持"本业"、区分工商业中的"末业"。崔融等思想家还从减免商税的角度来发展城市商业。在割据时期,统治者都有发展城市经济的动力,更加重视商业的流通作用。魏晋时期和南北宋时期,都在不同程度上放松了对商业发展的压制,从商业税率固定化到提高商人的政治地位(官僚经商数量庞大)。明清时期,在思想界产生了对"本末思想"的反思和理论纠正,最后由黄宗羲在理论上确立"工商皆本论"。

二、城市产业以产业组织发展为代表

从产业组织的理论来看,不同的市场类型中,产业组织的主体(企业)所做的决策各不相同,个体经营者可以根据市场的变化而作出最优选择,"两利相权取其重"。唐代以前,古代的市场环境仍未产生,个体经营者与官营组织没有达到企业的标准,无法根据市场信息作出决策。宋以后,随着城市交通的营建,国内统一市场形成,产业组织也逐渐壮大。产业分工逐渐显现,诞生生产的专业化。专业化生产方式提高了生产效率,通过产业的分工扩大了产品数量。产业组织中雇佣关系的运用提高了生产效率,垄断市场竞争环境逐渐形成促使产业组织向企业的功能靠拢。"匠籍"瓦解后,产业主体的自主性才最终确立。

三、城市产业呈现"资源导向""政策拉动""市场推进""引致需求"四种趋势

先秦以前,城市经济受到供应半径和需求极限的制约,"资源导向式"成为城市产业思想的集中体现,通过发展本地区具有比较优势的资源实现城市经济的增长。秦至唐时期,随着基础设施的改善和国内市场的扩大,政府成为城市产业发展的主要推动者,"政策拉动式"成为城市产业发展思想的表现特征。伴随城市人口的增长与城市规模的扩大,政府通过修建城市交通设施,贯通都城、郡城、县城的空间联系,通过对城市基础设施的营建与规划,将城邑打造成政治、经济和文化中心,以此凝聚

247

了强大的市场需求。为了满足都城的粮食需求，政府开通漕运，并确立了都城、郡城、县城的依次发展顺序。依托地理禀赋，有资源优势、技术优势的地区产业率先形成多样化，带动城市经济的发展。随着中央集权职能的加强，城市体系逐渐向下延伸，城市产业衍生出城市教育业、寺院业、休闲娱乐业、金融业等新兴行业。宋元时期，城市基础设施的投入促进了城市体系的完善和国内市场的统一，大城市的数量得以保持，中小市镇成为城市经济发展的新生力量。城市内部坊市制度的瓦解进一步释放了城市居民的消费欲望，使城市与市镇的经济联系更为紧密，"市场推进式"成为城市产业思想的集中特征，城市农业逐渐向外部转移，城市商业的集聚效应逐渐显现。农业被逐渐挤出城墙之外，而对外贸易业、服务业（休闲娱乐业）、矿冶业、造船业、纺织业等成为宋以后城市产业的主要构成。明清时期，城市产业结构显现出垄断竞争的市场元素，市民阶层形成、自我意识兴起，"引致需求式"成为城市产业思想的发展特点，产业主体通过市场"派生"出对生产要素的需求。专业化市镇、对外贸易与新兴技术成为城市产业经济的新动力。

四、政府与市场在城市非基础产业具有混合转变的特征

城市教育业，自孔子兴办私学，一直存在着官、私之学。汉朝"独尊儒术"后，学校教育在都城、郡城、县城确立，通过学校考核选拔人才的形式确立后，促进了学校教育的发展。国家对人才的需求带动了教育市场的兴起，私学逐渐繁荣，产生一批依靠学校教育等生活的社会阶层。政府通过设置博士数量、科目、划拨经费等方式对学校采取管制。教育阶层的人数增多，成为城市人口的组成部分。宋以后，学校教育继续发展，学院成为主要的教育方式，各地各级城市都建立层级不一的学院（私塾），学院可持续性经营方式确立。

城市宗教业引入初期，发展缓慢。魏晋时期，受到战乱的影响，宗教发展兴旺，成为城市产业中的一个重要组成。从收入看，统治者通过赐给土地、山川、湖泊等方式大力扶植。寺庙成为高利贷的主要来源，宗教建筑成为城市基础设施的组成。寺庙中的僧、道、尼等"游食"人群，占用了

众多的人力和土地,浪费大量资源,同时期也产生了"灭佛"思想。隋唐时期,宗教建筑继续发展,宗教产业化逐渐固定化,成为城市布局规划中的组成部分,城市等级思想与各种建筑物相结合。宋元时期,宗教业有政府类和非政府类;政府类的宗教数量少,规模庞大,成为政府统治下的敛财工具和统治工具;非政府类的宗教也一直存在,分布在城邑山川之间。政府对宗教设置专门的机构进行管理,宗教也逐渐成为政府统治的工具而得以存在。

城市金融业随着货币的产生和信用制度的发展而完善,以钱铺、钱庄、票号组织的确立为表现。城市金融业来自先秦以前产生的"借、贷",经历了实物借贷、货币借贷、商业信用、金融信用的发展过程。以货币作为媒介,古代思想家从很早就已经认识到货币的作用,先秦时期的货币发展混乱,实物(粟)借贷的形式比较正常。秦汉时期,实物借贷向货币借贷转变,汉朝政府有专门的法律规定债务人、债权人之间的权益、利息、惩罚措施等。政府从维护社会秩序的角度出发,也参与民间借贷,并规定了"赊、贷"的法律条文。但因获利丰厚且难以监控,高利贷逐渐盛行。商贾大户参与借贷蔚然成风,寺庙成为借贷的主体。隋唐时期,政府参与到商业借贷之中,设置"公廨钱"和"质库"专门从事兑换业务、办理借贷和提供担保等功能。在宋元时期,产生了由商业信用向金融信用过渡的阶段,政府在都城设置专门的"便钱务"机构,在州级城市设置专门机构负责货币经营和兑换,当日日结。产生了服务商业借贷和信用借贷的阶层——"牙人",某种意义上已经宣告了城市金融业的产生。直到明清时期,以钱铺、钱庄和票号作为代表才宣告古代城市金融产业的正式到来。政府认识到这些金融组织在承兑货币、繁荣城市经济、促进就业中的作用,对金融产业采用发展与监管同时并存的政策。

城市产业中还有大量的从事娱乐业、酒肆业等以提供服务为特征的行业。宋代以前呈现出缓慢发展、分散经营的态势,主要集中在都城、郡城、县城。宋代以后,市镇成为城市发展的新方向。服务业成为不可或缺的产业,"市场杠杆"的作用逐渐显现,"逐利"成为个体经营者的追逐目标。

五、中国古代城市产业的发展具有明显的"中国特色"

（一）城市产业的发展呈现从依靠资源向依靠技术转变的特点

矿冶业、纺织业、制作业等官营工业和民营工业之间在产品种类、规模数量、组织结构和从业者进行互为补充和相互博弈。但具有近代"企业"性质的"作坊"，在宋元时期产生，在明清时期得以独立，这与市场的类型和政府的行政效力有关。新兴城市产业随着城市人口的增加和城市规模的扩大而发展显现，以服务业为主要标志。新兴产业虽然受到行政力量的极大干扰，但当国内市场体系形成、对外贸易发展和产业扩张迅猛时，其发展是"市场需求"的结果。

（二）城市经济、城市等级、城市产业三者相互映衬

1. 城市等级决定了城市发展的次序

都城具有全国性资源的享用权和分配权，具备了全国优先发展的特征；郡（府、道、州）城拥有地区性资源的分配权，在本区域内具有优先发展的特征；县城直接面对乡村，为上级城市提供资源。这种金字塔式的城市体系与交通网络相结合，构建中国古代城市网，这种城市网呈现出由点到线、由上到下、由粗到细的发展过程，最终在宋元时期构建完善。

2. "城"与"市"的关系映衬了城市经济发展的历程

"市在城外"表明城市的产生之前的社会现状，经济发展十分滞后；"市在城内"表明了城市经济随着城市农业、手工业、商业的发展和其他产业的出现而繁荣，"坊市"布局结构始终让城市经济发展呈现封闭式的特点；"市出城内"表明城市内部"坊市"的突破，市场需求带动市镇经济的发展，形成古代城市开放性的发展特征。产业主体从个体经营者向"企业"组织转变，官营组织专业化的经营模式与政府干预的松动，使市场结构从官营组织萎缩扩张为民营组织兴盛的特征。城市经济的发展与产业组织的变革，构建出古代城市产业发展思想的演化脉络。

参 考 文 献

一、古籍类

1.（汉）班固：《汉书》，中华书局 1962 年版。

2.（元）孛兰肹等著、赵万里校辑：《元一统志》，中华书局 1966 年版。

3.（晋）陈寿：《三国志》，中华书局 1959 年版。

4.（清）董诰：《全唐文》，中华书局 1983 年版。

5.（汉）董仲舒、（清）凌曙注：《春秋繁露》，中华书局 1975 年版。

6.（唐）杜牧：《樊川文集》，上海古籍出版社 1978 年版。

7.（唐）杜佑：《通典》，中华书局 2008 年版。

8.（唐）杜佑：《通典（校点本）》，中华书局 1988 年版。

9.（南朝）范晔撰、李贤：《后汉书》，中华书局 1965 年版。

10.（唐）房玄龄等：《晋书》，中华书局 1974 年版。

11.（春秋）管仲著、（唐）房玄龄：《管子》，上海古籍出版社 1989 年版。

12.（春秋）管仲撰、吴文涛、张善良：《管子》，北京燕山出版社 2009 年版。

13.（清）顾炎武：《历代宅京记》，中华书局 1984 年版。

14.（清）顾炎武：《历代宅京记》，中华书局 1984 年版。

15.（战国）韩非：《韩非子》，上海古籍出版社 1989 年版。

16.（汉）桓谭：《新辑本恒谭新论》，中华书局 2009 年版。

17.（清）黄宗羲：《明夷待访录》，中华书局 2011 年版。

18.（北魏）贾思勰：《齐民要术》，中华书局 2009 年版。

19.（汉）贾谊：《论积贮疏》，《汉书·食货志》，中华书局 1985 年版。

20.（战国）吕不韦著、（汉）高诱：《吕氏春秋》，上海书店 1986 年版。

21.（春秋）李耳：《老子》，上海古籍出版社 1989 年版。

22.（宋）李昉：《太平预览》，中华书局 1985 年版。

23.（宋）李觏：《李觏集》，中华书局 2011 年版。

24.（宋）李焘：《续资治通鉴长编》，中华书局 1979 年版。

25.（汉）刘安：《淮南子》，中华书局 2009 年版。

26.（汉）刘向：《战国策》，上海古籍出版社 1985 年版。

27.（晋）刘昫：《旧唐书》，中华书局 1975 年版。

28. 龙文彬：《明会要》，中华书局 1956 年版。

29.（元）马端临：《文献通考》，中华书局 1986 年版。

30.（战国）孟子：《孟子》，中华书局 2006 年版。

31.（宋）孟元老、王永宽：《东京梦华录》，中州古籍出版社 2010 年版。

32.（宋）欧阳修、宋祁：《新唐书》，中华书局 1975 年版。

33.（宋）欧阳修、（宋）苏轼：《欧阳文忠公文集·苏东坡全集》，上海古籍出版社 1993 年版。

34.（明）邱浚著，蓝田玉、王家忠等：《大学衍义补》，中州古籍出版社 1995 年版。

35.（汉）桑弘羊：《盐铁论》，中华书局 1984 年版。

36.（汉）桑弘羊：《盐铁论》，中华书局 1992 年版。

37.（战国）商鞅：《商君书》，上海古籍出版社 1989 年版。

38.（宋）沈括著，胡道静、金良年、胡小静：《梦溪笔谈》，四川人民出版社 2008 年版。

39. 睡虎地秦墓竹简整理小组：《睡虎地秦墓竹简》，文物出版社 1990 年版。

40.（宋）司马光：《资治通鉴》，中华书局 1956 年版。

41.（汉）司马迁：《史记》，中华书局 1959 年版。

42.（明）宋濂：《元史》，中华书局 1976 年版。

43.（清）孙诒让：《墨子间诂》，中华书局 2001 年版。

44.（清）唐甄：《潜书》，古籍出版社 1955 年版。

45.（元）脱脱：《宋史》，中华书局 1977 年版。

46.（元）脱脱：《辽史》，中华书局 1974 年版。

47.（宋）王安石：《临川先生文集》，中华书局 1959 年版。

48.（宋）王存：《元丰九域志》，中华书局 1984 年版。

49.（宋）王溥：《五代会要》，上海古籍出版社 1978 年版。

50.（东汉）王符：《潜夫论》，上海古籍出版社 1978 年版。

51.（宋）王溥：《唐会要》，上海古籍出版社 2006 年版。

52.（清）王夫之：《读通鉴论》，中华书局 1975 年版。

53. 王明：《太平经合校》，中华书局 1960 年版。

54.（宋）王钦若等：《册府元龟》，中华书局 1982 年版。

55.（唐）魏征：《隋书》，中华书局 1973 年版。

56.（清）徐松：《宋会要辑稿》，中华书局 1957 年版。

57.（宋）徐天麟：《西汉会要》，中华书局 1955 年版。

58.（宋）徐天麟：《东汉会要》，中华书局 1955 年版。

59.（战国）荀况撰、（唐）杨倞：《荀子》，上海古籍出版社 1989 年版。

60.（清）严可均：《全后汉文》，商务印书馆 1990 年版。

61.（唐）姚思廉：《魏书》，中华书局 1972 年版。

62.（唐）姚思廉：《梁书》，中华书局 1973 年版。

63.（宋）叶适：《叶适集》，中华书局 1961 年版。

64.（清）张延玉：《明史》，中华书局 1974 年版。

65.中华书局编委会：《二十五史补编》，中华书局 1955 年版。

66.（战国）庄周著、（晋）郭象注：《庄子》，上海古籍出版社 1989 年版。

67.（春秋）左丘明：《国语》，中华书局 1978 年版。

68.（春秋）左丘明著、陈戎国注：《春秋左传校注》，岳麓书社 2006 年版。

二、期刊书籍类

69.［英］阿瑟·刘易斯著，周师铭、沈丙杰、沈伯根译：《经济增长理论》，商务印书馆 2009 年版。

70.［英］安格斯·麦迪森著，伍晓鹰、许宪春、叶燕斐、施发启译：《世界经济千年史》，北京大学出版社 2003 年版。

71.［英］K. J. 巴顿：《城市经济学：理论和政策》，商务印书馆 1984 年版。

72.白钢：《中国政治制度史》，天津人民出版社 2002 年版。

73.（汉）班固、范晔：《汉书·后汉书》，万卷出版公司 2009 年版。

74.白寿彝：《中国交通史》，上海书店 1984 年版。

75.［美］保罗·克鲁格曼著、张兆杰译：《地理和贸易》，北京大学出版社 2000 年版。

76.［美］保罗·克鲁格曼著、蔡荣译：《发展、地理学与经济理论》，北京大学出版社 2000 年版。

77.［瑞典］波尔蒂尔·俄林：《地区间贸易和国际贸易》，商务印书馆 1986 年版。

78.北京大学中国考古学研究中心、北京大学古代文明研究中心编：《古代文明：第1卷》，文物出版社 2002 年版。

79.［日］布野修司主编，亚洲城市建筑研究会编著，胡慧琴、沈瑶翻译：《亚洲城市建筑史》，中国建筑工业出版社 2009 年版。

80.曹树基：《洪武时期东南府、县治城市人口数量研究——以京师、福建和江西为例》，《中国经济史研究》1999 年第 1 期。

81.曹树基：《中国人口史（第四卷）：明时期》，复旦大学出版社 2000 年版。

82.曹树基：《中国人口史（第四卷）：清时期》，复旦大学出版社 2001 年版。

83.柴毅：《战国时期城市发展与经济增长的关联测算研究》，《贵州社会科学》

2014 年第 4 期。

84. 车效梅:《中东中世纪城市的产生、发展与蝉变》,中国社会科学出版社 2004 年版。

85. 陈昌文:《汉代城市规划及城市内部结构》,《史学月刊》1999 年第 3 期。

86. 陈淳:《城市起源之研究》,《文物季刊》1998 年第 2 期。

87. 陈大为:《唐后期五代宋初敦煌僧寺、尼寺人口数量的比较》,《中国经济史研究》2012 年第 1 期。

88. 陈高华、吴泰:《宋元时期的海外贸易》,天津人民出版社 1981 年版。

89.(宋)陈规、汤璹著,林正才注释:《守城录注释》,解放军出版社 1990 年版。

90. 陈国灿:《略论南宋两浙地区的城市产业形态》,《浙江师范大学学报(社会科学版)》2002 年第 5 期。

91. 陈焕章:《孔门理财学》,岳麓书社 2005 年版。

92. 陈明光、毛蕾:《驵侩、牙人、经纪、掮客——中国古代交易中介人主要称谓演变试说》,《中国社会经济史研究》1998 年第 4 期。

93. 陈其田:《山西票号考略》,商务印书馆 1937 年版。

94. 陈为邦:《城市思想与城市化》,《城市发展研究》2003 年第 3 期。

95. 陈诗启:《从明代官手工业到中国近代海关史研究》,厦门大学出版社 2004 年版。

96. 陈绍棣:《战国都城城防体系刍议》,《江汉研究》1988 年第 9 期。

97. 陈士强:《汉唐寺院经济发展的大势与标志》,《复旦学报(社会科学版)》1986 年第 2 期。

98. 陈树平:《玉米和番薯在中国传播情况研究》,《中国社会科学》1980 年第 3 期。

99. 陈勇勤:《中国传统经济思想经典文选》,中国人民大学出版社 2012 年版。

100. 陈蕴茜:《空间维度下的中国城市史研究》,《学术月刊》2009 年第 10 期。

101. 陈志坚:《唐代州郡制度研究》,上海古籍出版社 2005 年版。

102. 陈正祥:《中国文化地理》,三联书店 1988 年版。

103. 陈振:《宋史》,上海人民出版社 2003 年版。

104. 程霖,:《近代中国中央银行制度思想演进》,《财经研究》2005 年第 3 期。

105. 程霖、毕艳峰:《近代中国传统农业转型问题的探索——基于农业机械化的视角》,《财经研究》2009 年第 8 期。

106. 成一农:《唐代的地缘政治结构》,载《盛唐的地域结构》,上海辞书出版社 2003 年版。

107.〔英〕崔瑞德、〔英〕鲁惟一:《剑桥中国秦汉史》,中国社会科学出版社 1992 年版。

108. 戴均良：《中国城市发展史》，黑龙江人民出版社 1992 年版。

109. [美]丹尼·罗德里克著、张宇译：《探索经济繁荣》，中信出版社 2009 年版。

110. 邓广铭、骊家驹：《宋史研究论文集》，河南人民出版社 1984 年版。

111. 丁华：《从云梦秦简看秦国的商业政策》，《江汉考古》2001 年第 3 期。

112. 丁建军、赵立梅：《从城与市的关系看我国古代城市发展的三个阶段》，《河北大学学报(季刊)》2003 年第 3 期。

113. 董利民：《城市经济学》，清华大学出版社 2011 年版。

114. 董书城：《中国商品经济史》，安徽教育出版社 1990 年版。

115. 冻国栋：《中国人口史：隋唐五代时期》，复旦大学出版 2002 年版。

116. 杜鹏飞、钱易：《中国古代的城市排水》，《自然科学史研究》1999 年第 2 期。

117. 杜恂诚：《金融业在近代中国经济中的地位》，《上海财经大学学报》2012 年第 1 期。

118. 杜恂诚：《"大分流"的文化成因评析》，《社会科学》2011 年第 11 期。

119. 杜恂诚：《抵押贷款是使产业结构合理化的手段》，《上海经济研究》1993 年第 8 期。

120. 杜恂诚：《二十世纪二三十年代中国信用制度的演进》，《中国社会科学》2002 年第 4 期。

121. 范金民：《江南社会经济研究》，中国农业出版社 2006 年版。

122. 樊树志：《江南市镇：传统的变革》，复旦大学出版社 2005 年版。

123. 方授楚：《墨学源流》，中华书局 1989 年版。

124. [法]菲利浦·潘什梅尔：《法国》，上海译文出版社 1980 年版。

125. [美]费正清、赖肖尔著，陈仲丹等译：《中国传统与变革》，江苏人民出版社 2012 年版。

126. 冯云廷：《城市经济学》，东北财经大学出版社 2011 年版。

127. 傅崇兰：《中国运河城市发展史》，四川人民出版社 1985 年版。

128. 傅崇兰、白晨曦、曹文明：《中国城市发展史》，社会科学文献出版社 2009 年版。

129. 傅熹年：《中国古代建筑十论》，复旦大学出版社 2004 年版。

130. 傅熹年：《中国古代建筑工程管理和建筑等级制度研究》，中国建筑工业出版社 2011 年版。

131. 高敏：《中国经济通史：魏晋南北朝经济卷》，经济日报出版社 1998 年版。

132. 高松凡、杨纯渊：《关于我国早期城市起源的初步探讨》，《文物季刊》1993 年第 3 期。

133. 葛金芳：《南宋手工业史》，上海古籍出版社 2008 年版。

134. 葛剑雄、李孝聪：《历史城市地理》，山东教育出版社 2007 年版。

135. 龚皓锋：《中西城市中轴线的美学分析》，《安徽建筑》2010 年第 2 期。

136. ［日］宫崎市定：《关于中国聚落形体的变迁》，载《日本学者研究中国史论著选译》，中华书局 1993 年版。

137. 龚志强：《明清时期庐山佛教寺院经济探析》，《江西社会科学》2011 年第 2 期。

138. 顾栋高：《春秋大事表》，中华书局 1993 年版。

139. 顾朝林：《中国城镇体系——历史·现状·展望》，商务印书馆 1996 年版。

140. 顾炎武：《历代宅京记》，中华书局 1984 年版。

141. 顾朝林、于涛方、李王鸣：《中国城市化格局·过程·机理》，科学出版社 2008 年版。

142. 郭天沅：《上古至宋中国古代城市考略》，《学术月刊》1981 年第 6 期。

143. 郭正忠：《中国盐业史》（古代编），人民出版社 1997 年版。

144. 韩大成：《明代城市研究》，中华书局 2008 年版。

145. 郭齐家：《中国古代学校》，商务印书馆 1998 年版。

146. 郭旸、柴毅：《禀赋、制度、道德：中国城市演化路径的因素驱动与城市经济思想研究》，《贵州社会科学》2012 年第 7 期。

147. 韩大成：《明代社会经济初探》，人民出版社 1986 年版。

148. 韩光辉、林玉军、王长松：《宋辽金元建制城市的出现与城市体系的形成》，《历史研究》2007 年第 4 期。

149. 韩光辉、林玉军、魏丹：《论中国古代城市管理制度的演变和建制城市的形成》，《清华大学学报（哲学社会科学版）》2011 年第 4 期。

150. 韩茂莉：《宋代农业地理》，山西古籍出版社 1993 年版。

151. 韩昇：《南北朝隋唐士族向城市的迁徙与社会变迁》，《历史研究》2003 年第 4 期。

152. 河南省文物研究所等：《登封王城岗遗址的发掘》，《文物》1983 年第 3 期。

153. 河南省博物馆、郑州市博物馆：《郑州商城遗址发掘报告》，《文物资料丛刊》第 1 辑，文物出版社 1977 年版。

154. 河南省文物考古研究所：《郑州商城：1953—1985 年考古发掘报告》，文物出版社 2001 年版。

155. 何一民：《中国城市史纲》，四川大学出版社 1994 年版。

156. 何一民：《农业时代中国城市的特征》，《社会科学研究》2003 年第 5 期。

157. 贺业钜：《中国古代规划史论丛》，中国建筑工业出版社 1986 年版。

158. 何兹全：《五十年来汉唐佛教寺院经济研究》（1934—1984），北京师范大学出版社 1986 年版。

159. 何应忠：《试论北宋城市经济的几个问题》，《广西师范大学学报（哲学社会科学版)》1978 年第 4 期。

160. 胡寄窗:《中国经济思想史》(上),上海财经大学出版社 1998 年版。

161. 胡寄窗:《中国经济思想史》(中),上海财经大学出版社 1998 年版。

162. 胡寄窗:《中国经济思想史》(下),上海财经大学出版社 1998 年版。

163. 胡寄窗《中国经济思想简编》,中国社会科学出版社 1981 年版。

164. 胡道修:《宋代人口的分布与变迁》,《宋辽金史论丛》第二辑,中华书局 1991 年版。

165. 胡小鹏:《中国手工业经济通史》(宋元卷),福建人民出版社 2004 年版。

166. 胡小平:《中国封建适合商人资本的积累及转移》,《财经科学》1988 年第 4 期。

167. 胡焕庸、张善余:《中国人口地理》,华东师范大学出版社 1984 年版。

168. 黄正建:《中晚唐社会与政治研究》,社会科学文献出版社 2006 年版。

169. 黄亚钧:《知识经济论》,山西人民出版社 1998 年版。

170. [日]加藤繁著,吴杰译:《中国经济史考证》(上)(下),中华书局 2012 年版。

171. 季如迅:《中国手工业简史》,当代出版社 1998 年版。

172. 简修炜、庄辉明:《南北朝时期寺院地主经济与世俗地主经济的比较研究》,《学术月刊》1988 年第 11 期。

173. 简修炜、夏毅辉:《南北朝时期的寺院地主经济初探》,《学术月刊》1984 年第 1 期。

174. 江村治树:《战国时代的城市及其统治》,《东阳史研究》1989 年第 9 期。

175. 柯美成:《理财通鉴历代食货志全译》,中国财政经济出版社 2006 年版。

176. 乐正:《城市功能结构的近代变迁》,《中山大学学报(社会科学版)》1993 年第 1 期。

177. 李伯重:《江南农业的发展(1620—1850)》,上海古籍出版社 2007 年版。

178. 李伯重:《19 世纪初期华亭—娄县地区的城市化水平》,《中国经济史研究》2008 年第 2 期。

179. 李伯重、周生春:《江南的城市工业与地方文化(960—1850)》,清华大学出版社 2004 年版。

180. 李才栋、熊庆年:《白鹿洞书院碑记集》,江西教育出版社 1995 年版。

181. 李春棠:《宋代小市场的勃兴及其主要历史价值》,《湖南师院学报》1983 年第 1 期。

182. 李达三:《宋代的牙人变异》,《中国经济史研究》1991 年第 4 期。

183. 李恒全:《试述汉代官营手工业的商品生产》,《东南文化》2002 年第 1 期。

184. (宋)李诫撰,邹其昌点校:《营造法式》,人民出版社 2006 年版。

185. 李鑫:《商周城市形态的演变》,中国社会科学出版社 2012 年版。

186. 李先登：《试论中国城市之起源》，《天津师大学报》1986 年第 5 期。

187. 李仁溥：《中国古代纺织业史》，岳麓书社 1983 年版。

188. 李山：《管子》，中华书局 2009 年版。

189. 李炎：《南阳古城演变与清［梅花城］研究》，中国建筑工业出版社 2010 年版。

190. 李约瑟：《中国科学技术史》，科学出版社 1975 年版。

191. 李增洪：《13—15 世纪伦敦社会各阶层分析》，中国社会科学出版社 2005 年版。

192. 梁方仲：《中国历代户口、田地、田赋统计》，中华书局 2008 年版。

193. 梁庚尧、刘淑芬：《城市与乡村》，中国大百科全书出版社 2005 年版。

194. ［美］林达·约翰逊主编：《帝国晚期的江南城市》，成一农译，上海人民出版社 2005 年版。

195. 凌大廷、马大英、王子英、陈昭桐、何立峰、吕调阳：《管仲、荀况、桑弘羊、刘晏、王安石的理财思想》，中国财政经济出版社 1983 年版。

196. 刘佛丁、王玉茹：《近代中国的经济发展》，山东人民出版社 1996 年版。

197. 刘汉东：《魏晋南北朝交通运输业管理探论》，《中国社会经济史研究》1998 年第 4 期。

198. 刘吕红、阙敏：《形成、发展与转型——清代社会变迁中的资源性城市》，西南财经大学出版社 2009 年版。

199. 刘景华：《走向重商时代——社会转折中的西欧商人和城市》，中国社会科学出版社 2007 年版。

200. 刘景华：《封建时代中西城市比较的几个问题》，《天津师范大学学报》2007 年第 2 期。

201. 刘俊文：《日本学者研究中国史论著选译》（第五卷），中华书局 1993 年版。

202. 刘俊文：《日本学者研究中国史论著选译》（第六卷），中华书局 1993 年版。

203. 刘俊文：《唐律疏议》，法律出版社 1999 年版。

204. 刘秋根：《中国典当制度史》，上海古籍出版社 1995 年版。

205. 刘莉、陈星灿：《中国早期国家的形成——从二里头和二里岗时期的中心和边缘之间的关系谈起》，文物出版社 2002 年版。

206. 刘叙杰：《中国古代建筑史》，中国建筑工业出版社 2009 年版。

207. 刘学良、路荣平：《从产业经济发展的角度考证我国古代职业教育的发源》，《管子学刊》2006 年第 3 期。

208. 刘逖：《1600—1840 年中国国内生产总值的估算》，《经济研究》2009 年第 10 期。

209. 刘雨婷：《中国历代建筑典章制度》（上），同济大学出版社 2010 年版。

210. 刘玉堂:《楚国官营手工业作坊概说》,《荆州师专学报(社会科学版)》1994年第6期。

211. [美]刘易斯·芒福德著,宋俊岭、倪文彦译:《城市发展史——起源、演变和前景》,中国建筑工业出版社2004年版。

212. 刘致平、王其明:《中国居住建筑简史》,中国建筑工业出版社2000年版。

213. 柳思维、唐红涛、吴忠才、徐志耀、王娟:《城市商圈论》,中国人民大学出版社2012年版。

214. 林正秋:《试论两宋都城汴京、临安的饮食市场》,《商业经济与管理》1993年第4期。

215. 鲁道夫·P.霍姝尔:《手艺中国:中国手工业调查图录(1921—1930)》,北京理工大学出版社2012年版。

216. 鲁西奇、马剑:《空间与权力:中国古代城市形态与空间结构的政治文化内涵》,《江汉论坛》2009年第4期。

217. 鲁同群:《礼记》,凤凰出版社2011年版。

218. 栾峰:《城市经济学》,中国建筑工业出版社2012年版。

219. 雒雷:《春秋战国时期城市经济结构试析》,《中国经济史研究》1987年第3期。

220. 吕静:《中国早期都城的特征及其文化内涵》,《郑州大学学报(哲学社会科学版)》1988年第6期。

221. 龙彬:《伍子胥及其城市规划思想实践》,《重庆建筑大学学报(社科版)》2000年第1期。

222. 马非百:《管子轻重篇新论》(上)(下),中华书局1979年版。

223. 马克思:《资本论》第1卷,人民出版社1953年版。

224. 马克思:《资本论》第3卷,人民出版社1975年版。

225. [德]马克斯·韦伯著,林荣远译:《经济与社会》,商务印书馆1997年版。

226. 《马克思恩格斯全集》第3卷,人民出版社1965年版。

227. 马其昶:《韩昌黎文集校注》,古典文学出版社1957年版。

228. 马学强、郁鸿胜、王红霞:《中国城市的发展:立春、智慧与理念》,上海三联书店2008年版。

229. 毛礼锐、沈灌群:《中国教育通史》,山东教育出版社1986年版。

230. 毛佩琦、王丹释:《论语全集》,中国纺织工业出版社2012年版。

231. 毛曦:《城市史学与中国古代城市研究》,《史学理论研究》2006年第2期。

232. 《毛泽东选集》第4卷,人民出版社1991年版。

233. [日]妹尾达彦著、李全福译:《唐都长安城的人口数与城内人口分布》,山西人民出版社1998年版。

234. [美]牟复礼、(英)崔瑞德:《剑桥中国明代史》,中国社会科学出版社 1992 年版。

235. 宁欣:《唐宋都城社会结构研究》,商务印书馆 2009 年版。

236. 宁欣:《唐宋城市经济社会变迁的思考》,《河南师范大学学报》2006 年第 2 期。

237. 宁欣:《唐代长安流动人口的举选人群体——唐代长安流动人口试析之一》,《中国经济史研究》1998 年第 1 期。

238. 宁越敏、屠启宇、彭希哲、赵晓雷、左学金:《上海模式及全球城市未来发展战略》,《中国名城》2009 年第 12 期。

239. 牛来颖:《唐宋建筑构造变化与城市新格局——以接檐建筑为例的研究》,《中国经济史研究》2010 年第 1 期。

240. 牛铭实:《中国历代乡约》,中国社会出版社 2005 年版。

241. 漆侠:《宋代经济史》(上、下),上海人民出版社 1987 年版。

242. 秦佩珩:《明代城市经济论略》,《理论战线》1958 年第 3 期。

243. 邱敏:《六朝官营手工业的管理和劳动者者地位的变化》,《南京社会科学》1992 年第 4 期。

244. 曲英杰:《古代城市》,文物出版社 2003 年版。

245. 曲英杰:《略论先秦时期城市发展的几个阶段》,《中州学刊》1985 年第 3 期。

246. 欧安欣:《中国古代手工业经济区域分布的变迁及其原因》,《青岛大学师范学院学报》2003 年第 3 期。

247. 裴安平、尹检顺:《湖南澧县梦溪八十档新石器时代早期遗址发掘简报》,《文物》1996 年第 12 期。

248. 彭南生、严鹏:《技术演化与中西"大分流"——重工业角度的重新审视》,《中国经济史研究》2012 年第 3 期。

249. 乔尔·科特金著,王旭等译:《全球城市史》,社会科学文献出版社 2005 年版。

250. 任放:《明清长江中游市镇经济研究》,武汉大学出版社 2003 年版。

251. 任洪生:《霸权之间:世界体系与亚欧大陆腹地的发展》,北京大学出版社 2006 年版。

252. 荣文库:《汉代官营铜铁业中的劳动者结构》,《辽宁大学学报》1990 年第 2 期。

253. 芮明杰:《产业经济学》,上海财经大学出版社 2005 年版。

254. 尚定周、王有文:《略论农业起源》,《农业考古》1986 年第 1 期。

255. [日]山鹿诚次著、朱德泽译:《城市地理学》,湖北教育出版社 1986 年版。

256. 石汉声:《从〈齐民要术〉看中国古代的农业科学知识》,科学出版社 1957

年版。

257. [美]施坚雅著、王旭等译:《中国(封建社会)晚期城市研究》,吉林教育出版社 1991 年版。

258. [美]施坚雅著,史建云、徐秀丽译:《中国农村的市场和社会结构》,中国社会科学出版社 1998 年版。

259. [美]施坚雅主编、叶光庭等译:《中华帝国晚期的城市》,中华书局 2000 年版。

260. 史建群:《简论中国古代城市布局规划的形成》,《中原文物》1986 年第 2 期。

261. [日]斯波义信著,方健、何忠礼译:《宋代江南经济史研究》,江苏人民出版社 2000 年版。

262. [日]斯波义信著、张天虹译:《商业在唐宋变革中的作用》,《文史哲》2009 年第 3 期。

263. 孙逊、葛永海:《中国古代小说中的"双城"意象及其文化蕴涵》,《历史研究》2004 年第 6 期。

264. 宋仁桃:《战国秦汉城市人口结构初探——以农民问题为中心》,《史学月刊》2006 年第 5 期。

265. (宋)宋万里、罗浚纂、胡矩修:《宝庆四明志》,中华书局 1990 年版。

266. 苏畅:《〈管子〉城市思想研究》,中国建筑工业出版社 2010 年版。

267. 苏畅、周玄星:《〈管子〉城市思想对后世的影响》,《华中建筑》2008 年第 4 期。

268. 苏秉琦:《辽西古文化古城古国——兼论当前田野考古工作的重点或大课堂》,《文物》1986 年第 8 期。

269. 孙施文:《〈周礼〉中的中国古代城市规划制度》,《规划历史研究》2012 年第 8 期。

270. 孙智君:《民国时期产业经济思想研究》,武汉大学 2006 年博士学位论文。

271. 唐长儒:《魏晋至唐官府作场及官府工程的工匠》,载《魏晋南北朝史论丛续编》,三联书店 1959 年版。

272. 唐庆增:《中国经济思想史》,商务印书馆 2010 年版。

273. 童书业:《春秋左传研究》,中华书局 2006 年版。

274. 童书业:《春秋史》,上海古籍出版社 2003 年版。

275. 王昉:《工业化、城镇化进程中的农村土地问题——对上海近郊农村的调查》,《上海经济研究》2003 年第 3 期。

276. 王昉:《中国古代农村土地所有权和使用权思想》,《上海财经大学学报》2004 年第 6 期。

277. 王昉:《传统中国社会农村地权关系及制度思想在近代的转型》,《学术论

坛》2007 年第 3 期。

278. 王昉、缪德刚:《近代转型时期农村土地金融供给:制度设计与实施效果——20 世纪 30、40 年代中国农村土地金融制度思想与借鉴》,《财经研究》2013 年第 1 期。

279. (宋)王溥:《五代会要》,中华书局 1998 年版。

280. 王贵民、杨志清:《春秋会要》,中华书局 2009 年版。

281. 王国斌:《转变的中国——历史变迁与欧洲经验的局限》,江苏出版社 2005 年版。

282. 王继国:《中西封建城市的整体考察》,《菏泽师专学报(社会科学版)》1989 年第 1 期。

283. 王建文:《政治与权力》,中国大百科诠释出版社 2005 年版。

284. 王家范:《明清江南消费风气与消费结构描述——清明江南消费经济探测之二》,《华东师范大学学报(哲学社会科学版)》1988 年第 2 期。

285. 王其亨、张慧:《〈尚书〉〈周礼〉——中国古代城市规划与风水理论的坟典》,《天津大学学报(社会科学版)》2010 年第 3 期。

286. 王慎之:《教育产业论》,《求实学刊》2000 年第 2 期。

287. 王慎之:《第三产业经济学》,中国财政经济出版社 1998 年版。

288. 王涛:《唐宋之际南方城市市场网络的形成于繁盛》,《中国经济史研究》2008 年第 2 期。

289. 王天伟:《中国产业发展史纲》,社会科学文献出版社 2012 年版。

290. 王晓云:《中国古代城市旅游发展及其特点》,《旅游科学》2002 年第 4 期。

291. 王小鲁:《中国城市化路径与城市规模的经济学分析》,《经济研究》2010 年第 10 期。

292. 王彦辉:《早期国家理论与秦汉聚落形态研究——兼议宫崎市定的"中国都市国家论"》,《中国社会科学》2014 年第 6 期。

293. 王子今:《秦汉交通史稿》,中国人民大学出版社 2012 年版。

294. 文贯中:《中国的疆域变化与走出农本社会的冲动——李约瑟之谜的经济地理学解析》,《经济学(季刊)》2005 年第 5 期。

295. 文贯中:《李约瑟之谜与经济地理学的启示:答皮文的评论》,《经济学(季刊)》2006 年第 1 期。

296. 巫宝三:《中国经济思想史资料选辑(先秦部分)》(上)(下),中国社会科学出版社 1985 年版。

297. 巫宝三:《管子经济思想研究》,中国社会科学出版社 1989 年版。

298. 巫宝三:《先秦经济思想史》,中国社会科学出版社 1996 年版。

299. 吴碧颖:《〈管子〉的管理思想与欧洲古典管理学派理论》,《管子学刊》1990 年第 3 期。

300. 吴慧：《中国历代粮食亩产研究》，农业出版社 1985 年版。

301. 吴少珉：《我国历史上的经纪人及行业组织考略》，《史学月刊》1997 年第 5 期。

302. 武伯伦：《西安历史述略》，陕西人民出版社 1980 年版。

303. 吴金东：《论封建"王制"下中西城市的差异》，《长冶学院学报》2012 年第 12 期。

304. 吴承明：《中国资本主义与国内市场》，中国社会科学出版社 1985 年版。

305. 吴良镛：《建筑·城市·人居环境》，河北教育出版社 2003 年版。

306. 吴庆洲：《象天法地意匠与中国古都规划》，《华中建筑》1996 年第 2 期。

307. 吴庆洲：《中国古代城市规划设计哲理研究——以龟形城市格局为例》，《中国名城》2010 年第 8 期。

308. 魏天暗：《宋代官营经济史》，人民出版社 2011 年版。

309. 韦苇：《中国经济思想与当代经济发展》，社会科学出版社 2011 年版。

310. 汪德华：《中国城市规划史纲》，东南大学出版社 2005 年版。

311. 汪光焘：《中国城市规划理念：继承·发展·创新》，中国建筑工业出版社 2008 年版。

312. ［法］谢耐和著，黄建华、黄迅余译：《中国社会史》，江苏人民出版社 2008 年版。

313. 肖爱玲：《西汉城市体系的空间演化》，商务印书馆 2012 年版。

314. 谢重光：《略论唐代寺院、僧尼免赋特权的逐步丧失》，《中国社会经济史研究》1983 年第 1 期。

315. 熊月之、张生：《中国城市史研究综述》，《史林》2008 年第 6 期。

316. 徐东升：《宋代手工业组织研究》，人民出版社 2012 年版。

317. 徐正元：《中国城市体系演变的历史剖析》，《中国经济史研究》2004 年第 3 期。

318. 徐新吾：《江南土布史》，上海社会科学院出版社 1992 年版。

319. 徐元诰撰：《国语集解》，中华书局 2002 年版。

320. 许涤新、吴承明：《中国资本主义的萌芽》，社会科学文献出版社 1985 年版。

321. 许宏：《先秦城市考古学研究》，北京燕山出版社 2000 年版。

322. 许檀：《清代山西归化城的商业》，《中国经济史研究》2010 年第 1 期。

323. 许檀、高福美：《清代前期的龙江、西新关与南京商业》，《历史研究》2009 年第 2 期。

324. 许倬云：《中国古代文化的特质》，新星出版社 2006 年版。

325. 许倬云：《周代城市的发展与商业的发达》，《历史语言研究集刊》第 48 本，1977 年。

263

326. 薛凤旋:《中国城市及其文明的演变》,世界图书出版公司 2010 年版。

327. 严文明:《中国新石器时代聚落形态的考察:庆祝苏秉琦考古五十五年论文集》,文物出版社 1989 年版。

328. [英]亚当·斯密:《国民财富的性质和原因的研究》(上),商务印书馆 2009 年版。

329. 杨德泉:《杨德泉文集》,三秦出版社 1994 年版。

330. 杨宽:《战国史》,上海人民出版社 1955 年版。

331. 杨宽:《我国历史上铁农机的改革和使用》,《历史研究》1980 年第 5 期。

332. 杨宽:《中国古代都城制度史研究》,上海古籍出版社 1993 年版。

333. 杨子君:《中西城市规划力量对比研究》,《山西建筑》2007 年第 10 期。

334. 杨师群:《东京店宅务——北宋官营房地产业》,《史林》1991 年第 1 期。

335. [南斯拉夫]易婉娜·普里察:《中西古代城市文化比较研究》,《东南文化》1990 年(Z1)(增刊)。

336. [日]伊东忠太著、陈清泉译补:《中国建筑史》,商务印书馆 1998 年版。

337. 应合:《景定建康志》卷二十九《建明道书院》,文渊阁《四库全书》。

338. [日]影山刚:《桑弘羊均输法试论》,《东洋史研究》40 卷 4 号,1983 年 3 月。

339. [日]伊原弘:《中国中世都市纪行》,东京中央公论社 1988 年版。

340. 于云瀚:《风水观念与古代城市形态》,《学术研究》2007 年第 2 期。

341. 于云瀚:《北宋城市密度分析》,《学术研究》1998 年第 11 期。

342. 袁愈荌译诗、唐莫尧注释:《诗经全译》,贵州人民出版社 2008 年版。

343. 袁良义:《清兵入关的历史功绩》,《史学集刊》1994 年第 4 期。

344. 余也非:《中国历代粮食平均亩产量考略》,《重庆师范大学学报》1980 年第 3 期。

345. [苏联]萨乌什金著,毛汉英、张成宣、朱德祥、王国清等译:《经济地理学》,商务印书馆 1987 年版。

346. [日]山田胜芳:《均输平准与桑弘羊——中国古代的财政与商业》,《东洋史研究》40 卷 3 号,1981 年 12 月。

347. 赵德馨:《中国经济通史》(第一卷),湖南人民出版社 2002 年版。

348. 赵德馨、葛金芳:《中国经济通史》(第五卷),湖南人民出版社 2002 年版。

349. 赵冈:《中国城市发展史论集》,新星出版社 2006 年版。

350. 赵红军:《气候变化是否影响了我国过去两千年间的农业社会稳定?——一个基于气候变化重建数据及经济发展历史数据的实证检验》,《经济学(季刊)》2012 年第 2 期。

351. 赵靖:《中国古代经济思想史讲话》,人民出版社 1986 年版。

352. 赵靖:《中国经济思想通史》,北京大学出版社 2002 年版。

353. 赵晓雷:《城市经济与城市群》,上海人民出版社 2009 年版。

354. 赵晓雷:《中国经济思想史》,东北财经大学出版社 2007 年版。

355. 赵晓雷:《中国工业化思想及发展战略研究》,上海财经大学出版社 2010 年版。

356. 赵晓雷:《西方经济学对现代中国经济学发展的影响》,《经济学家》1997 年第 4 期。

357. 赵晓雷:《中国经济思想发展的历史转折》,《中国经济史研究》1994 年第 1 期。

358. 赵晓雷:《经济学:是学科泛化还是分析框架约束》,《河北经贸大学学报》2010 年第 1 期。

359. 赵晓雷:《对中国经济理论争论热点的辨析》,《中国社会科学》1993 年第 2 期。

360. 赵晓雷:《中国的资本形成条件与货币政策效应》,《管理世界》2003 年第 9 期。

361. 赵晓雷:《中国经济思想发展的历史转折——论工业化思想主流地位的确立》,《中国经济史研究》1994 年第 1 期。

362. 赵晓雷:《近代中国重商思想评析》,《学术月刊》1992 年第 5 期。

363. 赵晓雷:《工业化:20 世纪中国主流经济思想》,《上海经济研究》1992 年第 4 期。

364. 赵晓雷、张详建、何骏:《全球航天产业的市场竞争格局分析》,《世界经济研究》2010 年第 4 期。

365. 赵莹波:《宋日贸易研究》,南京大学 2012 年博士学位论文。

366. 赵彦卫:《云麓漫钞》,文渊阁四库全书本。

367. 张弓:《唐代的寺庄》,《中国社会经济史研究》1989 年第 4 期。

368. 张弓:《唐五代时期的牙人》,《魏晋隋唐史论集》(第一辑),中国社会科学院出版社 1981 年版。

369. 张光直:《关于中国初期"城市"这个概念》,《文物》1985 年第 2 期。

370. 张鸿雁:《春秋战国城市经济发展史论》,辽宁大学出版社 1988 年版。

371. 张鸿雁:《简述春秋战国城市管理》,《安徽史学》1986 年第 3 期。

372. 张鸿雁:《城市空间价值的"城市文化资本"意义——中外城市空间文化价值理论的比较研究》(上),《中国名城》2010 年第 10 期。

373. 张鸿雁:《城市空间价值的"城市文化资本"意义——中外城市空间文化价值理论的比较研究》(下),《中国名城》2010 年第 11 期。

374. 张继海:《汉代城市社会》,社会文献出版社 2006 年版。

375. 张驭寰:《中国城池史》,中国友谊出版公司 2009 年版。

376. 张南、周伊:《春秋战国城市发展论》,《安徽史学》1988 年第 3 期。

377. 张南、周伊:《秦汉城市发展史》,《安徽史学》1989 年第 4 期。

378. 张蓉:《先秦至五代成都古城形态变迁研究》,中国建筑工业出版社 2010 年版。

379. 张天虹:《再论唐代长安人口的数量问题——兼评近十五年来有人唐长安人口研究》,《唐都学刊》2008 年第 3 期。

380. 张文奎:《人文地理学概论》,东北师范大学出版社 1987 年版。

381. 张显清:《明代后期社会转型研究》,中国社会科学出版社 2008 年版。

382. 张秀民:《中国印刷史》,上海人民出版社 1989 年版。

383. 张亚光:《中国古代经济周期理论及其政策启示》,《经济学动态》2011 年第 8 期。

384. 张研:《18 世纪前后清代农家生活消费的研究》,《古今农史》2005 年第 4 期。

385. 张毅:《明清天津盐业研究(1368—1840)》,天津古籍出版社 2012 年版。

386. 章永俊:《金代中都地区手工业述略》,《首都师范大学学报(社会科学版)》2012 年第 3 期。

387. 张中秋:《汉代工商贸易法律叙论》,《南京大学学报(哲学、人文、社会科学)》1995 年第 4 期。

388. 张泽咸:《唐代工商业》,中国社会科学出版社 1995 年版。

389. 张仲礼:《中国绅士的收入》,上海社会科学院出版社 2011 年版。

390. 郑世明:《中国古代工商业的停滞性及其原因》,《宝鸡师范学报(哲学社会科学版)》1987 年第 3 期。

391. 郑显文:《唐代长安人口百万说质疑》,《中国社会经济史研究》1991 年第 2 期。

392. 郑炳林:《敦煌地理文书汇辑校注》,甘肃教育出版社 1998 年版。

393. 中国社会科学院考古研究所:《新中国的考古发现与研究》,文物出版社 1985 年版。

394. 中国社会科学院考古研究所山东队:《山东藤县北辛遗址发掘报告》,《考古学报》1984 年第 2 期。

395.《中国军事史》编写组:《中国军事史》第 6 卷,解放军出版社 1991 年版。

396. 钟祥财:《中国农业思想史》,上海社会科学院出版社 1997 年版。

397. 钟祥财:《经济思想史上对价值理性的工具性解释》,《学术月刊》2011 年第 2 期。

398. 钟祥财:《长三角产业结构调整中的政府作用》,《中国发展》2009 年第 1 期。

399. 钟祥财:《试论〈管子〉的农本思想》,《经济问题探索》1985 年第 7 期。

400. 周宝珠:《试论草市在宋代城市经济发展中的作用》,《史学月刊》1998 年第 2 期。

401. 周宝珠：《宋代东京研究》，河南大学出版社 1992 年版。

402. 周长山：《汉代的城郭》，《考古与文物》2003 年第 2 期。

403. 周长山：《汉代城市研究》，人民出版社 2001 年版。

404. 周建波、叶淏尹：《晋商票号管理思想及其启示》，《云南财经大学学报》2009 年第 1 期。

405. 周建波：《中国封建国家早期干预经济的理论及实践——以范蠡的平粜思想及其运用为中心》，《河北经贸大学学报》2010 年第 3 期。

406. 周建波：《农村金融体系盈利性、公平性研究新进展》，《经济学动态》2010 年第 11 期。

407. 周建波：《孔子经济思想简论》，《孔子研究》2010 年第 5 期。

408. 周奇：《唐代国家对寺院经济的控制——以寺院土地为例》，《中国社会经济史研究》2005 年第 1 期。

409. 周密：《武林旧事》，文渊阁四库全书本。

410. 周志斌：《略论晚明南京的商业》，《学海》1994 年第 4 期。

411. 周振鹤：《县制起源三阶段说》，《中国历史地理论丛》1997 年第 3 期。

412. 周振鹤、李晓杰：《中国行政区划通史（总论、先秦卷）》，复旦大学出版社 2009 年版。

413. 周原考古队：《陕西岐山凤雏村建筑基址发掘简报》，《文物》1979 年第 10 期。

414. 庄林德、张京祥：《中国城市发展与建设史》，南京大学出版社 2002 年版。

415. 祝慈寿：《关于中国古代手工业的起源、发展和演变》，《财经研究》1985 年第 5 期。

416. 竺可桢：《中国近五千年来气候变迁的初步研究》，《考古学报》1972 年第 1 期。

417. 朱和平：《略论古代城市经济的兴衰与政治因素的关系》，《经济社会体制比较》1996 年第 2 期。

418. 朱瑞熙：《宋代社会研究》，中州书画社 1983 年版。

419. 朱铁臻：《城市发展学》，河北教育出版社 2010 年版。

420. 邹逸麟：《略论历史上交通运输与社会经济发展的关系》，《复旦学报（社会科学版）》1991 年第 1 期。

421. ［日］佐佐木公明、文世一著，姜雪梅、卢向春等译：《城市经济学基础》，社会科学文献出版社 2012 年版。

422. Paul Wheatley, *The Pivot of the Four Quarters: A Preliminary Enquiry into the Origins and Character of the Ancient Chinese City*, Chicago Aldine Publishing, 1971.

423. Chi li., *The Formation of the Chinese People*, Harvard University Press, 1928.

424. Allen, R, C., "The Great Divergence: Wages and Prices from the Middle Ages to

267

the First World War", *Explorations in Economic History*, Vol.38, No.4, 2001, pp.411−447.

425. Bairoch, "European Gross Product 1800−1975", *Journal of Economic History*, Vol.5, No.2, 1976, pp.273−340.

426. Gilbert Rozman, *Urban Networks in Ch'ing China and Tokugawa Japan*, Princeton: Princeton University Press, 1973.

427. Hsiao-tungFei, *China's Gentry: Essays on Rural−Urban Relations*, University of Chicago Press, 1980.

428. Friedman, J., "Cities in Social Transformation", *Comparative Studies in Social and History*, No.4, 1961, p.92.

429. Max Weber, "General Economic History", *Journal of Economic History*, Vol.13, No.3, 1953, pp.236−347.

后　记

　　五年前,很有幸成为上海财经(以下简称"上财")经济思想史大家庭中的一员,开始了我在上财的学习生活。上海财经大学作为中国最好的院校之一,很荣幸自己有机会在这里学习。经济学院作为全国最早采用国外博士培养机制的学院之一,每年学院毕业的学生数量非常少。学院有着国内最严格的博士研究生资格考试和高级微观、高级宏观、高级计量的经济学授课,为今后的学习和工作打下坚实的基础。

　　上财中国经济思想史作为全国重点学科,在全国的领先地位非常明显。通过专业培训和经济学理论的学习,让我深深喜欢思想史这门学科,坚信通过思想史的学科教育会为中国梦的建设起到应有的贡献。在上财学习期间有幸得到了世界及国家知名学者的授课和指导,在此一并谢过。

　　本书的写作,得到了恩师赵晓雷教授的谆谆教诲,使我受益匪浅。赵老师宅心仁厚又以严格著称,在百忙的工作中抽出时间严格要求,单是论文的一页纸就六易其稿。赵老师高屋建瓴的指导和严格的要求促成了本书的完成。赵老师在学习、生活、学术上处处帮助我、指引我,使我在宏观上得以建立逻辑框架、微观上得以丰富文字功底。

　　本书的写作还要感谢王昉副教授的指导。王老师工作非常繁忙,但仍然抽出宝贵时间给予指导建议,使得本书在史料上更为丰富、行文上更为流畅、逻辑上更为贯通。王老师并在学习与工作中成为我的榜样。

　　本书的写作还要感谢程霖教授的指导。与程老师在思想史上的沟通是令人印象深刻而又增长学识的,每次沟通都对我的论文影响很大,增添了论文的广度。

　　本书的写作还要感谢杜恂诚教授、伍山林教授、曹均伟教授、李楠副

教授的宝贵意见，正是各位专家的指点和建议才丰富了本书的观点，提高了论文的高度。

本书的写作还要感谢上财经济史学的杨小燕、张申等博士的意见，与她们的交流激发了我的写作灵感。

本书的写作离不开我家人的帮助和支持。感谢我的太太储炫对家庭的付出，让我能够安心写作而不为外事分心，没有你的付出就不会有我论文的完成。宝贝女儿柴思羽让我能够体会到为人父母的开心，让我在紧张的学习生活间隙得以感受家庭的温暖。

时光荏苒，在上财的学习让我可以更好地从历史和现实角度分析经济问题的逻辑性和理论性。感谢上财的培育，祝学校越来越好！感谢恩师教诲，祝您身体健康！祝中国经济思想史枝繁叶茂！

策划编辑:郑海燕
责任编辑:孟　雪
封面设计:孙文君
责任校对:吕　飞

图书在版编目(CIP)数据

中国古代城市产业发展思想研究/柴毅 著. —北京:人民出版社,2017.11
ISBN 978－7－01－018099－1

Ⅰ.①中…　Ⅱ.①柴…　Ⅲ.①城市经济-经济史-研究-中国-古代
　Ⅳ.①F299.292

中国版本图书馆 CIP 数据核字(2017)第 210550 号

中国古代城市产业发展思想研究
ZHONGGUO GUDAI CHENGSHI CHANYE FAZHAN SIXIANG YANJIU

柴　毅　著

人民出版社 出版发行
(100706　北京市东城区隆福寺街 99 号)

涿州市星河印刷有限公司印刷　新华书店经销

2017 年 11 月第 1 版　2017 年 11 月北京第 1 次印刷
开本:710 毫米×1000 毫米 1/16　印张:17.25
字数:256 千字

ISBN 978－7－01－018099－1　定价:60.00 元

邮购地址 100706　北京市东城区隆福寺街 99 号
人民东方图书销售中心　电话 (010)65250042　65289539